紫图图书 出品

★二战史诗三部曲★

THE LONGEST DAY
THE D-DAY STORY, JUNE 6TH, 1944

最长的一天

1944诺曼底登陆的英勇与牺牲

[美] 科尼利厄斯·瑞恩（Cornelius Ryan）/ 著
黄文范/译

中华工商联合出版社

图书在版编目（CIP）数据

二战史诗三部曲 /(美)科尼利厄斯·瑞恩著；黄文范译. -- 北京：中华工商联合出版社, 2025. 1.
ISBN 978-7-5158-4118-2

Ⅰ. I712.45

中国国家版本馆CIP数据核字第20242WW911号

本书中文译稿由城邦文化事业股份有限公司麦田出版事业部授权使用，非经书面同意不得任意翻印、转载或以任何形式重制。

二战史诗三部曲

著　　　者：	(美)科尼利厄斯·瑞恩
译　　　者：	黄文范
出 品 人：	刘　刚
监　　　制：	黄　利　万　夏
责任编辑：	吴建新　林　立　关山美
营销支持：	曹莉丽
特约编辑：	高　翔
版权支持：	王福娇
装帧设计：	紫图图书ZITO
责任审读：	付德华　郭敬梅
责任印制：	陈德松
出版发行：	中华工商联合出版社有限责任公司
印　　　刷：	艺堂印刷（天津）有限公司
版　　　次：	2025年1月第1版
印　　　次：	2025年1月第1次印刷
开　　　本：	889mm×1194mm　1/32
字　　　数：	1098千字
书　　　号：	ISBN 978-7-5158-4118-2
印　　　张：	44.5
定　　　价：	259.00元（全三册）

服务热线：010—58301130—0（前台）
销售热线：010—58302977（网店部）
　　　　　010—58302166（门店部）
　　　　　010—58302837（馆配部、新媒体部）
　　　　　010—58302813（团购部）
地址邮编：北京市西城区西环广场A座
　　　　　19—20层，100044
http://www.chgslcbs.cn
投稿热线：010—58302907（总编室）
投稿邮箱：1621239583@qq.com

工商联版图书
版权所有　侵权必究

凡本社图书出现印装质量问题，请与印务部联系。
联系电话：010—58302915

献给那一天所有的人

"相信我,朗,登陆的头一个24小时,对盟国,也对德国都具有决定性,那会是最长的一天。"

1944年4月22日
隆美尔与副官的对话

前言

1944年6月6日，星期二，D日

盟军进攻欧洲的"霸王行动"（Operation Overlord），于1944年6月6日零时过15分钟开始，这是进入这一天的头一个小时，这一天也以D日被世人知晓。就在那一刻，美国第101空降师与第82空降师精选的少数士兵，在诺曼底上空的月色里跳出了运输机。5分钟以后，在80公里外，英军第6空降师的一小批士兵也跳出飞机，他们都是先遣导航组，要在降落场导引，方便后续伞兵和滑降步兵降落。

盟国的空降大军，清楚画出诺曼底战场的两端。在他们中间，沿着法国海岸线有5处登陆滩头：犹他（Utah）、奥马哈（Omaha）、金滩（Gold）、朱诺（Juno）与剑滩

（Sword）。正当伞兵部队在黎明前的诺曼底阴暗灌木树篱中奋战时，世界上前所未有的最大规模的舰队，开始在这些滩头外集结——将近5,000艘舰艇，载运了20多万陆军、海军与海岸警卫队士兵。在大规模的舰炮轰击与飞机轰炸后，早上6点30分，这些士兵中的几千人，在登陆的第一波次中涉水上岸。

紧接着展现的不是战史，而是人的故事：盟国大军的士兵、他们的敌人，以及陷身在这一场血淋淋混战中的老百姓。这天是D日，从这天展开了一场会战，这场会战使得希特勒统治世界的疯狂赌博寿终正寝。

目 录

1 ｜ 第一部　焦急等待

95 ｜ 第二部　暗夜空降

163 ｜ 第三部　D日登陆

276 ｜ 有关死伤数字

277 ｜ 致谢

282 ｜ D日登场人物战后的生活

第一部

焦急等待

PART ONE
THE WAIT

1

在六月份潮润的清晨，这处村落寂静无声，它的村名为"拉罗什吉永"（La Roche-Guyon），位置大致在巴黎与诺曼底中间，就在塞纳河一个流速缓慢的弯道中，丝毫不受打扰地度过近12个世纪。多年以来，它只是过往行人经过的村落。全村唯一的特色，便是拉罗什富科公爵的邸宅古堡，它矗立在村落后面山坡上，就是它，给拉罗什吉永带来了长久的和平。

在这个阴沉沉的清晨，古堡森然耸立于万物之上，厚实的石墙由于潮润而闪闪发光。差不多早上6点钟了，可是两处圆石铺就的大院子里，却没有半点动静。在城堡大门外，延伸的主要道路又宽又空荡。村子里，红瓦顶住宅的窗户，依然紧闭着。拉罗什吉永很安静——安静得好像被遗弃似的，不过，这种寂静是骗人的，在紧闭的窗户后面，村民都在等待着一口钟敲响。

到了6点钟，城堡旁边那座15世纪的圣桑松教堂（St. Samson），便会响起祈祷时刻的钟声。在较为太平的时日，钟响只有一个简单的意义——拉罗什吉永的村民就会停下农活在身上画十字并祈祷。然而现在，鸣钟报时的意义，不只是默思的时刻。这天早晨教堂钟响，意味着夜晚宵禁的终止，开始了德军占领的第1451天。

拉罗什吉永到处都是卫兵，他们将身体塞在伪装披风下，站在城堡的两处大门里面；在村庄每一处尽头的路障后，在高于城堡的那处最高山丘上，在一处颓垣断瓦的古塔里面；还有构筑在与山麓处白色露头齐高的碉堡里，都有卫兵。在制高点上的机枪手可以看到村庄里每一样移动的物体,这也是德国统治下的法国被占领得最彻底的村庄。

在拉罗什吉永正前方田园的后面,却是一座真正的监牢。543名村民当中,在村子里及其周围,平均一个村民就有3名德军看守。德军士兵中的一员便是隆美尔元帅,B集团军群司令,这是德国西线最强大的一支兵力,总部便在拉罗什吉永的城堡里。

第二次世界大战最具有决定性的第5年,紧张、果断的隆美尔,要在这里准备他一生事业中最舍生忘死的一仗。在他麾下,有超过50万的士兵,把守着一条漫长的海岸线——将近1,300公里,从荷兰的海堤,直到被大西洋海水冲刷的布列塔尼半岛海岸。他的主力第15集团军,集中在加莱一带,也是英法两国海峡中间最狭窄的地方。

盟军的轰炸机群日夜袭炸这一地区,饱受轰炸的第15集团军老兵讥讽地说,休息疗养的胜地在诺曼底的第7集团军驻地,那里根本没有落过一枚炸弹。

好几个月以来,隆美尔的部队,置身在海岸边混凝土构筑的工事中,以及由海滩上各种障碍物与地雷形成的奇异密林中等待,可是蓝灰色的英吉利海峡,依然空荡荡的,没有一艘船。什么事都没有发生,就拉罗什吉永来看,在这个郁闷又平和的星期日早晨,依然没有盟军登陆的迹象。这天是1944年6月4日。

2

隆美尔独自待在一楼的办公室,坐在一张很大的文艺复兴式书桌后方,只靠一盏台灯工作。这间房很大,天花板很高。其中一面墙上展开一块褪色的戈布兰挂毯,另一面墙上挂着一幅弗朗索瓦·德·拉罗什富科公爵不可一世的画像——他是17世纪写作警语格言的作家,也是现任公爵的祖先——从厚实的金色画框里向下俯视。还有几把椅子随随便便摆在擦得雪亮的拼花地板上,各窗户都有厚实的帷幔,此外就别无他物了。

室内除隆美尔外,没有半点东西,没有夫人露西·玛丽亚或者15岁儿子曼弗雷德的照片,也没有战争初期他在北非沙漠中伟大胜利的纪念品——1942年希特勒极其风光地颁赐给他的亮晶晶的元帅指挥杖(0.5米长、8.2千克重的金杖,红色天鹅绒覆盖并点缀着金鹰与黑色纳粹国徽,隆美尔只拿起过一次,就是他奉颁得到的那一天)。房间内甚至没有一幅显示他麾下部队部署位置的地图。这位传奇人物"沙漠之狐",依然像以往那样无从捉摸,有鬼魅般的形影,他能走出这间房而不留下一点痕迹。

虽然只有51岁,隆美尔看上去比实际年龄要老得多,但却和以往一样毫不疲倦。B集团军群中没有一个人记得他哪个晚上的睡眠是超过5个钟头的。这天早上,一如往常,4点钟以前他就起床了,这时他十分不耐烦地等着6点钟到来,那时候他就会和手下的参谋共进早餐——然后出发回德国去。

这可是好几个月以来,隆美尔头一次回国休假,他要坐车去,因为希特勒规定高级将领坐飞机,一定要使用"3个引擎的飞机……而且一定要有战斗机护航"。这一来使得将领几乎不可能搭飞机。反正隆美尔也不喜欢飞行,他要坐8个小时的车回家,坐着他那辆大霍希(Horch)黑色敞篷车,驶往乌尔姆(Ulm)的赫林根(Herrlingen)。

他期待这趟休假,只是要下决定回去却不容易。在隆美尔肩上,扛有盟军开始攻击时便加以击退的重大责任。希特勒的第三帝国正在一次又一次的打击下摇摆不定,日日夜夜,数以千架的盟军轰炸机猛炸德国,苏联的大军已经长驱波兰,盟军已濒临罗马的边缘——德国国防军在每一处都节节败退或遭到歼灭。德国距离重大打击依然遥远,可是盟军的反攻,将是决定性的一战。德国的未来已经濒危,没有一个人比隆美尔更明白这一点。

然而在这天早晨,他却要回家去,好几个月以来,他都希望6月初能在德国度过几天。理由有很多,他认为现在他可以离开,尽管他从不承认,他十分需要休息。就在几天前,他打电话给顶头上司——西战场总司令老元帅格尔德·冯·伦德施泰特请求准予此行,立刻就得到了批准。他下一步便是到巴黎郊外的圣日耳曼昂莱(St.-Germain-en-Laye)的伦德施泰特司令部,做礼貌上的拜访,正式请假。伦德施泰特和参谋长京特·布鲁门特里特(Günther Blumentritt)上将,都对隆美尔的憔悴神色大感吃惊。布鲁门特里特永远记得,隆美尔看起来"疲倦而且紧张……这个人需要回家,和家人一起休息几天"。

隆美尔的确紧张和急躁,自从他抵达法国的1943年底的那一天起,要在何地、如何迎战盟军的这些问题就加之于他,成了一个几乎无法承受的重担。就如同沿着登陆正面布防的每一个人一般,他一直生活在一个悬而不决的噩梦里。一直悬挂在他心上的,便是比盟军想得更快,判断出他们可能的意图——他们如何发动攻击,打算在什么地方登陆,尤其最重要的是什么时候发动。

只有一个人真正知道隆美尔承受的压力,他对太太露西·玛丽亚无话不说。不到4个月的时间,他给妻子写了40多封信,几乎每隔一封信,他就对盟军的攻击做一次新的预测。

3月30日的信中,他写道:"现在3月份已接近结束了,英美军还没有发动攻击……我开始认为,他们对自己的主张失去了信心。"

4月6日:"这里的紧张气氛一天比一天提升……这些决定性的大事会把我们分隔开,很可能只是几个星期而已……"

4月26日:"英国的士气很低……一次又一次罢工,'打倒丘吉尔和犹太人'等要求和平的呼声更响亮……对于要进行冒险的攻击,这些都是坏兆头。"

4月27日:"现在看来,英军与美军在最近的未来,并不怎么融洽。"

5月6日:"依然没有英美军的迹象……每一天,每一星期……我们越来越强……我充满信心地渴望战斗……或许在5月15日来,或许在这个月底。"

5月15日:"我不能展开很多大型的(部队视察)行程了……因为没法知道登陆什么时候开始,我认为仅仅只剩下几个星期了,西线战场开始有事。"

5月19日:"希望我比以前更快进行我的计划……(不过)我不知道自己能不能在6月份空出几天时间离开这里。就目前来说,没有机会。"

不过终于有了一次机会,隆美尔决定请假的理由之一,便是他对盟军企图做出的判断。现在放在他办公桌面前的,是B集团军群的每周报告。这份仔细编写的状况判断,就要在第二天中午呈给伦德施泰特总部,又或者是军用术语上的"西线总司令部"(OB West, Oberbefehlshaber West)。报告到了那里,再加以润色,便会成为全战区报告的一部分,然后转呈希特勒的"最高统帅部"(OKW, Oberkommando der Wehrmacht)。

隆美尔的评估中,有一部分提及盟军已达"高度战备",以及"发给法国抵抗运动的电文量增加"。不过,报告中说:"根据过去的经验,这并未显示登陆已迫在眉睫……"

但这一回隆美尔可就猜错了。

3

36岁的副官赫尔穆特·朗（Hellmuth Lang）上尉,从元帅书房经过走廊,在参谋长办公室拿起一份清晨报告,这是他每天为司令做的例行性事务。隆美尔喜欢一早拿到报告,以便在早餐时和参谋讨论。不过今天早晨,报告内容并没有什么变化;战事依然平平,除了夜间持续对加莱的轰炸以外。对这种现象,似乎已经毫无疑义,剔除所有其他迹象,这种对加莱的持续性轰炸,仿佛那就是敌军选定的攻击目标。如果他们要登陆的话,就会从那里,几乎每一个人都这么以为。

朗看看表,还差几分钟6点,他们会在7点整动身,而且应该会准时,随行没有护卫,只有两辆车,一辆隆美尔乘坐,另一辆归随行的B集团军群作战处长滕佩尔霍夫上校,他单独坐那辆车随行。像往常一般,他们要经过许多防区,但都没有把元帅的计划通知各防区指挥官。隆美尔喜欢这种方式,他很讨厌各地指挥官大惊小怪,行礼如仪,军靴后跟铿然靠拢,还在每一处城市入口安排护送车辆卫队恭候,耽误了行程。所以,他们运气好一点的话,下午3点钟就可以到达乌尔姆。

但有一个常见的问题：要带什么给元帅作午餐。隆美尔不抽烟,很少喝酒,对饮食极不讲究,以至有时都忘记了吃。以往要与朗做远途行程安排时,他会在午餐桌上用铅笔写下又大又黑的字——"简便野战口粮"。有时他的话让朗更为难："当然啦,如果你要多加一两个菜，我也不反对。"细心周到的朗似乎不明白到底要让厨房准备什么。这天早晨，除了一暖壶的法式清汤外，还点了各种口味的三明治。他猜想反正隆美尔也像往常一般，会忘记吃中饭。

朗离开办公室，走在橡木地板的走廊，走廊两边的各扇门内，传来盈盈的交谈声和清脆的打字机声，B集团军群司令部现在是一处极为忙碌的地方。朗心中非常纳闷，目前住在上面一层楼的法国公爵与公爵夫人，在这么吵闹的噪音中怎么还能睡得着。

在走廊尽头，朗在一扇厚门前站住，轻轻敲了敲门，转动门把手便走了进去，隆美尔并没有抬头，正埋首在面前的大量公文里，以至于副官进了房间，他一点也没觉察。不过朗晓得，最好不要打扰隆美尔，他站着等待。

隆美尔抬头瞟了一眼："早，朗。"

"早安，元帅，这是报告。"朗把清晨报告递了过去，然后他就离开房间在门外等着护送隆美尔去吃早餐。今天早晨元帅似乎特别忙碌，朗知道隆美尔是多么浮躁与多变，仍无从得知他们究竟是不是要真的离开。

隆美尔无意取消这一趟行程，虽然还没有确切约定，他仍希望与希特勒会面。所有元帅都有"接触"元首的权力，隆美尔也打电话给老友鲁道夫·施蒙特少将（Rudolf Schmundt）——希特勒的副官，要求约定时间晋见。施蒙特认为会晤可以安排在6月6日到9日之间。这也是隆美尔的行事风格，除了自己的参谋以外，没有人知道他打算去见希特勒。在伦德施泰特司令部的官方日志中，只简简单单记着隆美尔回家度假几天。

隆美尔有相当的信心认为，自己能在这个时候离开司令部。目前，5月已过去了——那是天气良好，最宜于敌军攻击的一个月份——

他已有结论,反攻不会在接下来的几个星期内发动。对这一点他信心十足,并且给布置反登陆障碍物定了一个完工限期。在他办公桌上有一份下达给第7集团军和第15集团军的命令,命令上指示:"必须尽最大努力以完成障碍工程,敌军唯有付出极高代价始可能在低潮时登陆……工作务须持续推动……在6月20日以前完成并回报本司令部。"

这时他推断——连希特勒与最高统帅部都如此认为——登陆可能与苏联红军的夏季攻势同时发动,或者稍后一点。他们知道,苏联的进攻,一直要到波兰地区融雪以后才可能实施。因此,他们认为除非到了6月下旬,盟军才会发动攻势。

在西线战区,恶劣天气已经持续了好几天,未来的天气预测还会更坏。凌晨五点的报告,由德国空军驻巴黎的气象处长施特贝上校教授所拟,预测云层逐渐加厚,有强风和阵雨。现在海峡的风速,甚至已达到每小时32到48公里。对隆美尔来说,看来敌军极不可能在以后几天贸然发动攻击。

就连拉罗什吉永,前一晚上天气也变了。正对着隆美尔办公桌的是两扇落地的法国长窗,窗户敞开后有一个玫瑰花园阳台。今天早晨根本不是什么玫瑰园了,到处狼藉着玫瑰花瓣、断裂的零枝碎叶。就在破晓前不久,从英吉利海峡刮来的一阵夏季狂风暴雨,扫过法国海岸,然后去往内陆。

隆美尔打开办公室的门走出来。"早安,朗。"他说,好像他到现在才见到副官似的。"我们准备走了吗?"他们一起前去用早餐。

城堡外面的拉罗什吉永,响起了圣桑松教堂的晨祷钟声,每一声都为了自己的存在和强风搏斗,这时正是早上6点钟。

第一部 焦急等待 9

　　希特勒和纳粹宣传部长戈培尔曾大力宣传"大西洋壁垒"，称之为"不倒防线"。但实际上大西洋壁垒并未建造完成，地雷并未埋好、要塞未建成，在盟军登陆前的舰炮、飞机重火力轰炸下，防御结构多处被破坏。现今，法国北部海岸至比利时、荷兰和挪威仍存有当时的遗迹、碉堡和障碍物。

4

隆美尔和朗之间是一种自在的非正式关系。好几个月以来，他们经常在一起，自从2月份起，朗被派任隆美尔的副官，很少有一天不是到各处做长时间的视察中度过。通常他们在凌晨4点30分就已上路，以最高速度驶向隆美尔防区中一些偏远的地方。可能一天到荷兰，另一天到比利时，后一天又到诺曼底或布列塔尼（Brittany）。这位坚决的元帅要在每一时刻都抢占先机。"我现在只有一个真实的敌人，"他告诉过朗，"那就是时间。"为了征服时间，隆美尔既不放过自己也不放过麾下士兵，自从1943年11月他被派往法国时，就一直是这种方式。

负责整个西线防务的伦德施泰特，当年秋天请求希特勒增派援兵。援兵没有，派来的却是头脑冷静、骁勇大胆、雄心勃勃的隆美尔。让这位68岁、贵族风格般的西线总司令大没面子的是，隆美尔到职时携带了一份"弹性训令"，命令他检查海岸工事——也就是希特勒大吹大擂的"大西洋壁垒"——然后直接向元首的最高统帅部报告。这位年轻将领隆美尔的到来，使得十分难堪又失望的伦德施泰特十分不自在，提到隆美尔，便称他是"娃娃元帅"。为了这件事他请教最高统帅部参谋总长威廉·凯特尔元帅（Wilhelm Keitel），是不是考虑统帅部由隆美尔来继任。他得到的答复是："别做任何空头结论。"总结来说，"隆美尔的能力还不足以胜任这个位置"。

隆美尔到职后不久，便对"大西洋壁垒"做了一次旋风式视察——而见到的情况使他大为震惊。沿海岸各地，只有少数地点完成了庞大的混凝土与钢构工事，大致上从法国的勒阿弗尔（Le Havre）到荷兰间，几处重要港口、河口，以及俯瞰海峡的高地上才有这类工事。而其他地方的防务，完成的程度参差不齐；有些地方，根本没有开工。虽然在现阶段，"大西洋壁垒"完工的地方，都有重炮林立，是森然恐怖的障碍。可是依隆美尔的标准，这些都还不够。任何防御工事都不足以阻止那种猛攻，而隆美尔知道——他一直记得，前一年在北非，他惨败在蒙哥马利的手里——这种猛攻一定会来临。以他批判的眼光来看，"大西洋壁垒"只是一场闹剧。他使用了任何语言中最能形容这种想法的词汇，他说这是"希特勒的幻想"。

两年以前，根本还没有这处"壁垒"。

到1942年时，对元首和趾高气扬的纳粹党员来说，看来胜利已十分笃定，并不需要什么海岸工事。万字旗已在各地飘扬，甚至战争还没有开始，奥地利与捷克便唾手而得。早在1939年，波兰就被苏联与德国瓜分。战争还不到一年，西欧许多国家就像熟苹果一般纷纷落地。拿下丹麦只用了1天，而挪威要从内部渗透，花的时间久了一些——6个星期。然后在那年的5月与6月，一共只用了27天，在毫无任何预兆的情况下，希特勒的闪电战部队就挥军直捣荷兰、比利时、卢森堡和法国，在世界难以置信的注视下，把英军从敦刻尔克赶下了海。法国崩溃以后，所有敌国只剩下了英国——孑然屹立。希特勒需要"壁垒"做什么？

可是希特勒并没有进犯英国，麾下的将领要他进攻，可希特勒却在等待，认为英国会求和。随着时间过去，情势迅速发生变化，英国有了美国的援助，开始缓慢但坚定不移地复苏。眼见法国海岸已不再是一处攻势的跳板了，而这时希特勒已深深陷入与苏联的战争——他在1941年6月进攻苏联。在1941年秋，他开始对手下将领谈到，要使欧洲成为"坚不可摧的要塞"。而在这年的12月美国参战后，元首向全世界嚷嚷："一连串的坚固据点与庞大工事，起自希尔克内斯（Kirkenes，挪威与芬兰国界）……直到比利牛斯（Pyrenees，法西边境）……这是本人毫不动摇的决心，要使这道前线在对抗敌人时牢不可破。"

这是一种荒唐而不实际的吹嘘，这一路下来如果不计算曲折的海岸线，从北冰洋直到南方的比斯开湾，便绵延长达4,800公里。

即便在海峡最狭窄的部分，防止从英国直接横越海峡的所在，这种工事也不存在。可是希特勒对要塞的观念相当着迷，当时担任德国参谋本部参谋总长的弗朗茨·哈尔德（Franz Halder）上将，对希特勒提出他那项狂热方案的情形，还记得很清楚。哈尔德对希特勒不肯进犯英国感到不可原谅，因此对这一套想法很冷淡。他大胆提出对工事的意见时说，"如果需要工事"就应当构筑"远在舰炮射程以外的海岸线后方"，否则部队就会被炮火钉死。希特勒大踏步冲过房间，走到一间铺有一幅大地图的桌子边，发了整整长达5分钟的脾气，他握紧拳头捶打地图，厉声高叫："炸弹和炮弹会落在这里……这里……这里……和这里，就在壁垒的前面、后面和壁垒的头上……但是部队在壁垒里却很安全！然后他们就会出来作战！"

哈尔德一句话也没吭，可是他知道，就如同统帅部其他将领都知道的，即使第三帝国有着这些使人沉醉的胜利，元首也害怕——使德国处于两面战场——反攻。

然而，对工事进行的工作依然不多，到了1942年，当战争的趋势开始不利于希特勒，英军突击队开始袭击欧洲"坚不可摧"的堡垒。然后就来了一场战争中最血淋淋的突袭，那一次有5,000多名英勇的加拿大士兵，在迪耶普（Dieppe）登陆，那是登陆欧洲的一次血淋淋的揭幕式。盟军的策划人员后来才知道德军在港口构筑的工事有多坚固，加军伤亡达3,369人，其中有900人战死，那次突袭是场灾难，但却震惊了希特勒。他对麾下将领大发雷霆，"大西洋壁垒"务必以最快速度完成，以"狂热"的方式赶工。

确实如此，成千上万的奴工昼夜不停修筑工事，浇灌数以百万吨计的混凝土。工事的混凝土使用得太多，以至希特勒治下的欧洲，任何其他工程都不可能得到混凝土；订够的钢筋数量多得惊人，但这种材料极其缺乏，迫使工兵在缺乏钢材的情况下施工。结果，有些碉堡与工事群只用可以部分转动的旋转炮塔充当碉堡上方掩护，但还是需用钢材装甲，这种设计也使得火炮的射界受限。工事建构对物资与装备的需求太大，迫使德国拆除法国以前的马其诺防线和德国国境工事（齐格菲防线）的部分材料，转移到"大西洋壁垒"来。虽然有50多万人施工，但到1943年年底，即便"壁垒"离完工还很远，这些工事却是真实的威胁。

希特勒知道登陆一定不可避免，这时他却要面对一个更大问题：找出几十个把守这些增加的防务的师级部队。在苏联境内，德军力图据守长达3,200公里长的东线战场，以对抗苏军残酷无情的攻击，但一个师又一个师遭红军消灭；在意大利，自从盟军在西西里岛登陆以后，德军就遭受了沉重打击，数千人部队依然遭牵制。1944年，希特勒被迫在西线增兵，用的是一种奇特的混合式补充兵——老头、小孩子、在东线被打趴的残部，从各占领国家强迫征来的"志愿兵"（略略一算，就有波兰、匈牙利、捷克、罗马尼亚与南斯拉夫各国）；甚至还有两个苏联师，由苏军士兵组成，他们宁愿为纳粹作战，也不愿待在战俘营里。这些部队作战能力令人存疑，但却填补了空隙。何况希特勒还有久经战阵的部队和装甲师，到D日前，他部署在西线的兵力，整数达到难以忽视的60个师。

并不是所有师都满编，可是希特勒依赖的依然还是他的"大西洋壁垒"，这就使情况不同了。然而隆美尔这种一直在作战的人——也被打败过的人——到了前线，见到这些工事时也会大为震惊。自1941年以来，他就不在法国，而他也像德国很多将领一般，深信希特勒的宣传，都以为防务差不多完成了。

他对"壁垒"有损的贬斥，对西线总司令部的伦德施泰特来说并不意外，而且衷心赞同；的确，这或许是这位老帅完全同意隆美尔论事的唯一一点。聪明的老伦德施泰特从来不相信固定式防御，1940年，他以高超的战术，成功包抄法军马其诺防线，导致法国崩溃。对他来说，希特勒的"大西洋壁垒"，只不过是一项"莫大的吹嘘……对德国老百姓的吹嘘更胜过敌人……而敌人，经由他们的间谍，对它的认识远比我们多"。它只能"暂时妨碍"，但却阻挡不了敌军的攻击。伦德施泰特深信，没有一种办法，能防止盟军登陆成功。他计划击败登陆的方法，便是在海岸线后方，集结雄厚的兵力，在盟军部队登陆以后，再加以攻击。他认为，那才是攻击的最佳时刻——也就是敌军依然疲弱、没有适当的补给线，以及在孤立的滩头挣扎重组的时刻。

对于老帅的这种理论，隆美尔完全不同意。他坚定地以为，摧毁登陆的唯一办法便是——迎头痛击！他很笃定，那时已没有时间调动增援兵力，敌人不停地空袭，或者舰炮与炮兵的猛烈轰击，会把增援部队摧毁。以他的观点，每一项兵力，从步兵到装甲师，都得在海岸的正后方保持战备。他的副官清楚记得隆美尔为本身的战略做总结的那一天，他们站在一处荒凉的海滩上，个子不高、身材结实的隆美尔，身穿一件厚实的军大衣，脖子上绕着一条旧围巾，大步走来走去，挥舞着他"非正式"的元帅指挥杖。那是一支长0.6米的银头黑木杖，有红、白、黑三色的流苏。他用指挥杖指着海滩说："战争的输赢就在海滩上，我们只有一个机会阻止敌人，那就是他们依然还在水里挣扎着要上岸的时候……预备队绝不会开到攻击点，甚至考虑到使用预备队也是件蠢事。'主抵抗线'就在这里……我们所有的一切，都务必放在海岸上。相信我，朗，登陆的头24小时，对盟国，也对德国都具有决定性，那是最长的一日。"

大致上，希特勒批准了隆美尔的计划，打从那时候起，伦德施泰特已成了有名无实的总司令，隆美尔执行伦德施泰特的命令，但仅限于符合他个人想法的命令，为了做到这点，他经常使用简短有力的论述，隆美尔会说："元首给了我十分明确的命令。"他从没有直接向威严的伦德施泰特说过这句话，而是向西线总司令部参谋长布鲁门特里特上将说。

在希特勒的支持，以及伦德施泰特勉强接受下（"希特勒，那个波希米亚的下士，"西线总司令怒喝道，"时常做出与自己相反的决定。"），坚持己见的隆美尔便着手把现行的各种反登陆计划做了完全的修改。

短短的几个月里，在隆美尔无情的驱使下，海岸线的防卫工事已经完全改观。在每一处被认为可能登陆的滩头，他下令所属士兵与从当地征集的奴工营一起工作，架设起简易的反登陆障碍。这些障碍物——交错三角钢架、锯齿结构的铁门、金属头的木桩，还有混凝土的三角锥——都埋置在低于低潮线的水线下，并用致命的地雷和它们绑在一起。地雷不够的地方，就用炮弹充当，它们的触发引信不祥地指向海里，只要碰触就会引爆。

隆美尔奇怪的发明（大多数都由他自己设计）既简单又致命。它们的目的是要刺穿和炸毁满载部队的登陆艇，或是阻挡住它们一阵子

隆美尔于1944年2月视察法国沿岸的防御工事。在他右边（只露出一点点脸孔）是担任隆美尔的参谋长至1944年3月的高斯少将。面对镜头却被前方伸手的军官挡住半边脸的，是隆美尔的副官赫尔穆特·朗上尉。

一种简单却致命的反登陆障碍物——装上了特勒反坦克地雷的木桩。大部分这些装置都是出自隆美尔之手，他自豪地宣称这些都是"我的发明"。

第一部 焦急等待 17

好让岸炮有时间瞄准。他断定不论哪种情况，敌军士兵在抵达海滩以前，就会有大批伤亡。现在，有超过 50 万件以上的这种致命水下障碍物，配置在绵延的海岸线上。

隆美尔是一个力求完美的人，他依然不满意。他下令，在海滩、断崖底、侵蚀沟内，以及敌军深入内陆的路径上埋设地雷。地雷的种类形形色色，从可以炸毁坦克履带的烤饼式大型地雷，到小型的 S 型人员杀伤地雷都有。这种地雷被踩到后会弹跳到与人体下腹部齐高的高度爆炸，现在在海岸上布置了 500 万枚这种地雷。在攻击来临以前，隆美尔希望再埋设 600 万枚。最后他更希望在登陆的海岸，埋设 6,000 万枚[①]。

隆美尔的部队俯瞰着海岸线，他们在机枪堡、混凝土碉堡和战壕中等待，这些工事四周全都是一层层的有刺铁丝网，又有密林似的地雷与障碍物的支援。从这些阵地中的每一门火炮，隆美尔都能俯瞰沙滩与大海，它们业已瞄准这些地区，形成交叉火力。有些火炮阵地就设置在海岸上，它们隐藏在混凝土碉堡里，上面是貌似无害的海滨住宅，炮口不是瞄准大海，而是直接瞄准海滩，可以对一波波冲上岸的部队实施近距离平射。

隆美尔利用每一种新技术、新发展的优点。在缺乏火炮的地方，他就部署火箭发射器连，或者多组迫炮。在某地，他甚至有被称为

[①] 隆美尔非常沉迷于以地雷作为防御武器，前任参谋长阿尔弗雷德·高斯少将（Alfred Cause）陪他一起出去视察，指着好几公顷春天野花盛开的田野，说："这景致不是很棒吗？"隆美尔点头答道："你记下来，高斯。这片地区要埋设 1,000 枚地雷。"还有一次，他们上路去巴黎，高斯建议一行人去参观在塞夫尔（Sèvres）有名的瓷器工厂，高斯惊讶隆美尔会同意此行，可是元帅对艺术作品并不感兴趣，他快步走过展览室，转头对高斯说："看看他们能不能为我的水雷制造防水外壳。"

"歌利亚"的小型机械坦克。歌利亚可以携带半吨炸药，从工事内由士兵遥控驶下滩头，在登陆部队或登陆艇中间引爆。

在隆美尔的老式武器中，缺少的便是向下倒往敌军身上一锅锅的熔铅——但在某方面，他却有相当现代化的武器——自动火焰喷射器。沿着整个正面，有些地方布有油管，从隐匿的煤油槽中，让油流进离开海滩而多草的敌军接近路线，只要一按钮，前进的敌军部队立刻就会被熊熊火焰吞没。

隆美尔也没忘记伞兵和滑降步兵的威胁，在工事后方低洼地区都已泛水，在距离海岸11到13公里处的每一片开阔地，都钉上了粗桩，再加绑诡雷。这些反空降桩中间系有绊索，只要一碰绊索便会立刻引爆地雷或炮弹。

隆美尔对盟军部队，组织了血淋淋的欢迎礼，在现代战争史上，从来没有人对一支进犯武力，准备过比这更强大、更致命的防务。然而，隆美尔并不满足，他想要更多的机枪碉堡、更多的海滩障碍物、更多的地雷、更多的火炮与部队。他最想要的，便是多个兵力雄厚的装甲师，他打算部署在海岸后方远处担任预备队。他在北非沙漠中运用装甲师，打赢过好几次值得纪念的会战。而现在，在这个紧要关头，没有希特勒同意，莫说是他，连伦德施泰特都调动不了这些装甲部队。元首坚持，要在他个人的指挥下掌握这些部队。隆美尔在海岸防务方面，至少需要5个装甲师，在敌军登陆后的前几小时内，便能发动一次逆袭。而晋见希特勒是他得到这些装甲师的唯一方式。隆美尔时常告诉朗："最后一个能见到希特勒的人，这一局他就赢了。"在拉罗什吉永阴郁的早晨，他准备回德国，这是一次长途行程。隆美尔比过去任何时候都坚定地要赢得这一战。

第一部　焦急等待　19

5

第15集团军司令部在200公里外的比利时边界。集团军内部有一个人，很高兴见到6月4日清晨的来临。赫尔穆特·迈尔（Hellmuth Meyer）中校坐在办公室里，容貌憔悴、两眼蒙眬，自从6月1日以来，他没有睡过一宵好觉。刚刚过去的这一晚是最糟的，他绝不会忘记。

迈尔有一项备受挫折、使人不安的工作。除了身为第15集团军的情报处长以外，他还身兼登陆战线上唯一的反情报组组长。这个由他创立的单位，核心有30名负责无线电通信截听的士兵，他们一天24小时昼夜轮班，在一处塞满精密无线电装备的混凝土碉堡里工作。他们的任务就是监听，此外什么都不做。每一名士兵都是通信专家，个个能说3种流利语言，在他们聆听下，来自盟军无线电通信的每一个字，乃至每一个摩斯码的单一声响，都会进入他们的耳朵。

迈尔的这批士兵深富经验，他们的器材也非常灵敏，甚至160多公里外的英国，宪兵吉普车上的无线电发射机的呼叫，他们都能截听得到。美英两军的宪兵，在直接指挥运输部队时彼此用无线电交谈，这对迈尔的帮助相当大，他可借此整理出驻扎在英国各个师级单位的番号。可是现在有好一阵子，迈尔的作业人员却没法再截收到这些通信，这对迈尔深具意义，这意味着敌军已经严格执行无线电静默。他认为盟军对登陆的迫近已有许多迹象，而无线电静默又增加了一个。

就迈尔手头所有的情报报告，像无线电静默这种情况，有助于推演敌军作战计划的大致景象。他对自己的职责很在行，一天当中他要从一堆监听报告中筛检好几次，不断地搜寻可疑、不寻常的——甚至难以置信的数据。

就在这天晚上，他的手下截获了难以置信的情报。他们对这则入夜后高速发报的新闻稿加以监听，截听到的电文为："至急，纽约美联社急电，艾森豪威尔总部宣布，盟军在法国登陆。"

迈尔吓呆了，他即刻警告集团军参谋。但他很快冷静下来，认为这则电讯一定是假的。这有两项理由，第一，在整个登陆正面完全没有任何动静——如果敌军发动攻击，他会立刻知道。其次，在1月份时，当时的德军军事情报局长威廉·弗朗茨·卡纳里斯（Wilhelm Franz Canaris）海军上将，曾经给了迈尔一份分成两部分的奇怪电报，他说盟军在登陆以前，会用来警示法国抵抗运动先做好做准备。

卡纳里斯警告说，在登陆前的几个月，盟军会广播成百上千的电文给抵抗运动，而只有少数几则电文，才真正与D日有关，其他都是假的，是故意设计用来误导与混淆德军的判断。卡纳里斯说话向来直率、不含糊，迈尔便监听所有这些电文，以免错过最重要的一则。

起先迈尔还心存疑惑，在他看来完全依靠一则电文，似乎很疯狂。此外，他从过去经验知道，柏林的消息来源有90%都不准确。他有形成一个档案的假报告，足以证明他的观点；似乎盟军已经对北起斯德哥尔摩、南到安卡拉的每一名德国间谍，都提供了登陆的"精确"地点与时日——却没有两份报告内容是相同的。

不过迈尔知道，这一回柏林对了。经过几个月的监听，迈尔手下在6月1日晚上，截获了这则盟军电文的第一部分——和卡纳里斯说的一样。这和前几个月里，迈尔手下截获的上百句密码电文不相像。每一天，在英国广播公司（BBC）正常的广播时间以后，便以法语、荷兰语、丹麦语与挪威语，向抵抗运动念出密码的指示。对迈尔而言,大多数这种电文了无意义。没法破解这种密语片段也令他恼火。例如"特洛伊战争不会发生""糖浆明天会冒出白兰地酒""约翰有把长胡子"或者"沙宾刚刚得了耳下腺炎和黄疸"。可是,6月1日晚上9点,在BBC新闻正常播报后的一句电文,却是迈尔再清楚不过的了。

"现在请听几段私人的信息。"播音员用法语说,瓦尔特·赖希林(Walter Reichling)中士立刻打开一个有线录音机的开关。播报员停了一下,这才说:"秋日小提琴的长长呜咽。"

赖希林两只手猛然往耳机上一按,然后摘下耳机,赶紧跑向迈尔的碉堡住处。他冲进迈尔办公室,兴奋地说:"报告,那段电文的头一节——在这里了。"

他们一起回到无线电室碉堡,迈尔仔细倾听录音,这就是了——卡纳里斯曾经警告过他们要料到的一句。这是法国19世纪诗人保罗·魏尔兰(Paul Verlaine)《秋歌》的第一句。根据卡纳里斯的资料,魏尔兰的这一行诗,会在"当月的1日或15日播送……那就代表英美军登陆宣布电文的前半段"。

电文的后半段,便是魏尔兰诗中的第二句"单调的郁闷伤了我的心"。这一句一广播出来,根据卡纳里斯的说法那就意味着"登陆会在48小时以内开始……从播出后的那天0时起计"。

迈尔听到了魏尔兰第一行诗的录音,立刻通知第15集团军鲁道夫·霍夫曼(Rudolf Hofmann)中将。"第一段电文已经来了,"他告诉霍夫曼说,"现在将有状况要发生了。"

"你有绝对把握吗?"霍夫曼问道。

"我们录下来了。"迈尔回答。

霍夫曼立刻向整个第15集团军发出警报。

迈尔同时也把这段电文,以电传打字传往最高统帅部,然后再打电话到伦德施泰特的西线总司令部和隆美尔的 B 集团军群司令部。

在最高统帅部,这则电文呈给作战厅长阿尔弗雷德·约德尔(Alfred Jodl)大将,但电文摆在办公桌上,他并没有下令戒备,却假定伦德施泰特已经这么做了。但是伦德施泰特却以为隆美尔的集团军司令部已下达了命令[1]。

沿着入侵的海岸,只有一个集团军在戒备——第 15 集团军;而据守在诺曼底海岸的第 7 集团军,对这节电文的事一无所知,就没有戒备。

在 6 月 2 日和 3 日这两天晚上,这句电文的第一段又广播了一次,这可使迈尔担忧起来,根据他的消息,它应该只广播一次。他只能这么假定,盟军把这项准备命令一再重复,为的是要让法国抵抗运动确实收到。

6 月 3 日晚上,就在这则电文再次播送 1 小时后,迈尔截收到了美联社发出的盟军在法国登陆的急电。假如卡纳里斯的警告是对的,那美联社报道就错了。迈尔经过一开始的慌乱之后,便赌在卡纳里斯的情报上。这时他十分困倦,但却十分得意,拂晓来临,整个前线还很平静,更证明了他是对的。

现在没有什么事情可做,只有等待那极其重要的后半段警示,可能在任何时候播出。它的重要性至关重大,压垮了迈尔。打垮敌军的登陆,德国数十万人的生命,以及德国的存亡,就全靠他和手下士兵监听这则广播,以及前线下令戒备的速度而定。他和手下从来没有这

---

[1] 相信隆美尔一定也知道这条信息,但从他对盟军的评估,显而易见是漏算了。

么准备妥当过，他只能希望自己的上级也意识到这则电文的重要性。

正当迈尔安定下来等待，200公里外，B集团军群司令正在准备回德国去。

6

隆美尔元帅仔细匀了一点蜂蜜在一片涂了奶油的面包片上。席间还坐着他那位才气焕发的参谋长汉斯·施派德尔（Hans Speidel）中将以及几位参谋。早餐并没有什么形式，谈话都很轻松，毫无限制，就像一家人在一起进餐，做老爸的坐在餐桌的一头。从某种形式上来说，这有点像一个关系密切的家庭……每一员军官都由隆美尔亲自挑选，他们也对他尽心尽力。今天早晨他们都向隆美尔提到形形色色的问题，希望他能向希特勒提起。隆美尔却没有说很多，只注意倾听。这时，他再也忍不住要走了，看了看表，"各位！"他突然说，"我得走了。"

城堡正门外，隆美尔的司机丹尼尔，正站在元帅座车边，车门敞开，隆美尔邀请同行的另一位参谋滕佩尔霍夫上校坐在朗旁边，他是参谋群中唯一随行的，滕佩尔霍夫的车可以跟在后面。隆美尔和他这个官方家庭中的成员一个个握手，向参谋长短短说了几句，便坐进他通常坐的位置——驾驶座的旁边，朗和滕佩尔霍夫则坐在后座，隆美尔说："丹尼尔，现在我们可以走了。"

座车在庭院里慢慢兜了一圈，驶出城堡正门，经过车道两旁16株修剪方正的菩提树，车子进村以后向左转，驶上了去往巴黎的干道。

6月4日，在这个特别阴郁的星期日早上7点钟，离开了拉罗什吉永，隆美尔觉得很好。整个行程的时间没有比这更好了。在他座位旁边有一个纸箱，里面有一双5号半、漂亮的灰色的、要送给太太的手工小皮鞋。这是个特别而极具人情味的理由，他要在6月6日星期二和她在一起，那天是她的生日。①

在英国，这时正是早晨8点钟（英国双重夏令时与德国中部时间相差1小时）。在朴次茅斯市附近的森林，盟军最高统帅艾森豪威尔将军在一辆拖车里。经过差不多整夜不眠后，他睡得正酣，到现在为止在他附近的总部，已由电话、传令与无线电，下达密码电文已经过了好几个小时了。艾森豪威尔大约在隆美尔起床的时刻，下达了一个生死攸关的决定：由于天候状况不佳，他已把盟军登陆时刻延后24小时。如果天候状况许可，D日就会是6月6日，星期二。

7

美国"科里"号驱逐舰（U.S.S. Corry, DD-463）舰长，33岁的乔

---

① 第二次世界大战以后，隆美尔麾下的许多高阶军官，都众口一词，力求为隆美尔6月4日、5日两天以及D日不在前线的情况做最有利的辩护。举凡出版、文章及采访，他们都说隆美尔在6月5日赶赴德国，这不正确。他们也宣称，希特勒命令隆美尔回德国，这也不正确。希特勒总部中，唯一知道隆美尔有意晋见元首的人，便是元首的副官施蒙特中将。当时是最高统帅部作战厅副厅长的瓦尔特·瓦尔利蒙特（Walter Warlimont）炮兵上将告诉我，约德尔、凯特尔，以及他本人，根本不晓得隆美尔在德国。甚至在D日当天，瓦尔利蒙特还以为隆美尔在集团军司令部指挥作战。至于隆美尔离开诺曼底的日期，则是6月4日，这是毫无争论余地的证据，这记载于小心谨慎记录的《B集团军群作战日志》上，那上面才是正确的时间。

第一部 焦急等待 25

治·杜威·霍夫曼（George Dewey Hoffman）海军少校，正用望远镜观望跟在他后面，稳定地驶过英吉利海峡的长长舰队。在他看来，万难相信他们出航了这么远，竟没遭到任何攻击。他们准时驶往航道。这支缓缓前行的舰队，沿着一条迂回的航线行驶，行驶的速度1小时不到1.8公里。自从前一天晚上驶离朴次茅斯港以后，他们已经行驶了148公里。霍夫曼预料在任何时刻都会碰到麻烦，潜艇或者飞机的攻击，乃至两者同时攻击，至少他预料会碰到水雷，随着每一分钟过去，他们也更深入敌人水域。法国就在前面，只有74公里了。

这位年轻的少校舰长，在"科里"号上从一名上尉升到舰长，还不到3年便平步青云，对能率领这一支庞大的舰队，有说不出的得意。透过望远镜望着这个舰队，他知道对敌人来说，这是一个活靶。

在他前面的是扫雷舰群，6艘小小的舰只散开成一个对角线队形，就像一个倒过来V字形的一边，每一艘扫雷舰都在舰身右边拖曳一根长长的锯齿缆线切割器，在海水中拖曳以切断系留雷的系索、引爆漂雷。在扫雷舰群后面的，便是那些瘦滑舰身的"牧羊犬"——护航驱逐舰。在它们后面的，目力所及便是绵延不断，望不到尽头的舰队。庞大的船列中，都是行动笨拙的登陆艇，载着上万名士兵、坦克、火炮、车辆和弹药。每一艘满载的舰船上，在一根结实的系缆头上都系有一只防空阻塞气球。因为这些阻塞气球飘浮的高度一致，在劲风中摇摇摆摆，使得整个舰队看起来就像醉醺醺般的向一边偏移。

在霍夫曼看来，这真是壮观，他知道舰队中舰船的总数，估计一下每艘舰艇的距离，这支盛大的阅兵队伍的尾端，一定还在后面的英国朴次茅斯港内。

而这只是一个舰队，霍夫曼知道还有好几十个舰队，在他启航的时候也出发了，或者会在这一天离开英国。这天晚上，他们所有的舰船会布满塞纳湾。清晨以前，这支5,000艘的庞大舰队，就会停在诺曼底登陆滩头的外海。

霍夫曼根本等不及见证这种场面，他率领的舰队，很早就离开了英国，因为他们要去的地方最远。这是美军雄壮兵力的一部分。第4步兵师要去的地方，霍夫曼和数以百万计的美国人一样，以前根本没听说过。在瑟堡半岛（科唐坦半岛）东侧一片刮着风沙的地带，盟军命名为犹他滩头。在它的东南方20公里处，正在滨海维耶维尔（Vierville-sur-Mer）和滨海科莱维尔（Colleville-sur-Mer）两个村落的前面，是美军登陆的另一处滩头，称为奥马哈，宛如一条新月形的狭长海滩，是美军第1与第29步兵师的登陆点。

"科里"号舰长原先还指望在这天早晨能见到靠近他的其他舰队，可是看上去海峡中只有他的舰队。他并不烦恼，因为他知道附近还有其他舰队，不是U编队就是O编队，正在驶向诺曼底。霍夫曼并不知道，由于天候状况不稳定，十分担心的艾森豪威尔只准少数几个慢速舰队先在夜间出发。

突然，驾驶台上的电话嗡嗡响了，一名舱面军官伸手去接，但是挨得近的霍夫曼一把抓起了电话。"驾驶台，"他说，"我是舰长。"他听了一下。"你确定吗？"他问道，"电文复诵了没有？"霍夫曼再听了较长的时间，然后就把电话筒放回话筒架上，这太难以置信了，整个舰队奉令折回英国——没说理由，出了什么事，登陆延期了吗？

霍夫曼从望远镜里看前面的扫雷舰群，它们并没改变航向，它们后面的驱逐舰也没转向，它们接到了电讯吗？在做任何举动以前，他决定亲自看看这份转向的电报。他一定得确认，便迅速爬到下一层甲板的无线电室。

报务员本尼·格利森（Bennie Glisson）海军下士并没有弄错，他把通信记录簿给舰长过目,说:"我为了确定,核对了两遍。"霍夫曼急忙回到驾驶台去。

现在他的工作,以及其他驱逐舰的工作,便是让这支庞大的舰队兜转回头,而且要快。因为他负责领头,他现在最关切的是在前面几公里远的扫雷舰群,由于实施严格的无线电管制,没法以无线电通知她们。"全速前进,"霍夫曼下达命令,"接近扫雷舰,通信兵用灯号。"

正当"科里"号向前疾驶时,霍夫曼往后面看,只见身后的驱逐舰群改变航向,转弯驶到舰队两侧。这时在通信灯号闪光下,他们开始进行让舰队转向的大工作。霍夫曼忧心忡忡,知道他们已邻近危险边缘——距离法国仅仅70公里,他们被敌人发现了没有?倘若舰船的转向没有被敌人侦测到,那真是奇迹。

在下面的通信舱里,格利森继续接收每15分钟便发出的登陆延后的密码电文。对他来说,这真是很久没有收到的最坏消息了,这则电报似乎肯定了那些使人不得安宁的猜疑。德军完全知道登陆情报。是不是因为德军已经发现才取消D日?像其他成千上万的人一般,格利森并不明白,登陆前许多准备——舰队、舰船、士兵、补给,塞满了从兰兹角到朴次茅斯间的每一处港口、水道和海港,怎么可能在航行中没被德国空军的侦察机发现?如果登陆延后的这则电报是指别的原因,那么紧跟着的便是,德国人就有更多的时间发现盟军的庞大舰队了。

这个23岁的通信兵,转动无线电另外一具转盘,对正德军的宣传台——巴黎广播电台。他想听听声音性感的"轴心萨莉"。她那嘲弄的广播很逗趣,因为说得太离谱了,不过谁也说不准啊。此外还有一个原因:这个"柏林婊子",这是对她不敬的习惯称呼,却似乎有很多没完没了的新热门歌曲。

28　最长的一天

格利森并没有机会听，因为正当这时，一串长长的气象报告密码开始传到。不过当他把这些电文打完，"轴心萨莉"开始播放这一天的头一张唱片。格利森立刻听出来，开头的几小节，就是战时流行歌曲《我量你不敢》（I Double Dare You），但这首歌配了新歌词。正当他细听时，这些歌词证实了他最担心的恐惧。那天早上 8 点钟前，格利森和盟军成千上万的士兵铁了心，要在 6 月 5 日入侵诺曼底，而现在还要再等苦闷的 24 小时，却听到了这首很贴切，但让人全身发毛的歌《我量你不敢》：

我量你不敢到这里来；
我量你不敢冒险靠得太近。
脱下礼帽，休说大话，
不要喝彩，少安毋躁，
你能不能胆敢向前进？
我量你不敢冒险来偷袭，
我量你不敢要试着入侵，
如果你响亮的宣传有一半像所说的那样是真的，
我量你不敢到这里来，
我量你不敢。

8

在朴次茅斯市外索思威克庄园（Southwick House）里，盟军海军总部的巨大作战中心，他们都在等待舰船返航。

这间宽敞、挑高楼板、四墙有金和白色壁纸的房间，此时正是活动热络的空间。那边有一面墙，整整一幅巨大的英吉利海峡地图，两名皇家海军女子服务团（Women's Royal Naval Service, Wrens）的士兵，每隔几分钟就在移动梯上爬上爬下，只为了替每一个返航舰队标定新位置，把图上的彩色标志在图面上移动。盟国各军种的参谋，三三两两挤在一起，每一个新报告进来，他们便默默注视，外表上他们很镇静，但外人都可以感受到他们的紧张。这种紧张不安不仅因当下让舰队几乎就在敌人眼皮下转向，而且还要沿着特定的扫雷航道返回英国；舰队现在还面对另一种敌人的威胁——海上的狂风暴雨。对这些航速缓慢，又满载部队与补给的登陆艇而言，一次暴风雨可能就是灾难。

海峡中的风速，已刮到了每小时 48 公里，浪高 1.5 米，而天气预报还要更坏。

几分钟、几分钟过去，图面上反映出这次召回井然有序，一串串的标志回到了爱尔兰海，云集在怀特岛附近，一起挤进了英格兰西南海岸的各处港口与锚地。有些舰队得耗上差不多一天才能返港。

只要往图上瞄上一眼，每一个舰队的所在，以及盟国舰队几乎每一艘舰只，都一目了然，可是有 2 条船不在图上——2 艘小型潜艇，它们似乎在图上完全消失了。

在附近的一间办公室里，一位俏丽的 24 岁海军女子服务团上尉，心中琢磨着自己的丈夫要多久才能回到母港。内奥米·科尔斯·昂纳（Naomi Coles Honour）有点着急，但还不到过度担心的程度，即便她那些在作战中心里的朋友，似乎对她丈夫乔治·伯特勒·昂纳（George Honour）上尉，和他那艘 17 米长的 X-23 号袖珍潜艇，要去什么地方都一无所知。

5月最后几周，英国各个港口为了准备D日的行动，都被人员以及装备给"塞爆"。图中可见士兵与装备正在登上位于布里克瑟姆的坦克登陆舰。舰艏前方的沉箱是为了方便吃水浅的LST装卸物资所准备的。

****

离法国海岸 900 米外，一具潜望镜破水而出，海面下方 9 米处，昂纳上尉缩在 X-23 号潜艇拥挤的控制室里，把军帽往后推——他记得曾这样说："好了，各位，让我们瞧一瞧。"

他一只眼睛紧贴着有橡皮垫的接目镜，向四周缓缓转动潜望镜，接物镜镜面上模糊闪烁的海水消失，眼前隐约的景象便清晰了，这是靠近奥恩河（Orne）河口那个还睡意沉沉的度假胜地——威斯特拉姆（Ouistreham）。他们靠得很近，视野跟着放大，昂纳可以见到烟从烟囱里冒出来；而远处的一架飞机正从卡昂（Caen）附近的卡尔皮凯机场（Carpiquet Airport）起飞；他也见到了敌人，看得十分入神，德军正在沙滩上两边绵延不断的反登陆障碍物中间工作。

对这位现年 26 岁的皇家海军预备役军官来说，这真是伟大的时刻。他从潜望镜往后退，对负责行动、拥有领航才华的莱昂内尔·莱恩（Lionel Lyne）上尉说："瘦子，看一看——我们几乎在目标上了。"

某方面也可以说，登陆业已开始，盟军的第一艘舰只和头一批士兵，已在诺曼底海滩外就位。在 X-23 潜艇的正上方，正是英军和加军登陆地区，昂纳上尉和艇员并不知道这一天的重大意义。正是 4 年前的 6 月 4 日这一天，就在不到 320 公里外的地方，英军 33.8 万人，从一处名叫敦刻尔克且熊熊燃烧的海港撤退。对在 X-23 号潜艇里的 5 名特别精选的英国人来说，这可是紧张、得意的时刻，他们是英军的前锋，X-23 号艇上的组员正带领盟军返回法国，后面成千上万的袍泽马上就会跟上。

这 5 个人挤在 X-23 号潜水艇狭小但功能齐全的艇舱里，穿着橡

32　最长的一天

皮蛙人装，他们带了几可乱真的文件，能通过最多疑的德军卫兵的仔细检视。每一个人都有一张贴有照片的伪造法国身份证，再加上工作许可证与配给证一应俱全，盖有几可乱真的德军橡皮图章戳记，还有其他相关信件与文件。一旦发生任何事，X-23号艇遭击沉或者不得不弃船，艇员就要游泳上岸，利用身上的证明文件，力求逃脱敌人的搜捕，与法国抵抗运动接触。

X-23号潜艇的任务特别危险，在H时前20分钟，它和姊妹艇X-20号——离海滩32公里外，在勒阿梅尔（Le Hamel）那处小小村庄的正对面——会大胆浮出海面充当领航指标，清楚地把英军与加军登陆地区的边线标示出来：这里的3处滩头被命名为剑滩、朱诺和金滩。

他们要遵行复杂且精细的计划，潜艇一浮上海面就打开无线电信标机，发出连续不断的信号；同时，声呐装置也自动经由海水发出声波，而由水下听音器接收，满载英军与加军部队的舰队，便会根据以上其中一种或两种信号直驶往目标区。

每一艘袖珍潜艇，装有一根5.5米长的伸缩桅杆，桅杆上有一具小型的强光探照灯，其发出的闪光柱，在8公里以外都看得到。如果灯光是绿色，表示潜艇已对正目标，红色则表示没有。

计划中还有其他辅助导航设备，每一艘袖珍潜艇，都要放出一艘系留的小橡皮艇，艇上有一个艇员，可以向海岸边漂浮一段距离。艇上配备了探照灯，可由艇员操作。盟军驶来的登陆艇艇，看到小型潜艇的灯光，以及漂浮的橡皮艇，便能精确标定3处登陆滩头的正确位置。

没有一件事会被忽略，包括袖珍潜艇也许会被庞大的登陆艇撞击的危险在内。为了保护X-23号，他们有一面黄色大旗做清清楚楚的

第一部 焦急等待 33

标示,这一点也没有逃过昂纳的注意,这面黄旗也可能使他们成为德军射击的良好目标。尽管如此,他还是计划要扬起第2面旗帜,一幅很大的海军白色"战斗抹布",昂纳和艇员准备冒被敌人射击的危险,也不愿冒险遭撞沉。

所有这些器具以及更多东西,都打包装进已壅塞的X-23号内舱。此外,在通常只配备3个人的潜艇内,多添了2名领航专家。现在在X-23号单一的全功能艇舱中,根本没有站起来或坐下去的空间,因为艇舱只有1.7米高、1.5米宽,和不到2.4米长。舱内原来就很闷热,在他们胆敢冒险浮出海面,也就是天黑之前,艇内空气将变得更糟。

即便白天在靠岸的浅海中,昂纳知道也一直有这种可能——被低飞的侦察机或者巡逻艇发现,他们在潜望镜深度待得越久,危险就越大。

莱恩上尉抱住潜望镜,做了一连串的方位侦测,很快就辨认出好几处地标:威斯特拉姆的灯塔、镇上的教堂,以及几公里之外朗格吕讷(Langrune)与滨海圣欧班(St.-Aubin-sur-Mer)另两座教堂的尖顶。昂纳说得对,他们几乎"正中目标",离他们标定的位置,还不到1.2公里。

能这么接近,昂纳如释重负,这是一次漫长的困苦行程,他们从朴次茅斯港出航,2天的航程差不多就到了166.7公里。大部分时间都航经水雷区,现在他们可以进入位置,然后将潜艇坐底,"弃卒作战"(Operation Gambit)有了一个好的开始。昂纳私底下希望规划人员另外取一个作战代号,虽然他不迷信,但望着这个词的意义,这位年轻的艇长大为吃惊地发现"弃卒"的意义,就是"西洋棋开局前被牺牲的小卒"。

昂纳从潜望镜中看了看正在海滩上工作的德军最后一眼,他想,明天这时候这些海滩就会打得天翻地覆。"降潜望镜。"他下令下潜；由于与基地没有联系，昂纳和X-23号艇员都不知道，登陆已经延后了。

9

到上午11点钟时，海峡的劲风刮得正猛，在英国实施限制的海岸区，都已经封锁且与境内的其他地区不相往来，登陆部队不安地等待着。现在他们的世界只剩下集结区、机场与舰船。就像他们与陆地之间——奇怪地卡在熟悉的英国世界和一无所知的诺曼底世界——被切断。他们知道，把他们与世界分隔开来的，是严密的安全保密措施。

在安全保密的另一面，生活照常进行，人人都在做自己习以为常的例行工作，浑然不觉正有几十万人等候命令，这道命令注定了第二次世界大战结束的开始。

****

在英国萨里郡的莱瑟黑德镇（Leatherhead, Surrey），一位54岁瘦小的物理教师正在遛狗。伦纳德·西德尼·道（Leonard Sidney Dawe）是一位沉默寡言且客气的人，除了小小的朋友圈以外，他默默无闻。然而，退休的道在社会上跟随的粉丝之多，远远超过一位电影明星。每一天，将近有100万人，为了在伦敦《每日电讯报》（Daily Telegraph）上他和朋友——另外一位学校教师梅尔维尔·琼斯

（Melville Joues）所拟的填字游戏而苦苦思索。

20多年以来，道就是《每日电讯报》填字游戏的资深编辑。在那时候，他那艰深复杂的字谜，使数不尽的百万人士既激愤又满足。有些有字谜癖的人说，《泰晤士报》（Times）的字谜要难些，可是道的崇拜者很快便指出，《每日电讯报》的字谜，从来没有两次的提示相同，这对谦虚的道来说，是一件相当得意的事。

道要是知道这件事，一定会愕然。打从5月2日起，他就成了苏格兰场负责反情报任务的军情五处（MI5）的直接询问对象。因为1个月以来，他的字谜吓到了盟军最高司令部的许多部门。

就在一个特定的星期日早晨，MI5决定和道谈谈。他回到家时，发现有两个人在等着他。道也和别人一般，早已听说过MI5，可是他们能向他问些什么？

"道先生，"侦讯开始，其中一人说，"在过去1个月里，有关若干盟军作战的高度机密代号，有好多出现在《每日电讯报》的填字游戏里，您能不能告诉我，是什么促使您使用这些词汇——或者，您在什么地方弄到手的？"

大出意料的道，还没有来得及回答，MI5职员，从口袋里掏出一张单子说："我们特别有兴趣，想要知道您是如何选择这些词汇的？"他指着单子，5月27日《每日电讯报》得奖竞赛的字谜，有这项提示"11. 横：不过像这个字眼的大亨，有时偷了它一些。"这句玄奥的提示，出自一些奇怪的炼金术，在道的忠实信徒认为很合理。答案刊在2天前——6月2日，正是整个盟军登陆计划的代号——"霸王"（Overlord）。

道不知道他们谈到的盟军作战是什么，所以他并不过度吃惊，甚至对这些问题生气。他告诉他们，真无法解释自己是如何选上这个特定词汇，为什么要选上它。他指出，这在历史上是一个很普通的字眼。"不过，"他抗议道，"我怎么能说得出来，我不知道什么词汇用作代号，什么又没有。"

两位 MI5 职员彬彬有礼，他们同意这的确很难。不过所有这些代号所用的词汇，都在同一个月刊载出来，这不是很奇怪吗？

他们对这位戴着眼镜、现在略有点为难的教师，在单子上一个又一个指出来，在 5 月 2 日的字谜里，提示："美国的一部分"（17. 横），答案为"犹他"；下 3 排的答案对应于 5 月 22 日，是"密苏里州的印第安人"，答案竟是"奥马哈"。

在 5 月 30 号这天的填字游戏（11. 横）提示："这种灌木为乔木苗园演化的中心"，答案是"桑树"（Mulberry）——这是两座人工港的代号，将来要设在滩头外的位置。而 6 月 1 日（15. 下），"不列颠尼亚和他拎住的同一样东西"的答案，却是"海神"（Neptune），这是登陆作战中海军部分的代号。

道无从解释使用这些词汇的原因。他说，就他自己所知道的一切来说，单子上所列的字谜，可能在 6 个月以前就完成了。还要什么解释吗？道认为仅有一个解释——出奇的巧合。

****

还有许多使人毛发悚然的惊险情形。3 个月以前，在芝加哥的中央邮政总局，有一个鼓胀却捆扎得不好的大信封，在邮件分类台上裂开了，露出很多外表可疑的文件。至少有十来个邮件分类员看到了内容物——某些关于称作"霸王"的作战计划。

情报军官立刻蜂拥到现场，对邮件分类员都加以询问，情报军官

第一部 焦急等待 37

告诉他们，要分类员把自己可能看到的任何东西都忘掉。然后，情报军官便讯问那位完全无辜的收信人———个女生，她也无法解释为什么这些文件寄给她，但她却认得信封上的笔迹。经由她的说法，情报军官就依这些文件前往发信地点，却是一个同样无辜的伦敦美军总部的士官，他把信封地址写错了，把文件寄给了在芝加哥的妹妹。

像这种事情虽然微小，但也可能更糟。盟军总部知道，那就是"霸王"这个代号的意义已为德国情报局阿布维尔（Abwehr）发现；他们一个名叫迪埃罗（Diello），或者较为人知的名字，西塞罗（Cicero）的阿尔巴尼亚特务，在元月份把情报寄给柏林。起先，西塞罗还把这个计划误指认是"霸王"（Overlock），但后来他就更正了。柏林相信西塞罗，他在英国驻土耳其大使馆里当仆从。

不过，西塞罗却没法发现"霸王"的关键秘密：D日的时间与地点。盟军对这项情报极其谨慎，直到4月底，才仅仅有几百名盟军军官知道。尽管反情报军官频频警告，英伦三岛上的德国特务极其活跃，可是在那一个月，还是有两名高级将校，一位是美军少将，一位是英军上校，不小心违反了保密规定。在伦敦克拉里奇饭店（Claridge's Hotel）的鸡尾酒会，美军少将告诉一些袍泽，盟军会在6月15日以前反攻。英军上校则在英国其他的地方，告诉一些民间友人，他手下士兵正在进行训练去攻占一个特定目标，并暗示地点就在诺曼底。这两名军官立即被降级并调离指挥岗位[①]。

[①] 虽然美军这位将军是艾森豪威尔在西点军校的同学，可是盟军最高统帅也无能为力，只能派他回国。在D日以后，这件案子曝光了，他以上校军阶退役。在艾森豪威尔总部甚至没有保留英国军官泄密的纪录，这事已由其上级悄悄处理，后来这位上校努力发展，成为英国国会议员。

盟军最高统帅部会议。从左到右依次为：美军第1集团军指挥官奥马尔·布莱德雷将军、盟军海军总司令伯特伦·拉姆齐海军上将、盟军副统帅阿瑟·特德空军上将、艾森豪威尔、D日登陆部队总指挥蒙哥马利上将、盟军空军总司令特拉福德·利-马洛里空军上将、艾森豪威尔的参谋长沃尔特·比德尔·史密斯中将。

而到了现在，6月4日，星期日，盟军总部为一则消息吓呆了，这一定又是消息走漏，这比以前发生的任何一次都更糟。那天晚上，美联社一名无线电报机打字员为了加快打字速度，在一架闲置的打字机上练习。由于错误，打字的穿孔纸带上，有她练习打字的"急电"内容，也不知道什么缘故，领先了每夜通常发出的苏联公报。虽然这项错误30秒钟后便加以更正，可是字句已经发出，这则公报到达美国，电报上说："至急，纽约美联社急电，艾森豪威尔总部宣布，盟军在法登陆。"

这则电讯后果十分严重，可是当时任何补救方法都太迟了，庞大的登陆部队已经出动，全力以赴。现在，时间一小时一小时滑过，天气持续变坏，盟军集结了前所未有的空降与两栖作战部队，正等候艾森豪威尔将军的决定。艾克会确定在6月6日登陆吗？或者，由于海峡的天候——20年来最糟的天候——迫使他再度延后登陆？

10

在索思威克庄园海军总部3.2公里外，一处急雨如注的树林里，这位不得不下达那个大决定的美国人，正在一辆装潢简易的三吨半拖车中，为这个问题而挣扎，并力求使自己轻松一点。虽然他可以搬进那无限扩展、宽敞的索思威克庄园中更为舒适的住处，但艾森豪威尔决定不搬，他要尽可能接近自己部队的装载港口。几天前，他下令编成一个精简的总部——供参谋住的几顶帐篷和几辆拖车，其中一辆他自己住，很久以前便为这辆拖车取了个名字"我的马戏团车"。

艾森豪威尔的拖车又长又矮，多少像一辆活动厢型车，隔成了3

小间,分别是寝室、客厅和书房。除开这些外,拖车的一边有嵌配着利落的小厨房、小型配电盘和一间流动式厕所。拖车另一头,是一层玻璃隔成的观察台。不过盟军统帅很少在这里久待,并未将拖车充分利用,而且根本没用过客厅和书房。要举行参谋会议时,他总在拖车旁的一个帐篷里开会。唯有他的寝室,有"住人"的样子。这很明显是他的风格:睡床旁边的桌子上,有一大堆平装本的西部小说。在这里,也是唯一有照片的地方——太太玛米(Mamie),还有21岁的儿子约翰穿着西点军校制服的照片。

在这辆拖车里,艾森豪威尔指挥盟国差不多300万人的大军,他的庞大部队中,有一半以上是美军,大约为170万士兵,包括了陆军、海军和海岸警卫队的士兵。英军和加军加起来有100万人左右,此外还有自由法国、波兰、捷克、比利时、挪威以及荷兰的部队。从来没有一名美国将领指挥过这么多国家这么多的部队,肩负起这么可怕的重担。

尽管他的职位崇高,权力无穷,个子高大、晒得黑黑的美国中西部汉子,带着感染他人的笑容,很少有迹象显示出他就是盟军最高统帅。他不像盟军中很多赫赫有名的将领,有着一眼就认得出来的抢眼个人特征,诸如古里古怪的帽子,或者花哨的军服上一排排齐肩高的勋章。艾森豪威尔的每样事情都很收敛,除了军阶的四颗将星以外,前胸口袋上只有单独一排勋标,还有盟国远征军最高司令部(SHAEF,Supreme Headquarters Allied Expeditionary Force)熊熊火焰中一把利剑的臂章,他避开一切显眼的标志。即便在他的拖车中,也没有彰显个人权威的物品,如帅旗、地图、装饰的训令,或者伟人乃至准伟人时常造访他所赠送的签名照。在他寝室里,接近睡床边却有3部极为重要的电话,各有不同的颜色,红色为打往华盛顿,具有"扰频"通话保密功能；绿色电话直通伦敦唐宁街十号丘吉尔首相官邸；黑色电话则通往才华横溢的参谋长沃尔特·比德尔·史密斯（Walter Bedell Smith）中将、没有多远的总部，以及盟军统帅部的其他高级成员。

艾森豪威尔除了已有的忧烦以外，又在黑色电话上听到了关于"登陆"的错误"急报"。他听到这个消息时一声不吭，副官海军上校哈里·C. 布彻（Harry C. Butcher）记得，盟军统帅只嗯了一声表示听到了，现在还能说什么？做什么？

4个月以前，华盛顿的盟国参谋首长联席会（Combined Chiefs of Staff, CCS）下令派他出任盟军统帅，只有明确的一句话，词斟句酌地加以指定："贵官将与其他同盟国军，共同进入欧洲大陆进行作战，其目标在德国心脏地区，以摧毁其武装部队……"。

其中的一句，便是作战的目标与决心。但对于整体同盟国而言，这有比军事作战行动还大的含义。艾森豪威尔称它为"伟大的十字军"——他们的远征，是一举将一个穷凶极恶、使全世界陷入战争、使欧洲支离破碎、3亿多人受到桎梏的暴政给除掉（实际上，当时没有人想象得到纳粹德国的野蛮行径竟涵盖了整个欧洲——数以百万计的人，消失在海因里希·希姆莱的毒气室与焚烧炉，又有数以百万计的人被驱离家园，宛同奴隶般工作。绝大多数人都一去不复还，数以百万计的人备受酷刑致死，作为人质处决，或是干脆让他们饿死）。这支伟大十字军无可取代的目标是，不但要打赢这场战争，而且要摧毁纳粹，使世界史上不会被超越的野蛮时代能够告一段落。

不过，首先要登陆成功。如果失败了，那击败德国获取最后胜利，也许还要耗上许多年。

要准备一次大规模的登陆作战，大部分有赖于缜密的军事计划，这项工作进行了一年多。在知道艾森豪威尔出任盟军统帅很早之前，就有一小批英美军官，在英军中将弗雷德里克·摩根爵士（Sir Frederick Morgan）的领导下，为这次登陆作战打好了底子。他们的困难是难以置信的，涉及极多层面——没有什么指导原则，没有什么军事上可循的前例，只有一堆问号：

攻击应该在什么地方发动？何时发动？

应使用多少个师？如果需要 X 个师，能否在 Y 日前编成、训练完毕、准备上阵？

运载他们需要多少运输舰？岸轰舰炮，支持及护航舰艇又需要多少？所有这些登陆艇艇从哪里来——有些能从太平洋或地中海战区抽调吗？

空中攻击需要数以千架计的飞机，要容纳这些飞机，需要多少个机场？

储备所有各类补给品、装备器材、火炮、弹药、运输机、粮秣，要多久时间？以上除了发动攻击时的需要，后续作战还需要多少补给？

这些只是少数使人吃惊且盟军策划人员必须回答的问题，其他的问题也成千上万。直到最后，他们的研究在艾森豪威尔就职以来经过扩展与修改，成为最终的"霸王行动"，远比此前任何一次军事作战需要集结更多的兵员、更多的舰船、更多的飞机、更多的装备和物资。

储备工作极为庞大，甚至计划还没有完全成形之前，就已有前所未见的大量兵员与补给涌到了英国，一下子就有了庞大的美军出现在小镇与乡间，使得住在那里的英国人置身美国人中间，时常有令人感到无望的劣势感，他们的电影院、旅馆、餐厅、舞厅和喜欢的酒馆，就像潮水般挤满了来自美国每一州的士兵。

每一处地方都大兴土木建造机场，为了保证庞大空中攻势，除了已有的几十个机场以外，还要再兴建163处基地；后来，第8航空队和第9航空队的机组人员，有一个一致同意的玩笑话，说他们可以在一个纵横英国三岛全宽、全长的跑道滑行而不会碰到彼此的机翼。各处的海港也挤得满满的，一支支持作战的海军大舰队，从战列舰到鱼雷快艇，差不多有900艘开始集结。到达的舰队数量极多，到春天以前，它们已经下卸了200万吨的货物与补给——多到要铺设273公里长的新铁路来运送。

到5月时，英国看上去就像一座巨大的兵工厂，隐藏在各处树林里的，都是堆积如山的弹药；在荒野上绵延不断的是首尾相接的坦克，半履带装甲车、装甲车、卡车、吉普车和救护车——共有5万多辆。在野地里长长的一排是榴弹炮与高炮，还有大量的半成品，从半圆形活动营房到简易机场的穿孔钢板跑道，还有大量土木器材，从推土机到挖土机都有。在中央的堆栈中有庞大数量的食品、服装和医疗补给品——从防晕船药片到医疗用的12.4万张病床，应有尽有。但这许多物品中最为惊人的景象，却是几处山谷中排满了一长列的火车头，几乎达1,000辆崭新的火车摩托车头，差不多两万辆油罐车厢和货车，一旦建立滩头阵地，这些火车头就会用来代替法国破落的铁路车辆。

其中也有新奇的作战装备。有些坦克能下水，还有些坦克载着一大捆的板条木，用在反坦克壕上，或者作为反坦克壕的踏脚石；还有些坦克装备了巨型钢链的连枷，可以在车身前面拍打地面引爆地雷。还有一种平坦、长度达一条街区的舰艇，每一艘都装了森林般的密密麻麻的发射管，以发射二战最新的武器——火箭。或许最奇特的便是两座人工港，将来要拖过海峡运到诺曼底滩头去；它是工程的奇迹，也是霸王行动重大的秘密之一。在最初生死攸关的几个星期中，直到能夺下一处港口为止，它们可以确保兵员与补给源源不绝涌到滩头。这两座人工港，称为"桑树"（Mulberries）。最先构成的部分，便是由巨大的钢质浮箱所造的外防波堤。其次是大小不等，一共145座庞大的混凝土沉箱，它们一个个沉在海底构成一座内防波堤。这些沉箱中最大的一座备有人员寝室，上方架设高炮，将它拖运时就像一座5层楼高的公寓横躺在海面上。在这些人工港中，大得像自由轮的货轮，便可以卸货到往来滩头的驳船上。小型的船艇像沿岸航行船和登陆艇，可以把装载的货物，卸在水中庞大的钢架码头上等候的卡车上，经由浮桥支撑的码头载运物资驶上岸。在"桑树"远方，一线排开60艘用于封港用的旧船，要沉下去作额外的防波堤。在诺曼底的几个登陆滩头外，每一座人工港的作业海域与多佛港相等。

在5月整整一个月时间，兵员和补给开始向各处港口与装载区移动。壅塞是一个大问题，不过经理部门、宪兵和英国铁路当局，总能使每一次的调动准时进行。

满载了部队与补给品的列车，在每一条铁路上来来回回，好像它们要把海岸都覆盖起来一样。一列列的车队塞满了每一条道路；每一处小村庄和村落，都罩上了一层细细灰尘。英国南部，在整个春天宁静的夜晚，都交响着卡车队低沉的呜呜声、坦克的呼呼声与铿锵声，以及绝不会听错的美国人口音，所有人似乎都问着同一个问题：

"目的地究竟他妈的有多远？"

几乎一夜之间，海岸地区冒出了许多半圆形活动营房与帐篷，部队开始涌进了装载区。士兵都睡在堆成三层或四层高的床铺上。淋浴和厕所通常都在好几片田野外，去那里的兵都得排队。开饭时排的队伍，有时长达402米。部队太多了，多达5,400人，其中4,500人为

在奥马哈海滩登陆初期，美国自由轮被故意从海滩上凿沉，以在法国某处充当临时防波堤。此场景显示13艘自由轮组成一道屏障，保护在海滩上卸货的船只。

刚结训的炊事员，来为美军的各处设施服务。到5月份的最后一个星期，兵员、补给开始装上运输舰和登陆艇，这个时刻终于来了。

各项统计数字都能震撼人们的想象力；这支部队似乎是势不可挡。现在，这支巨大的武力——自由世界的青年，以及自由世界的资源——都在等着一个人下决心：艾森豪威尔。

6月4日整整一天，艾森豪威尔大部分时间都一个人待在拖车内。他和麾下将领已经竭尽全力，确保入侵能够以最低的生命代价获得一切成功的机会。可是现在，经过数月在政治上与军事上的计划以后，霸王行动现在要交给天气来决定了。艾森豪威尔毫无办法，他能做的便是等待，希望天气好转。但不论发生了什么情况，他都得要在这天终了以前，做一个扭转乾坤的决定——实施登陆，或者再延一天。不论登陆或不登陆，霸王行动的成功与失败，搞不好就是靠这项决心而定，而且没有人可以代替他下决心，重责大任都系之于他，而且只有他一个人承担。

艾森豪威尔面临严峻的左右为难，在5月17日那天，他已决定了D日得在6月初三天的其中一天——5、6或7日。气象研究已经指出，这次登陆作战需要的两项至关重要的天候条件，在诺曼底只有这3天才有，那就是深夜升起的月亮，还有破晓后不久的低潮。

先由伞兵与滑降步兵发动攻击，美军第101、第82以及英军第6空降师，大约18,000名士兵，需要有月光。但他们的奇袭，却又全靠他们飞抵投落区时非常黑暗。因此他们至关紧要的要求，便是迟现的月色。

海上登陆则要在低潮，暴露出隆美尔的滩头障碍物时发动。整个登陆作战依赖的，便是潮汐时间，这使得气象计算更为复杂。后续部队在这一天较晚的时间登陆，也需要低潮——而且还得在黑夜降临以前。

月光及潮水这两项苛刻的因素，可把艾森豪威尔拘束住了，光以低潮这一项，便把任何一个月可遂行攻击的日子，减到了只有6天，而这6天中又有3天没有月色。

但不仅于此，还有许多其他的考虑他都得纳入计算。第一，各军种都要求白天长时间有良好能见度——以辨别滩头；海军和空军则得以瞄准目标，良好的能见度也可以避免5,000艘在塞纳湾内操作、几乎到了舳舻相接的庞大舰艇碰撞的危险。其次，要求风平浪静，海浪汹涌不但会使舰队大受破坏，晕船还会使士兵没踏上滩头以前，就茫然无助。第三，需要有刮向内陆的微风，才能使滩头的烟雾散去，不会遮蔽目标。最后一项，盟军需要在D日后还有3天的平和天气，以便于迅速集结兵力和补给。

在盟军总部里，没有一个人期望在D日这一天天气会尽善尽美，至少艾森豪威尔不是这样期望。他已经调整好自己，与麾下气象参谋做过数不清的推演，对所有因素加以认定和衡量，寻找决定发动进攻时，艾森豪威尔可以接受的最低限度条件。不过据他的气象官认为，以诺曼底地区为准，在6月中任何一天能达到盟军最低要求的天气，大约为10∶1。在这个狂风暴雨的星期日，艾森豪威尔独自在自己的拖车里，考虑每一种可能性，它们似乎已经变成了天文数字。

在这可能登陆的3天中，他已经选定了6月5日，如果要推迟的话，那他可以在6号发动攻击。假如他下令在6号登陆，那时又不得不再次取消，返航舰队的加油问题，也许会阻止他在7号实施攻击。当时只有两种可行的替代方案，其一是把D日往后延，一直延到下次有类似气候条件的日期，那就是6月19号。但他如果这么一延后，空降部队将被迫在黑暗中跳伞——6月19号那天没有月亮。其二则是等待，一直等到7月份，一如他后来回想起来，这么漫长的延期，"痛苦得不堪设想"。

一想到延期登陆的可怕，艾森豪威尔麾下很多最小心谨慎的指挥官，甚至都准备在8日或者9日冒险进击。他们都明白，超过20多万士兵，大多数都接到过任务提示，要如何使他们在舰艇上、装载区和机场上隔离、分隔，而不让反攻的秘密透露出去，那绝对是不可能的。即便在这段时间保密成功，德国空军的侦察机也会侦察到这支庞大的舰队（如果它们还不曾侦察到的话），或者德国间谍，也会千方百计知道这个计划。对每一个人来说，登陆延后的后果极为严重，但这非要艾森豪威尔下这个决心不可。

在下午逐渐黯淡的天色中，盟军统帅偶尔会走到拖车门口，透过湿漉漉的树梢，凝望覆盖在天空的云朵。其他时候，他便在拖车外踱来踱去，香烟一根接着一根，踢着小径上的煤渣——高大的身影，背微微佝偻，两只手深深插在口袋里。

在这种孤寂的漫步中，艾森豪威尔似乎没有注意到任何人。但在下午时，他看到了奉命派驻在前进总部的四名记者之一，全国广播公司（NBC）的梅里尔·"雷德"·米勒（Merrill "Red" Mueller）。艾克突然说："雷德，我们散步走走。"他并没有等米勒，依然两只手插在口袋里，以他寻常的快速步伐走了，一下子就进了树林，米勒连忙赶了上去。

这是一次很奇怪、静悄悄的散步，艾森豪威尔半个字也不吭。"艾克似乎完全为心事所据，也完全沉浸在自己的所有问题里。"米勒回忆说，"就像他已经忘记了我跟他在一起似的。"米勒有很多问题想向盟军统帅提出却没有问，他觉得自己不能打岔。

到他们走回营地时，艾森豪威尔道过了再见，米勒望着他爬上了

1944年2月26日，在威尔特郡西唐炮兵靶场，美国第3装甲师第33装甲团进行炮术演示时，一名美国坦克兵军官向盟军高级指挥官指出目标。从左到右依次为：阿瑟·特德上将、艾森豪威尔将军和伯纳德·蒙哥马利将军。

进拖车门的那具小铝梯，那一刹那，在米勒看来，"他被烦恼压得弯腰驼背……就像两肩上的四颗将星，共有一吨重"。

晚上9点30分之前，艾森豪威尔麾下的高级将领，以及他们的参谋长，都在索思威克庄园图书室集合。这间图书室大且舒适，有一张覆有绿呢台布的桌子、几张安乐椅和两套沙发，三面墙都是深色橡木书架，却没有几本书，房内空间是一览无遗的。窗户上挂了灯火管制用的双排厚实窗帘，在这天晚上，它们阻绝了沙沙的密集雨声和单调的强劲风声。

参谋军官三三两两站在屋子里，悄悄谈话，靠近壁炉的是艾森豪威尔的参谋长史密斯中将，和他交谈的是抽着烟斗的副司令，英国皇家空军特德阿瑟·威廉·特德（Arthur William Tedder）上将。坐在一边的是暴躁的盟国海军总司令伯特伦·拉姆齐（Bertram Ramsay）海军上将，在他身边的是盟国空军总司令特拉福德·利-马洛里（Trafford Leigh-Mallory）空军上将。史密斯中将回想起来，只有一个人穿得很随便，那就是D日总指挥、火爆的蒙哥马利，穿着他习以为常的灯笼裤和一件缠颈的套头毛衣。艾森豪威尔一声令下，就由这些人将攻击命令传达下去。他们和参谋军官——这时屋子里一共有12员高级将领，等候盟军统帅，于9点30分召开的决定性会议。那时，他们会听取气象官最新的气象预报。

9点30分，会议室门开了，艾森豪威尔身着整洁的暗绿色战斗服，大步走了进来。他只有在与老朋友打招呼时，隐约地闪过他那习以为常的艾森豪威尔式笑容。当主持会议时，担忧的表情很快就回到了他脸上。用不着提示，每一个人都知道他要下的这个决心十分严肃。立刻有3位负责霸王行动的高级气象官走了进来，气象处长是皇家空军的詹姆斯·马丁·斯塔格（James Martin Stagg）上校。

斯塔格开始作简报时会场一片死寂，他迅速描述前24小时的天气图，然后平静地说："各位……天气情况有一些迅速而出乎预料的发展……"所有的眼光现在都集中在斯塔格身上，他给满面焦急的艾森豪威尔和其麾下将领带来一线希望的光芒。

他说他已经察觉到有一道新的锋面，会在以后几个小时内向海峡移动，在各登陆地区会形成渐进的晴朗天气，这种改善情况将在第二天持续一整天，一直延续到6月6日的上午。在那以后天气又会开始变坏。在这一段天气良好的时段里，风力会显著降低，天空会清澈——至少足以使轰炸机能在5号晚上，直到6号上午进行作战。到6号中午，云层会变厚，天空又是阴霾一片。总之向艾森豪威尔报告的是，一段勉强可以接受的良好天气，远远低于最低要求，最多只能较"24小时多一点"。

斯塔格的话一说完，他和另外两位气象官，就要接受连珠炮似的问题。对天气预报的精准度，全体将领都有信心吗？他们的预报会不会错误——检查过报告的每一种可能来源吗？紧接着在6号以后，天气会不会有机会继续好转？

有些问题是这些气象官不能回答的，他们的报告经过一再查核。对这项预报，他们尽可能地乐观，但也有些许机会，天气情况会突然发生变化，而证明他们的预报错了。他们尽其所能地回答问题后离开。

接下来的15分钟，艾森豪威尔麾下各将领加入讨论，拉姆齐海军上将强调了要做决定的紧迫性。如果要在星期二进行霸王行动，在艾伦·古德里奇·柯克（Alan Goodrich Kirk）海军少将指挥下，登陆奥马哈与犹他两个滩头的美军特遣部队，就得在半小时内收到命令。拉姆齐主要是关切再加油的问题，如果这两支部队延迟出航，然后又被召回，那就不可能让他们在星期三——6月7号这天，再做一次攻击前的准备。

这时艾森豪威尔便一一询问各将领的意见，史密斯中将说攻击应该在6号发动——这是一次赌博，却应当放手一搏。特德和利-马洛里两人却很担忧，即便气象预报的云层比有效进行空中作战的条件要好；但那也就意味着登陆时，没有适时的空中支持；他们认为那就会发生"不确定性"。蒙哥马利则坚持他前天晚上所作的判断，也就是把6月5号D日延后时所说："依我说，上！"

现在全看艾森豪威尔了，时候已经到了，只有他能下决心。他把所有各种可能性加以权衡，其间历经了长长的一段沉寂。史密斯中将注视着，对盟军统帅的"孤单形影"大为吃惊，只见他坐在那里，两只手在身前紧紧握住，低头望着桌子。就这么过了几分钟，有人说是2分钟，还有人说长达5分钟，这时脸孔绷得紧紧的艾森豪威尔才抬起头来宣布他的决定。他缓缓说："我非常肯定，我们一定要下这个命令……我不乐意这么做，不过就这样了……我看不出我们还能有其他办法。"

艾森豪威尔站了起来，神色疲惫，但脸上却少了一些紧张。6个小时以后，再进行另一次气象简报，他可以维持自己的决定并再度确定——D日是6月6号。

艾森豪威尔和麾下将领离开图书室，这时却是急忙去使得这次伟大的登陆作战动起来。在寂然的图书室最里面，会议桌上有一层层蓝烟，在光滑的桌面上，映照出壁炉的熊熊炉火，在壁炉面上的一座时钟，指针指向9点45分。

第一部 焦急等待 53

11

大约在晚上 10 点钟,第 82 空降师的一等兵"荷兰佬"阿瑟·舒尔茨(Arthur Schultz)二等兵,决定不赌骰子了,也许他再也不会有这么多的钱。自从宣布空降突击取消,至少延后 24 小时,这场赌博就开始了。起先在一座帐篷后面赌,后来搬到一架飞机的机翼下,而这时却在飞机棚厂里赌得正酣。这处棚厂已经改为大型宿舍,由一排排的双层床铺,隔成了一行行的通道,在这些通道里来来去去,都要耗上好久。"荷兰佬"是当中的大赢家之一。

赢了多少钱,他自己也不知道,但他猜手里这一大把皱皱巴巴的美钞、英钞,还有崭新蓝绿色的盟军法国钞票,大致有 2,500 美元以上。这是他活了 21 年以来,在任何一段时间中,自己曾见过的最多的钱。

他在体能上与精神上尽了一切努力,为这次跳伞做准备。这天早晨,在机场内举行了各种宗教的礼拜仪式,"荷兰佬"是天主教徒,他参加了告解和领圣餐。这时,他晓得自己该把赢来的钱怎么办了,他在心里盘算要如何分配,在人事官室留下 1,000 美元,等自己回到英国,请假外出时就可以用那笔钱;另外 1,000 美元,他打算寄给住在旧金山的妈妈,让她替自己保存起来,但要她把 500 美元用作送礼——她当然可以用这笔钱。其余则有特别用途,一旦自己的部队——第 505 伞兵团到了巴黎,就要去狂欢。

这名年轻的伞兵觉得很好,每一件事都关照到了——可是真关照到了吗?为什么今天早上那件事一直悬挂在心,使他有些许不安?

第82空降师第508团的成员在从英国索尔特比机场起飞之前检查他们的装备。

第101空降师炮兵指挥官安东尼·C.麦考利夫准将在D-1起飞前向各滑翔机飞行员发出最后指示。

第一部 焦急等待 55

早上分发信件时他收到妈妈的一封信，把信封扯开时，一串念珠滑了出来掉在脚边，他很快一把捡起来，没让四周说俏皮话的大伙见到，并把念珠塞进一个留在后方的行李袋。

这时他想起了念珠，猛然想起一个以前从没想过的问题，为什么在这种时候还要去赌钱？他望望手指头缝里伸出来皱巴巴折在一堆的钞票——比他一年所赚的钱还要多。就在这一刹那，二等兵"荷兰佬"舒尔茨明白了，如果他把所有这些钱都留起来，他肯定会战死。"荷兰佬"决定不冒这个险。"让开点，"他说，"这一局我也来一把。"他瞄一下手表，心里琢磨着花多少时间才能把这 2,500 块钱给输掉。

这天晚上，行径古怪的并不止舒尔茨一个，从普通士兵到将领，似乎没有一个人急于向命运挑战。在纽伯里（Newbury）附近，美军第 101 空降师师部，师长泰勒少将，正和师内几位高级军官举行非正式的长时间会议。里面大约有五六个人，其中一位是副师长唐·福里斯特·普拉特（Don Forrester Pratt）准将，他坐在床上。正当他们交谈时，另外一位军官进来了，取下军帽便往床上一抛，普拉特一跃而起，把这顶军帽扫落在地板上，说："老天，真他妈运气坏！"每一个人都哈哈笑了，可是普拉特再也不坐在那张床上了，他已经被指定要率领第 101 空降师的滑降步兵飞入诺曼底。

夜色渐深，在英国各地的登陆部队都在继续等待，几个月的训练使他们紧张，都已准备去放手一搏，延期却使得他们神经兮兮。自从暂缓了以后，现在已过了 18 个小时，而每过一个小时，都会抽离一部分他们的耐性与战备状态。他们并不知道，现在距 D 日还有不到 26 小时，离登陆的消息传开依然太早。因此，在这个狂风暴雨的星期日晚上，士兵都孤单、焦急，还有的暗自在害怕中等待，怕有什么事情或是任何事情发生。

在这种情况下，他们所做的正是世界上的人都会做的事——想念家庭、妻儿子女、心上人。每个人都谈到即将来临的这一仗。滩头的真实情况如何？这次登陆是人人所想的那么艰难吗？没有人能对 D 日这天的景象具体化，但是每一个人都以自己的方式为这一天做好准备。

在黑漆漆且怒涛澎湃的爱尔兰海，美军"赫恩登"号驱逐舰（U.S.S. Herndon, DD-638）上，小巴托·法尔（Bartow Farr, Jr.）中尉力求自己专心致志于打桥牌上。不过这很困难，在他的四周有太多严肃的事情在提醒他，这不是一次交谊夜。寝舱四壁上，钉有大幅空中侦察照片，上面标有俯瞰诺曼底各处滩头的德军火炮阵地，这些火炮就是"赫恩登"号在 D 日的目标，法尔想到，"赫恩登"号也会是德军火炮的目标。

法尔很有理由确信他会在 D 日后生存下来，已经有许多人开玩笑，说谁会躲得过谁躲不过。在贝尔法斯特港（Belfast Harbor），他们的姊妹舰"科里"号的水兵，对"赫恩登"号能否归来的打赌，已经是十比一。"赫恩登"号的水兵，也就以牙还牙地散布谣言说，登陆艇队一启航，"科里"号就会被滞留在港内，因为船上水兵的士气太低沉了。

法尔中尉信心十足，"赫恩登"号会安然返航，他也会随舰一起安全返回。但他也因对未出生的孩子写了一封长信而感到高兴。他从来没想过，在纽约市的太太安妮，会生了个女儿（她并未生女儿，11月份，法尔夫妇有了个儿子）。

纽黑文（Newhaven）附近的集结整备区，英军第 3 步兵师的雷金纳德·戴尔（Reginald Dale）下士，坐在床上替太太希尔达（Hilda）担心。他们在 1940 年结婚，打那时起两夫妻便盼着有个儿子，几天以前他请假回去，希尔达便说她有了喜。戴尔十分恼火，他一直都意识到，登陆时间很迫近而他又将出征，他顶了一句话："我一定要说，这真不是时候。"这种伤人的口不择言，让他这时又自责起来，认为自己不该说这种话。

可是现在已经太迟了，他甚至没办法打电话给她，他跟集结整备区中成千上万的英军一样躺在床上，力求使自己入睡。

有少数人毫不慌张，十分冷静，睡得很熟。在英军第 50 步兵师的装载区，有这么一位仁兄，便是连军士长斯坦利·埃尔顿·霍利斯（Stanley Elton Hollis）。很早以前他便学会了要随心所欲随时入睡，即将来临的攻击并没有使霍利斯多担心，他对即将发生的事情了然于心。他曾经由敦刻尔克撤退，跟第 8 集团军转战北非，在西西里岛登陆。这天晚上在英国的百万大军中，霍利斯是稀有之士，他期待反攻，他想回到法国去多宰几个德军。

这对霍利斯来说是很个人的事。敦刻尔克撤退时，他是摩托车传令，在撤退中经过里尔（Lille），他看到了一个从来不会忘记的景象。他与部队脱离了，在市区的一处转错了弯，显然德军刚刚经过，他发现是条死路，这里全是被机枪扫射、成百上千具体温尚存的法国男女老少的尸体。嵌在尸体后面的墙上，以及地面上狼藉一片的是数以百计的弹头。打从那时起，霍利斯便成了猎杀敌人的超级猎手，他的猎杀记录，现在已逾 90 人。到 D 日这天结束，他在自己的斯登冲锋枪上，刻上 102 次的胜利。

也有一些人急于踏上法国土地，对菲利普·基弗（Philippe Kieffer）海军少校和他手下 171 名顽强的法国突击队员来说，这种等待似乎没完没了，除了他们在英国所交的少数朋友以外，他们没有什么人可以道别——因为他们的家人依然在法国。

在汉布尔河口（Hamble River）附近的营地，他们把时间都耗在检查武器、研究用泡沫橡胶塑形的剑滩滩头地形模型，以及在威斯特拉姆内的各个目标。突击队员中，有一位居伊·德·蒙洛尔（Guy de Montlaur）伯爵，他以身为士官而极为骄傲。今晚他很高兴听到计划略有更改。他这一班人，会率先对这处观光胜地的赌场加以攻击，那处地方现在被认定是一处防守坚固的德军指挥部。"那可是件乐事，"他告诉基弗中校，"我在那处地方，损失了不少的财富。"

241公里外，接近普利茅斯（Plymouth），是美军第4步兵师的集结整备区，哈里·布朗（Harry Brown）中士下了勤务，看到一封给他的信，他在战争影片中见过这码子事已有很多年了，却从来没想到会发生在自己身上——这封信中夹有一份"阿德勒增高鞋公司"的广告。这份广告尤其使这位班长恼火，他那一班士兵个头都很矮，矮得让大家都称他们是"布朗的小不点"。中士在士兵中算是最高的了——身高1.6米。

正当他心里奇怪，谁把他的名字告诉了阿德勒公司，一位士兵来了，约翰·格瓦多斯基（John Gwiadosky）下士决定还一笔借用的钱，他恭恭敬敬把钱奉上时，布朗还搞不清楚这是怎么回事。"不要有什么错误想法，"格瓦多斯基解释说，"我可不要你下了地狱还到处追着我来收账。"

跨过海湾在韦矛斯（Weymouth）附近下锚的运输舰"新阿姆斯特丹"号（SS Nieuw Amsterdam）上，第2游骑兵营的乔治·克希纳（George Kerchner）少尉，正忙着一项例行工作——检查全排的信件。今天晚上，这个工作尤其繁重，似乎每一个人都写了长信回家。第2和第5游骑兵营，在D日的任务最为艰辛，他们要在一处叫作奥克角（Pointe du Hoc）的地方，攀登几处近30.5米的垂直悬崖，压制一处配置6门长程火炮的炮台——这些火炮威力极大,能瞄准奥马哈滩头,或者犹他滩头的运输舰区,突击兵得在30分钟内完成这项任务。

预料攻坚的伤亡会很惨重——有人认为会高达六成——除非空中轰炸与舰炮轰击,能在突击兵到达那里以前,摧毁这几门火炮。不论用什么方式,没有人预期这次攻击有若一阵微风般轻松。没有人敢那样说,除了克希纳的一名班长拉里·约翰逊(Larry Johnson)上士。

少尉看到了约翰逊的信大吃一惊,虽然这些信件没有一封会在D日——只要会发生的话——以前寄出去,甚至经由寻常管道这封信也寄不出去。克希纳派人把约翰逊找来,中士一到,排长便把信还给他。"约翰逊,"克希纳冷淡说,"这封信最好由你自己寄——等你到了法国以后。"约翰逊的信写给一个女孩,请她在6月初约会见面,她住在巴黎。

上士离开军官舱,使这位少尉有感于中,只要有像约翰逊这般乐观的人,天下没有办不到的事。

在这冗长的等待时刻,这支登陆大军中几乎每个人都写了信,这些信都写了很久,似乎是他们情感上的宣泄。很多信记下了他们的想法,而这是男人很少会做的事。

奉令登陆奥马哈滩头的是美军第1步兵师,该师的约翰·F.杜利根(John F. Dulligan)上尉写信给太太:"我喜欢这些人,他们睡在舰上每一处地方,甲板上、卡车内、车上和车下。他们抽烟、打牌、到处打打闹闹、做各种各样的恶作剧;他们一批批聚在一起,谈的大都是女孩、家庭和经验(有另一半或没有)……他们是好军人,世界上最优秀的……登陆北非以前,我紧张兮兮并有点害怕;登陆西西里岛时,我忙得很,害怕就在我任务中逝去……这一回我们要攻上法国一处滩头,从那以后只有上帝知道答案。我要你知道,我全心全意爱你……我祈求上帝恩佑，为了你、安和帕特而饶我一命。"

在海军的大型军舰或者大运输舰，在机场或者装载区的人运气要好些。虽然他们受到种种限制，也过于拥挤，可是他们一身干燥，暖和又舒适。在各海港外面下锚的平底登陆艇，舰艇上随着海浪起伏的士兵那就是另一码事了。有些人待在舰艇中一星期以上，舰上又挤又臭，士兵的凄惨程度是令人难以置信的。对他们来说，战争在他们离开英国之前就展开了，这一仗要对付的是不断的恶心和晕船。大多数士兵依然记得，在舰上只闻到三种东西的味道——柴油、堵塞的马桶，还有呕吐物。

每一艘舰艇的情况各自不同，在 LCT-777 号坦克登陆艇上，通信兵小乔治·哈克特（George Hackett, Jr.）海军下士看到海浪之高大为吃惊，浪头竟从翻滚的登陆艇的一头扑下来，而从另一头流出去。英军的 LCT-6 号坦克登陆艇装载得太多，以至于艇上美军第 4 步兵师的克拉伦斯·于普费（Clarence Hupfer）中校以为它会沉没。海水冲到了船舷，有时竟冲刷进了舰内。舰内厨房积水，迫使部队只能吃冷食——如果那些人还吃得下东西。

第 5 特种工兵旅（5th Engineer Special Brigade）的基思·布赖恩（Keith Bryan）中士还记得，LST-97 号坦克登陆艇太挤了，挤得人踩人，舰身翻腾得好厉害，幸而有床铺可睡的人却很难待在床上。加拿大第 3 步兵师的莫里斯·马吉（Morris Magee）中士，他那艘登陆艇的状况"比在尚普兰湖（Lake Champlain）中心划艇上更糟糕"，他晕得再也呕吐不出东西来了。

可是在这段待命期间，受苦最大的，是那些被召回的舰队上的步兵。整整一天，他们都在海峡里乘风破浪，全身湿透，又困又累。他们郁郁地排成一列，这些零零落落的舰队，最后一艘在深夜 11 点时抛下了锚，所有的船都回来了。

在普利茅斯港外，"科里"号舰长霍夫曼少校在驾驶台上，望着长长一行，大大小小、各式各样登陆艇艇一片黑漆漆的剪影。天气很冷，风依然劲急，他却听得到这些吃水浅的船艇每冲过一道海浪时的拍击声和拨水声。

霍夫曼很困倦，他们回港没多久，这时才知道延后登陆的原因，而他们又接到随时做好准备的命令。

船内消息传得很快，通信兵格利森听到了预告，准备继续值更。他前往餐厅去，进了餐厅，只见有十几个人在吃晚饭——这天晚上有火鸡肉与一整套的配料。每一个人看起来都垂头丧气。"你们这帮家伙，"他说，"像在吃最后晚餐似的。"格利森差不多说对了，在场的人到了 D 日的 H 时，有一半将随"科里"号沉没。

附近的 LCI-408 号步兵登陆艇，士气也非常低落。海岸警卫队的舰员深信，这次虚行只不过是另外一次演练罢了。第 29 步兵师的二等兵威廉·约瑟夫·菲利普斯（William Joseph Phillips），想使他们振作起来。"这条船，"他庄重地预测，"根本不会体验到战斗。我们待在英国这么久，一直等到仗打完了，我们的差事也不会开始，他们会要我们去清扫多佛尔白崖上的蓝知更鸟的粪才是真的。"

到了半夜，海岸警卫队的巡防舰和海军的驱逐舰，又开始了集结舰队的繁重工作——这一回它们不会回头了。

****

法国海岸外，X-23 号袖珍潜艇缓缓升到水面，这时正是 6 月 5 号凌晨 1 点钟。昂纳上尉很快掀开了舱口盖，爬上小小的指挥塔。昂纳与一名艇员竖起了天线。艇内，詹姆斯·霍奇斯（James Hodges）上尉把无线电机的转钮转到 1,850 千赫，两只手把耳机捂住，并没有等多久便收听到了极其隐约的呼号："恶煞……恶煞……恶煞……"他听见呼叫呼号后面紧跟着的一串电文，不大相信地朝上望，两只手把耳机按得更紧一点；再听一次，他告诉别人并没有听错，他们彼此郁郁相望没有人吭声，这表示他们还要待在水底下整整一天。

12

在破晓的光线中，诺曼底各处海滩都被一层雾笼罩住。前一天下个不停的雨，现在已经成了蒙蒙雨，把一切都浸湿了。海滩远处，是一片古老而不规则形状的田野。这儿打过无数次的血仗，未来也会经历数不尽的战斗。

诺曼底的老百姓，已经和德军共住了 4 年。这种联系，对不同的诺曼人有不同的意义。在三处大城市——勒阿弗尔和瑟堡（Cherbourg）这两处海港，在东西两头夹住的一片地区，在它们中间的（地理位置与大小都相同）卡昂，则在内陆 16 公里处——被占领是生活中严峻而又持续性的现实。这里是盖世太保与党卫军的指挥部，这里使人知道还存在战争——晚上搜捕人质，从无止息地对抵抗运动的报复，以及十分欢迎却又让人害怕的盟军轰炸。

城市外面，尤其在卡昂与瑟堡之间，是一带灌木树篱地区：小块小块的田地，四周都是巨大的土埂，土埂顶上是密密的灌木和小树。自罗马人开始，这种树篱就是攻防双方都用来作战的天然工事。散落在田地里的是木制农舍，农舍屋顶为茅草屋顶或红瓦屋顶，到处都有小村落，就像小小的城堡。差不多所有城堡都有方正的诺曼式教堂，教堂四周围绕着有几百年历史的灰石房屋。对世界上绝大多数人来说，他们对这些小镇的名称一无所知——维耶维尔、科莱维尔、拉马德莱娜（La Madeleine）、圣梅尔埃格利斯（Ste-Mere-Eglise）、谢迪蓬（Chef-du-Pont）、圣玛丽迪蒙（Ste. Marie-du-Mont）、阿罗芒什（Arromanches）、滨海吕克（Luc-sur-Mer）。

在这种人烟稀少的乡下，德军的占领远比大都市有不同的意义，诺曼的农夫，置身在战争的动荡中，力尽所能以求调适这种状况。数以千计的男男女女，像奴工般被送出家园，而那些还留下来的人，被迫在劳工营内于拨出的特定时间构筑海岸防线的工事。可是这些凶悍独立的庄稼汉，绝不做超过绝对必要以外的事。他们一天天生活下去，以诺曼人的坚毅性格痛恨着德国人，冷冷地观看，等待着解放的这一天。

在懒洋洋的维耶维尔的村落边，21岁的律师米歇尔·阿尔德莱（Michel Hardelay），正从一处能俯瞰全村、位于小山上的妈妈家中，挨着起居室的窗边，用望远镜看着一名骑着一匹农村大马的德国士兵，正往海边的堤岸骑去。他的坐鞍两边，挂着好几个铁桶。这真是好笑的景象——那匹后臀奇肥的马儿、乒乒乓乓的铁桶。最好笑的，还是这名士兵水桶般的钢盔。

阿尔德莱看见这名德国兵骑过村庄，经过高细尖顶的教堂，走到一堵混凝土墙，这堵墙把通往海滩的公路封死了。这时他下马把铁桶都拿了下来，只留下了一个。没多久在悬崖附近，奇妙地出现三四名士兵，他们接过桶又消失不见了。这名德国兵带着剩下的一只桶，爬上水泥墙，翻过去到一户赤褐色、四周都是树木、坐落在海滩尽头处空地上的夏季大别墅。这名德兵蹲身下去，把这个桶递给等在别墅下、挨近地面伸出来的一双手。

每天早上都一成不变。这个德国兵从来不迟到，总是在这个时候，把咖啡送到维耶维尔的村口。对海滩尽头这些处于悬崖的机枪堡和伪装碉堡中的德军来说，这一天已开始了。这片海滩——外表平静、缓缓曲折的沙滩——到了隔天，全世界都会知道，这里就是奥马哈滩头。

阿尔德莱知道这个时间正好是上午6点15分。

以前他对这种例行性公事观察过好几天了。这码事对阿尔德莱来说，真是一幕小喜剧，部分是由于这名德国兵的外表，部分也因为他觉得有趣。德国人自吹自擂的科技知识，一到了像在阵地上供应晨间咖啡这么简单的事就变了样。不过阿尔德莱的乐子带有点苦涩，他像所有的诺曼底区的人，长久以来就恨德国人，尤其是现在。

好几个月以来，阿尔德莱看见德军部队与征召来的劳工营，沿着海滩后面的悬崖，以及海滩两头尽处的陡坡上挖掘、凿洞、挖地道。见到他们在沙滩上，重重叠叠设置障碍物，埋下成千上万枚丑恶、致命的地雷。他们并不就此罢休，以有条不紊且彻底的方式，把悬崖下面沿海兴建的一排排漂亮的，漆成粉红色、白色、红色的夏季木屋与别墅炸掉，90幢房屋现在仅剩7幢。它们之所以被摧毁，不但要为炮手清除射界，也因为德军需要木料支撑碉堡，依然矗立的7幢房屋中，最大的那一幢——用石料建成且终年可用——就是阿尔德莱家的。几天以前，当地指挥官正式通知他，他的房屋也要拆掉。德军决定征用他家的砖块和石料。

阿尔德莱心中琢磨，也许是某处的某人做了这个决定。德国人在有些事上，一向都无法预测。但他可以确定接下来的24小时内发生的事：他收到通知，这幢屋子将会在明天倒下来——正是星期二，6

月6号。

6点30分,阿尔德莱把收音机打开,收听英国广播公司的新闻,这是被严格禁止的行为,但他也像千千万万的法国人一样,不在意这个命令。这只是另一种抵抗的方式,但他还是把音量调到最低。像寻常一般在新闻结束时,"英国上校"——道格拉斯·里奇(Douglas Ritchie),阿尔德莱一向认为他就是盟军总部的发言人——念了一段重要的文告:

"今天,6月5号,星期一,"他说,"盟军统帅指示我宣布:现在,在这些广播中,会成为盟军统帅与占领国的各位直接沟通的渠道……在恰当时刻,会有极为重要的指示发布,但却不可能总是在预先宣告的时间发表,因此各位务必养成习惯,不论是个人也好,或是与朋友的安排也好,随时都要收听,这并不像听起来那么困难……"阿尔德莱猜测,所谓的"指示"与登陆有关。每一个人都知道它会来,他以为盟军会攻击英吉利海峡最窄的部分——大约在敦刻尔克或者加莱附近,那里都有港口,但不会在这里。

住在维耶维尔的迪布瓦(Dubois)和达沃(Davot)这两家人,并没有听到这次广播。他们凌晨才入睡,前一晚他们举行了盛大庆祝仪式直到凌晨。在整个诺曼底,都有类似的家庭聚会,因为6月4号星期日,被教会当作"初领圣体日",这一向是个大节日,是每年一度的家庭团聚日。

迪布瓦家和达沃家的小孩穿上最漂亮的衣服,在维耶维尔的小教堂里,在得意的父母和亲人前,第一次领圣体。他们的一些亲友,每个人都有德国当局发给的一张特别通行证,是花了好几个月才审批下来,才能大老远从巴黎过来。他们的旅程既恼火又危险。恼火的是,拥挤的火车不再按时行驶;危险的是,盟军战斗轰炸机都以火车头作目标。

但这一趟旅行值得，到诺曼底的旅程一向都是如此。巴黎人目前罕见的所有东西——新鲜奶油、奶酪、鸡蛋、肉类，当然还有当地使人喝了会上瘾的苹果酒——"苹果白兰地"，在这里却还是很充裕。除此以外，在这种艰难的时代，诺曼底是一处好地方，安静而且平安，离英国够远而不至于被攻击。

这两家人的团圆大为圆满但还没有结束。今天晚上，大伙还要坐下来大吃一顿，主人备有酿藏许久、上好的葡萄酒与白兰地。这才算得上是结束庆典，亲人会在星期二一大早搭火车赶回巴黎。

他们原本在诺曼底的3天休假，却被延长了许久。大家要困在维耶维尔达4个月之久。

在挨近海滩边，接近库尔瑟勒（Courseulles-sur-Mer）的村口，40岁的费尔南·布勒克斯（Fernand Broeckx），正在做每天早上6点半的例行工作：坐在滴滴答答的谷仓内，歪戴着眼镜，脑袋藏在一头母牛的乳房边，把一道稀稀的牛奶挤进桶里。他的农场就在一条狭窄的泥土路边，略略高起，离大海不到800米远。他已经好久不曾到过那条路或者去海滩了——自从德军封滩之后。

布勒克斯在诺曼底务农已5年了，他是比利时人。第一次世界大战时，眼见自己的家园毁于一旦。他从来不曾忘记。1939年，第二次世界大战一开始，他立刻辞掉办公室的工作，把太太和女儿迁到诺曼底来，他们在这儿会安全些。

16公里外有着大教堂的巴约（Bayeux），他漂亮的19岁女儿安妮·玛丽（Anne Marie），正准备出发到她任教的幼儿园。她正巴不得这天结束，因为到那时就放暑假了，她会在农场度过假期。她明天会自己骑车回来。

第一部　焦急等待　67

也就是在明天，一个她从来没见过，高高瘦瘦的罗得岛州美国人，会在与他老爸农场几乎成一直线的海滩上登陆，而她会嫁给他。

沿着诺曼底海岸，老百姓都在干日常工作，农人在田地里，照看苹果园，赶着白棕色相间的奶牛。村子里与小镇上的店铺都开门了，对每一个人来说，这只不过是德军占领下另一个寻常的日子。

在沙丘和一片广阔的沙滩后方，有一个名为拉马德莱娜的小村落，这儿很快就会以犹他滩头而知名。保罗·加藏热尔（Paul Gazengel）照常把小店面和咖啡馆开门，虽然可以说没有什么生意。

以前有一阵子，加藏热尔日子过得还不赖——虽不太好，却足以供应他自己、太太玛尔特（Marthe）和12岁女儿让尼娜（Jeannine）的所需。可是现在整个海岸地区都封闭了。就在海岸后面——大致从维尔（Vire）河口（在附近入海）起，沿着整个瑟堡半岛这一边的所有住家都已经搬离，唯有那些保有自己田地的人才准许留下来。现在这家咖啡馆老板的生活费用，就全靠拉马德莱娜村里还没搬走的7家人，以及附近少数德军的照顾了。对于德军，他不得不伺候。

加藏热尔很想搬走，他坐在咖啡馆等候头一位上门的顾客时，却不知道在24小时后，他会出远门，他和村子里的所有男人，都会遭围捕并送往英国去审讯。

这天早上，加藏热尔的一位朋友，面包店老板皮埃尔·卡尔德隆（Pierre Caldron），内心有许多更为严重的问题。在离海岸16公里远，卡朗唐镇（Carentan）的让纳（Jeanne）医师诊所里，他坐在5岁儿子小皮埃尔的病床边，小皮埃尔刚刚开刀割除了扁桃体。中午时分，让纳医师再次检查了他儿子的病情，

"你没什么需要担心的，"他告诉这位着急的爸爸，"明天你就可以带他回家了。"不过卡尔德隆却不这么想。"才不呢，"他说，"如果

68　最长的一天

今天我带小皮埃尔回家,他妈妈会更快乐一些。"半小时以后,卡尔德隆两手抱着小孩,出发回到圣玛丽迪蒙的家,那儿就是犹他滩头的后方——正是伞兵在 D 日当天,与第 4 步兵师会合的地方。

****

对德军来说,这一天也是平平静静的,了无大事,什么事都没有发生,也没料到会有什么事发生,天气太恶劣了。这使得在巴黎的卢森堡宫,德国空军司令部的气象官瓦尔特·施特贝教授上校,在例行汇报上告诉各位参谋,可以放下心来。他怀疑盟军飞机能否在这种天候下作战,高射炮连士兵奉命解除战备。

施特贝的下一步,便是打电话到离巴黎 19 公里的郊区,圣日耳曼昂莱的雨果大道 20 号,这是一幢庞大的 3 层碉楼,长 30.5 米,宽 1.8 米,正在一所女子高中下方的一处山坡上——这就是西线总司令部,伦德施泰特元帅的总司令部。施特贝和他的联络官——气象技术员赫尔曼·米勒(Hermann Mueller)少校通话。米勒克尽职责地把气象预报记下来,然后呈给参谋长布鲁门特里特上将。西线总司令部非常认真地看待气象报告,布鲁门特里特尤其急于想要见到这一份报告。他正对总司令计划的视察行程表做最后的修正。报告证实了他的想法,行程可以按计划实施。伦德施泰特会由他的儿子,一位年轻的少尉陪同,计划在星期二赴诺曼底视察海岸防务。

在圣日耳曼昂莱,知道这处碉楼存在的人并不多,而知道在那所高中后面,大仲马街 28 号那处并不起眼的小小别墅中,住着德军西线权力最大的一位陆军元帅的那就更少了。别墅四周有高墙,铁门永远关闭,进入别墅要经过一道穿过学校围墙而特别建造的走廊,或者经过大仲马街边围墙上一扇并不显眼的门。

伦德施泰特像以往一样睡得很晚（这位高龄元帅，目前很少在10点30分以前起床），到他在别墅一楼书房的办公桌旁坐下时，几乎快到中午了。他就在那里与参谋长会谈，批准了西线总司令部的"盟军企图判断"，以便在下午转呈到希特勒的最高统帅部。这份判断又是一份典型的错误揣测，内文为：

敌空中攻击，有系统且明显地增加，这显示敌军已达高度战备。可能登陆的前线，依然为起自荷兰斯海尔德（Scheldt）河口至诺曼底一带地区……而布列塔尼半岛的北方正面，则不可能包括在内……（但）仍不清楚敌军会在以上地区的哪个地段登陆。敌空中攻击集中于敦刻尔克至迪耶普间之海岸防线，这或许意指盟军会在该地段作主登陆……（但）尚不能认为入侵迫在眉睫……

由于这一份含糊的判断出现偏差——把可能登陆的地区，归纳于差不多1,287公里长海岸的某处。伦德施泰特和他的儿子出发到元帅中意的一家餐厅，也就是距离不远、位于布吉瓦尔（Bougival）的"雄鸡餐厅"。这时一点钟刚过，距D日还有12小时。

在德军整个指挥体系里，持续不断的恶劣天气的作用就像是麻醉剂，各级司令部都对在最近的未来不会发生攻击十分有信心。他们的理由是基于盟军在北非、意大利以及西西里岛登陆时，对气候状况做过周详的判断。每一次登陆，天气的状况都不一样，但是像施特贝，以及他在柏林的上司卡尔·松塔格（Karl Sonntag）博士这些气象专家却都注意到，除非天气展望有利，尤其是能进行空中作战，否则盟军决不会登陆。在德国人一板一眼的心目中这几乎可以确定，盟军不会偏离这个原则，天气要恰恰刚好，否则盟军不会攻击。而此刻的天气并不好。

在拉罗什吉永的 B 集团军群司令部里，勤务照常进行，就像隆美尔依然在司令部一般。但是参谋长施派德尔中将认为，形势安静得足以计划一次小餐会。他邀请了几位客人：连襟霍斯特博士（Dr. Horst）、哲学家及作家恩斯特·容格（Ernst Junger），还有一位老友，军方的一名战地记者，威廉·冯·施拉姆（Wilhelm von Schramm）少校。学者般的施派德尔，很期待这一顿餐叙，希望他们能讨论自己喜爱的主题——法国文学。还有些别的事要加以讨论。容格所拟的 20 页草稿，暗中传给隆美尔与施派德尔，这两位都热烈认为这份文件，勾勒出一个迎向和平的计划——希特勒遭到德国法庭审判，或者遇刺以后。"我们可以一整晚讨论这些事情。"施派德尔告诉施拉姆说。

在圣洛市（St.-Leo）德军第 84 军军部，情报官弗里德里希·海因（Friedrich Hayn）少校，正在为另一种宴会做安排，他订了好几瓶上等的夏布利葡萄酒，军部参谋计划在子夜时分，让军长埃里希·马克斯（Erich Marcks）炮兵上将惊喜一番，他的生日就在 6 月 6 日。

他们在午夜举行这次惊喜的祝寿酒会，是因为马克斯军长得在破晓时分，到布列塔尼半岛的雷恩市（Rennes）去。他和诺曼底所有的高级将领，都要参加在星期二清晨举行的一次大型兵棋推演。马克斯都要被自己扮演的角色逗乐了，他要代表"盟军"。这些兵推都由欧根·迈因德尔（Eugen Meindl）伞兵上将安排。也许跟他是伞兵将领有关系，这次推演的要项，竟是"入侵"作战，先由伞兵"突击"，紧接着便从海上"登陆"。每一个人都以为这次兵推很有趣——假设性的登陆行动，竟假定在诺曼底发生。

这次兵推让第 7 集团军的参谋长马克斯·彭泽尔（Max Pemsel）

少将很担心。整整一个下午，他在勒芒市（Le Mans）的集团军司令部内，一直在想这件事。他麾下在诺曼底与瑟堡半岛的高级将领，在同一段时间里，都离开了自己的司令部。这已经够糟了，如果他们在半夜离开那就更加危险。对他们大多数人而言，雷恩是一段长距离行程，彭泽尔怕的是有些将领会计划在天亮以前离开前线，破晓时分一向让彭泽尔很担心。倘若在诺曼底发生入侵作战，他深信攻击一定会在出现第一抹曙光时发动。他决定要警告所有未参加演习的人，命令用电传打字机拍发，电文为：

兹提示预拟参加作战演习的将领以及其他人，不可在六月六日黎明以前前往雷恩市。

不过这道命令来得太迟，有些人业已动了身。

因此就在这次决战前夕，自隆美尔以下的许多高级将领，都一员又一员地离开防线。他们都有理由，但几乎就像任性的命运之神，巧妙地操纵他们离开。隆美尔身在德国，B集团军群作战处长滕佩尔霍夫上校也是如此。西线海军司令特奥多尔·克兰克（Theodor Krancke）海军上将，通知了伦德施泰特，因为海浪汹涌，巡逻艇无法离港，之后便去了波尔多市。第243步兵师师长海因茨·黑尔米希（Heinz Hellmich）中将，他那一个师据守瑟堡半岛的一侧，自己却去了雷恩市。去雷恩的还有709师师长威廉·冯·施利本（Karl von Schlieben）中将，能征惯战的91空降师师长威廉·法利（Wilhelm Falley）中将，该师刚刚调到诺曼底，他也准备出发。伦德施泰特的情报处长威廉·迈尔-德特林（Wilhelm Meyer-Detring）上校正在休假，还有一个师的参谋长，根本找不到人——他和法国情妇打猎去了。①

  就在这个节骨眼儿上，负责滩头防务的指挥官散布在整个欧洲时，德军最高统帅部做出了一个决定，把在法境内的德国空军剩余的几个战斗机中队，调离诺曼底等各滩头的飞航半径距离外，飞行员都吓呆了。

  把这些飞行中队往后撤的主要原因，是需要他们担任本土的空中防御。这几个月以来，由于盟军战机昼夜 24 小时不停的猛烈轰炸，这种防务需要便产生了。从当时环境上看来，德军最高统帅部认为，把这些十分重要的飞机，暴露在法国的各处机场似乎毫无道理，这些机场正由盟军的战斗机与轰炸机加以摧毁。希特勒向麾下将领保证在盟军进犯的那天，德国空军会有 1000 架飞机攻击滩头，现在这种保证是决然不可能实现了。到了 6 月 4 日，整个法国境内只有 183 架日

---

① D日以后，这许多指挥官离开防区的巧合，让希特勒大感震惊，并认真谈到要做一次调查，看是不是英国特务搞的鬼。事实上，希特勒本人对这个重大日子的准备，并不比麾下的将领高明。元首当时正在巴伐利亚的贝希特斯加登（Berchtesgaden）官邸，他的海军副官卡尔-耶斯科·冯·普特卡默（Karl-Jesko von Puttkamer）海军少将还记得，那天希特勒起得很晚，中午举行了例行军事会议，然后在下午 4 点钟进午餐。除了他的情妇爱娃·布劳恩（Eva Braun）以外，还有许多纳粹要人夫妇。素食的希特勒向与会的夫人们道歉，说这一顿并没有荤食，还发表了他在进餐时常有的评论："大象是最强壮的动物，它也受不了肉食。"午餐以后，这一批人到花园里去，元首在园里品尝青柠花茶。他在 6 到 7 点钟小睡片刻，晚上 11 点钟又举行了一次军事会议。然后，在午夜前不久，又把这些夫人找回来。就普特卡默的回忆，这一批人打从这时起，就不得不听上 4 个小时的瓦格纳、雷哈尔和施特劳斯的音乐。

间战斗机①，其中大约有160架堪用。而在这160架中，第26战斗机联队（Jagdgeschwader 26, JG 26）中的124架，正在这天下午，从海岸地区往后方调动。

在法境里尔市，也是第15集团军的作战境地线内，第26战斗机联队部，联队长约瑟夫·普里勒（Josef Priller）空军中校是德国空军中顶尖的"空中英雄"之一（他击落96架敌机）。他站在机场，火气很大，头顶上是他手下的三个中队之一，正飞往法国东北部的梅兹（Metz）。第二个中队也快要起飞，奉令飞往兰斯（Rheims），大约介于巴黎到德国边境中间的一个城市，第三个中队已飞往法国南部。

对这位联队长来说，除了抗议毫无办法。普里勒是一位意气风发且神经质的飞行员，在德国空军中以脾气火爆闻名，敢和将军顶嘴，这时他打电话给自己的长官。

"这简直是发疯！"普里勒叫道，"如果我们预料会有登陆，各中队应该往前推，而不是往后调！如果在调动期间敌军攻击，会发生什么情况？我的补给品要到明天甚至后天才到得了新基地，你们通通疯了！"

"听我说，普里勒，"西线空军司令说，"登陆完全不可能，天气太坏了。"

普里勒把电话筒给摔了，然后走回机场上，那里只剩下两架飞机，一架是他的座机，另一架则是僚机，由海因茨·沃达尔奇克

---

① 在本书研究过程中，本人发现关于德军战斗机在法国境内的数量，不下于五种数字，本书所提的183架，本人认为相当精确，数据源出自约瑟夫·普里勒中校撰写的书籍《战斗机中队的历史（Geschichte eines Jagdgeschwaders）》，已被认可是关于德国空军作战最具权威之作。

(Heinz Wodarczyk）下士飞。"我们该怎么办？"他向沃达尔奇克说，"如果登陆来了，他们八成指望我们能完全抵挡得了，所以现在我们还不如喝醉算了。"

****

在整个法国，正在注意与等待的所有百万人中，只有少数的男女确切知道，登陆迫在眉睫了，这些人不到12个。他们像寻常一般，沉着自然地执行自己的任务。沉着与自然，便是他们行业的一部分，他们是法国抵抗运动的领袖。

他们大多数都在巴黎，从那里指挥着一个庞大复杂的组织。事实上，这是一支大军，有完整的指挥体系，更有数不尽的局、处，处理从拯救遭击落的盟军飞行员到破坏行动，从事间谍到暗杀的每一项事情。他们有区域首长、地区指挥官、分部组长，以及行列中千千万万的男女。账面上，这个组织有偌多重叠的行动网，似乎复杂得不必要。但这种明显的紊乱，却是经过了精心考虑，这样做可以隐藏抵抗运动的实力。各指挥部的彼此重叠，可以提供更大的保护；多层的行动网，能保证每一次行动的成功，整个结构极其秘密，各领袖除了代号外，彼此互不相识。一个团队不知道另一个团队在做什么，抵抗运动要生存，就得用这种方式不可。即使有了所有的预防措施，德军的报复手段也极具破坏力。1944年5月时，外界认为，一名活跃的抵抗运动斗士，他的生命期是少于6个月的。

这支男男女女、为数庞大的秘密抵抗大军，从事一场无声的战争已达4年多了——这一场战争通常平淡无奇，却总是充满危险。成千上万的人遭处决，更多人死于集中营。现在，抵抗运动基层虽未知

第一部 焦急等待 75

美国轰炸机轰炸了法国奥恩省栋夫龙的铁路网,以阻止德国人向守军运送人员和物资。

皇家海军登陆艇障碍物清除部队突击队检查一个大型炮塔及其88毫米火炮,该炮塔是德国在拉里维埃尔西部边缘的WN33堡垒的一部分,并且给黄金海滩的登陆部队造成了相当大的麻烦,之后才被摧毁。

情，但他们一直奋战等待的这一天，已经近在眼前了。

前几天，抵抗运动司令部已经收到了英国国家广播公司数以百计的密码信息，其中少数几个信息一直发出预警，登陆也许在今后任何时刻发生。这些密码信息中的一句，就是德军第15集团军情报处长迈尔中校手下士兵，在6月1号那天截收到的同一句预警，是法国诗人魏尔兰一首诗中的头一句，"秋日小提琴的长长呜咽"（卡纳里斯上将的指示果然没错）。

现在，抵抗运动的各位领袖比迈尔更焦急，他们在等待这首诗的第二行与其他电文，这些电文可以确定以前收到的信息。这些预告要到最后，也就是实际登陆那天的前几个小时，才会广播出来。即便到了那时，抵抗运动领袖也知道，他们无法从这些电文里知道登陆在什么地方发生。对大部分的抵抗运动来说，一旦盟军下令执行预先规划的各种破坏计划，那才是真正的那么一回事了。这两句电文代表攻击即将发动的暗示。一句为"苏伊士天气很热"，那就是进行"绿色计划"——破坏铁轨与铁路器材。另外一句为"骰子都在桌面上"，那便是"红色计划"，截断电话线与电缆。所有区域、地区、地段的抵抗运动领袖，都获得预告，要收听这两项电文。

星期一晚上，也就是 D 日前夕，BBC 在下午 6 点 30 分，播出了这一则电文，播音员以很郑重的声音宣布："苏伊士天气很热……苏伊士天气很热……"

在维耶维尔与贝桑港（Port-en-Bessin，大致在奥马哈滩头地带）间的诺曼底海岸段的抵抗运动情报组长纪尧姆·梅卡德尔（Guillaume Mercader），是在他于巴约开设的脚踏车店的地下室里，蹲在一台隐藏的收音机旁听到了这项播报。广播字眼的冲击力，使得他几乎目瞪口呆，这是他绝不会忘记的一刻。他不知道盟军会在什么地方与什么时候登陆。毕竟，经过了 3 年这么长的时间，它终于来了。

暂停了一下，播报员又播出了梅卡德尔一直在等待的第 2 句电文："骰子都在桌面上，骰子都在桌面上。"这句以后，便是一长串的电文，每句都重复一遍："拿破仑上场一决胜负……约翰爱玛丽……箭不会经过……"梅卡德尔把收音机关了，他已经听到了与自己有关的两则电文，其他电文则是对法国其他抵抗组织的特别预警。

梅卡德尔三两步上了楼，对太太马德莱娜（Madeleine）说："我要出去一趟，会晚点回来。"便从他的脚踏车店里，推出一辆低轮竞速单车，骑车去向所在地段的首长报告。他是诺曼底自行车大赛冠军，曾经好几次代表全省参加有名的"环法自行车赛"。他知道德军不会拦阻他，他们发给他一张特许证，他是可以练习赛车的。

这时，每一处地方的抵抗运动组织，都把这个消息悄悄地告诉顶头上司，每一个单位都有自己的计划，确确实实知道该做些什么。卡昂火车站站长阿尔贝·奥热（Albert Augé）和他的人，要摧毁调车场里的水泵，捣毁火车头里的蒸汽喷射器。在伊西尼（Isigny）附近来自枫丹省的一家咖啡店老板，他的工作就是破坏诺曼底地区的通信，他手下 40 多人的组员要切断通往瑟堡大量的电话线。瑟堡市一家杂货店老板格雷斯林，有一项最艰巨的工作。他那一组人，要以炸药炸断瑟堡—圣洛—巴黎间的铁道网。而以上只是少数几队人而已。对抵抗运动来说这是一个大命令。时间非常迫切，攻击可能在天黑以前就开始，可是从布列塔尼到比利时边境，沿着整个入侵的海岸，抵抗运动早就准备着，都希望攻击会朝着自己的地区来。

对有些人来说，这些电文引起了相当麻烦的问题。在维尔河河口附近的海滨胜地格朗康迈西（Grandcamp-Maisy），它的位置几乎就在奥马哈与犹他滩头的正中央，在那一地段的抵抗运动领袖让·马里翁

（Jean Marion），有一项重要情报要传到伦敦去，不知道怎样才能办得到——假设他还有时间的话。这天下午稍早时，手下向他报告，在不到1,610米外，新进驻一个高射炮群。为了确定，马里翁便随意地骑着自行车兜过去看看这些高射炮，即便有人拦下他，他也知道自己能通过，在许多伪造的通行证中也有适合这种情况的，这张通行证载明他是大西洋壁垒的建筑工人。

这个单位的防区范围之大，使马里翁大为震惊，这是一个机动的高射炮群，配备了重型、轻型，以及混合编装的高射炮，一个高射炮群有5个连，一共25门高射炮。他们正在进入阵地，掩护从维尔河口起直到格朗康迈西西郊为止的所有通路。马里翁注意到高射炮群内士兵正全力地辛勤工作，将高射炮放列，就像他们在抢时间一般。这种全力奋斗的行动让马里翁很担心，这可能意味着登陆就在这儿。不知道是怎么一回事，德军似乎已经知道了。

虽然马里翁不知道，但几小时后，这些高射炮精确地涵盖了美军第82以及第101空降师伞兵运输机与滑翔机的航路。然而，德军最高统帅部中，如果有任何人对即将来临的攻击有任何情报，他们却没有告诉第1防空团团长维尔纳·冯·基斯托夫斯基（Werner von Kistowski）上校。他到现在心中还在琢磨，为什么把他这个2,500名士兵的高射炮群，急忙调到这里。但基斯托夫斯基已经习惯了突如其来的调动，他的部队有一次奉令全靠自身机动力，调到苏联的高加索，再也没有什么事能出乎他的意料了。

德军士兵在火炮上操作时，马里翁从容地骑着自行车从旁边经过，心里却在为这个大问题苦苦挣扎。如何把这项极为重要的情报，送到32公里外卡昂的秘密总部，交给诺曼底的军事情报处副处长莱昂纳尔·吉勒（Léonard Gille）。马里翁目前要做的事太多，没法离开

第一部 焦急等待 79

自己的地段。所以他决定冒一次险，通过一连串的快信信差，把信息送到巴约的梅卡德尔手上。他知道这得耗上好几个小时，但假如还有时间，马里翁很有把握梅卡德尔总有办法把消息送进卡昂。

马里翁要使伦敦知道的还有一件事，这倒不像防空炮阵地那么重要，只是要确定几天前寄出的许多信息——有关奥克角九层楼高的峭壁顶上配置的大量火炮阵地。马里翁要把消息再传一次，这些火炮还没有进入阵地，它们正在途中，离开阵地有3.2公里远（尽管马里翁奋力地要警告伦敦，但在D日为了压制这些根本不存在的火炮，美军第5游骑兵营发动了英勇的行动，全营225名士兵，损失了135人）。

抵抗运动有些成员，却完全不知道登陆已迫近。6月6日，星期二，本身就具有特殊的重大意义。对吉勒来说，就是指在巴黎与他上司会晤的时间。即便现在预料"绿色计划"的破坏组，会在任何时刻爆破铁轨，吉勒依然从容地坐在一列赴巴黎的火车里。吉勒心中确信，登陆时刻不会安排在星期二，至少不在他的地区内，如果是在诺曼底登陆，他的上司就会取消这次会晤。

对登陆日期他并不烦恼，下午在卡昂时，吉勒的各地段负责人中，有一个是加入抵抗运动的共产党支部书记。他断然地告诉吉勒，登陆预定在6号黎明。这个人的情报，过去总是被证明是很确实的，但却使吉勒心中想起一个老问题：这家伙的情报直接来自莫斯科吗？吉勒断定不是。他无法想象，苏联竟会为了危害盟军的行动而故意泄密。

在卡昂，对于吉勒的未婚妻雅尼娜·布瓦塔尔（Janine Boitard），星期二来得还不够快。过去3年的地下工作中，在那不勒斯路15号一楼的小小公寓里，布瓦塔尔掩藏过60多名遭击落的盟军飞行员。这工作既危险，又没有回报，而且搞得紧张兮兮，一次说漏消息，很

各舰队在防空气球的保护以及战斗机的护航下,驶向各自指定的滩头。

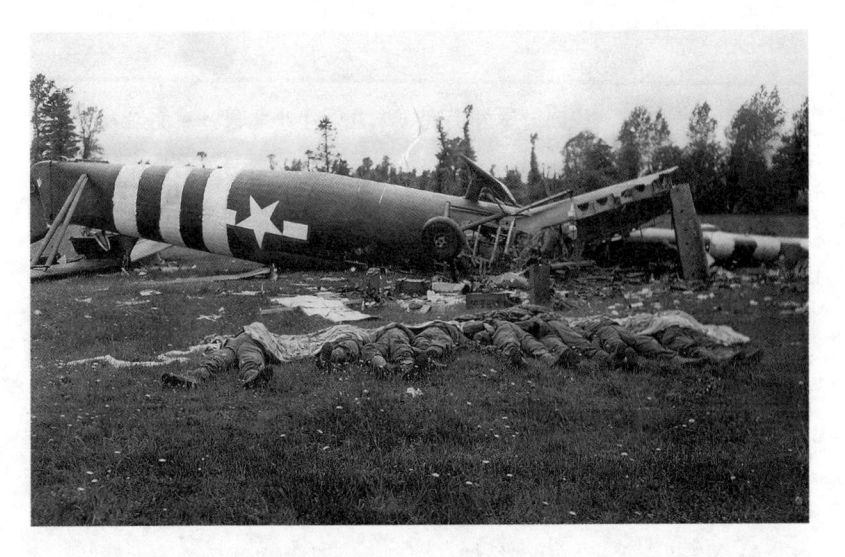

可载30人的霍萨滑翔机在圣梅尔埃格利斯附近坠毁,机上有8名空降兵在迫降时殉职。

可能就面临枪决。星期二以后，她就可以呼吸得轻松自在一点了——直到下一次她再藏匿遭击落的飞行员为止——因为到星期二那天，她就要把两名在法国北部遭击落的皇家空军飞行员，转送去逃脱的路线。他们在她的公寓里待了15天，她希望自己的运气能再持续下去。

但有些人运气已经用光了。对阿梅莉·勒舍瓦利耶（Amélie Lechevalier）来说，6月6日可能毫无意义，也可能一切都有意义。她和先生路易斯（Louis）在6月2日被德国盖世太保逮捕。他们协助过100多名盟军飞行人员逃走，却被自己农场里的一个小伙子告密。现在，勒舍瓦利耶坐在卡昂监狱的床铺上想，不知道她和她先生还有多久要被枪决。

13

晚上9点钟前，法国海岸外出现了十几艘小小船只，它们沿着海岸线悄悄地行驶，由于靠得很近，船员都清清楚楚地看见诺曼底的住宅。这些行驶中的船只没有人注意，它们是已经完成扫雷并返航英国的扫雷舰——是一支前所未见、规模最为庞大舰队的先锋。

这时在海峡的那一边，一批密集的舰艇，驶入汹涌的灰暗海水，向希特勒的欧洲逼近——终于，自由世界释放出它的力量与愤怒。它们来了，残忍无情地一列一列，有10条航线宽，横跨37公里，各种舰艇共5,000艘。舰艇中有新型快速攻击运输舰、行驶缓慢锈蚀斑斑的货轮、小型越洋邮轮、海峡渡轮、医疗舰、久经风霜的油轮、近岸货船，以及一大批忙乱的拖轮。这儿有一队队数不尽的浅水登陆艇——庞大船舱的船只，有些甚至有107米长。这种登陆艇有很多艘，和大型运输舰一样,搭载了小型登陆艇,以利抢滩——多达1,500艘。在各舰队前面便是扫雷舰、海岸警卫队的巡防舰、浮标布设舰,以及马达救难艇。这些舰船上空都飘浮着防空气球,一个中队个一中队的战斗机在云层下方飞过。这一支空前的大舰队,满载了士兵、火炮、坦克、车辆和补给,不包括小型的舰船,这一片庞大的阵容,共有702艘军舰[1]。

美国"奥古斯塔"号重巡洋舰(U.S.S. Augusta, CA-31),是艾伦·柯克海军少将的旗舰,率领着美军的特遣部队——开往奥马哈与犹他两处滩头的21个舰队。在珍珠港事件的前4个月,雍容华贵的"奥古斯塔"号重巡洋舰,载了罗斯福总统前往加拿大境内安静的纽芬兰湾,与丘吉尔首相——他们将有很多次历史性会晤——做头一次会晤。在附近,雄赳赳气昂昂地行驶着的,是战旗飘扬的战列舰群,英军的"纳尔逊"号(H.M.S. Nelson)、"拉米里斯"号(H.M.S. Ramillies)和"厌战"号战列舰(H.M.S. Warspite);美军的"得克萨斯"号(U.S.S. Texas, BB-35)、"阿肯色"号(U.S.S. Arkansas, BB-33)和自豪的"内华达"号战列舰(U.S.S. Nevada, BB-36)——日军在珍珠港把它炸沉,并一度坐底。

驶往剑滩、朱诺和金滩三个滩头的英加大军,共有38个舰队,领先的是追击并击沉德国"俾斯麦"号战列舰的英国海军少将菲利

---

[1] 对登陆舰队舰艇的准确数字,争议相当多。但关于D日最精确的军方著作——戈登·哈里森(Gordon Harrison)的《横渡海峡攻击》(Cross-Channel Attack,美国陆军官方战史),以及海军少将塞缪尔·埃利奥特·莫里森(Samuel Eliot Morison)的《入侵法德》(Invasion of France & Germany)——他们都同意数字大约是5,000艘,这包括了装在各舰上的登陆艇在内。皇家海军肯尼思·爱德华中校(Kenneth Edwards)所著的《海王作战》(Operation Neptune)举出的数字略低,大约4,500艘。

第一部 焦急等待 83

普·维安（Philip Vian）爵士率领的旗舰"斯奇拉"号巡洋舰（H.M.S. Scylla），贴近的是英军大名鼎鼎的"阿贾克斯"号轻巡洋舰（H.M.S. Ajax）。1939年12月，它与另外2艘军舰围攻希特勒舰队中引以为豪的"施佩伯爵"号袖珍战列舰（Graf Spee），最后迫使德舰在南美洲的拉普拉塔河口海战后于乌拉圭蒙得维的亚（Montevideo）自沉。此外还有其他著名的巡洋舰：美军的"塔斯卡卢萨"号（U.S.S. Tuscaloosa, CA-37）与"昆西"号（U.S.S. Quincy, CA-39），英军的"企业"号（H.M.S. Enterprise）与"黑王子"号（H.M.S. Black Prince），法军的"乔治·莱格"号（Georges Leygues），一共22艘。

舰队的边缘，行驶着各式各样的舰艇，形态优美的炮舰、短短壮壮的护卫舰、像荷军"松巴岛"号这种瘦瘦长长的炮艇、反潜巡逻艇、迅速的鱼雷快艇，以及到处都是的驱逐舰。除了美军和英军几十艘驱逐舰外，还有加军的"卡佩勒"号（HMCS Qu'Appelle）、"萨斯喀彻温"号（HMCS Saskatchewan）与"雷斯蒂古什"号（HMCS Ristigouche），挪威的"斯文纳"号（HNoMS Svenner），甚至还有一艘波兰的"闪电"号驱逐舰（ORP Poiron）。

这支庞大的无敌舰队，缓缓地笨重地越过海峡行驶。它们是根据以分钟为单位的航行表来操作，是从未曾尝试过的做法。舰艇从英国各处港口涌出，以两个舰队一条航道的方式，沿海岸行驶，舰队向怀特岛以南的集结区集中。它们行驶到那里再自行分开，各支队自行采取事先审慎决定的航道，再驶往它们指定的滩头。这处集结区，很快就有了个外号"皮卡迪利广场"，各舰队沿着5条已布设过的浮标航道向法国前进。接近诺曼底时，这五条航道又分成了10路，每一个滩头2路——一路行驶快速舰艇，一路行驶慢速舰队。正前方，就在扫雷舰、战列舰与巡洋舰等先锋部队后面，便是指挥舰，5艘雷达与无线电天线林立的攻击运输舰。这5艘浮动的海上指挥所，便是登陆作战的神经中枢。

到处都是舰船，对在舰上的人来说，这支历史性的无敌舰队，至今还使他们记得，是生平见过"印象最深刻，最不能忘记"的景象。

对陆军部队的士兵来说，哪怕很不舒服以及当前会有危险，终于上路了就是件乐事。人员依然紧张，但有部分人的紧绷已经消散。而今，每一个人都要做完、做好这份差事。在登陆艇与运输舰上，大家在写最后一分钟的信件、玩纸牌、加入没完没了的吹牛。"随军牧师，"步兵第29师的托马斯·斯潘塞·达拉斯（Thomas Spencer Dallas）少校回忆说，"干的都是陆上办公室的业务。"

第4步兵师第12团的随军牧师刘易斯·富尔默·库恩（Lewis Fulmer Koon）上尉，置身在一艘拥挤的登陆艇上，干的是所有教派的牧师。犹太裔军官欧文·格雷（Irving Gray）上尉，请求库恩随军牧师，可不可以带领他那一连做祷告："不论基督教、天主教或犹太教，向我们全部信仰的神祷告，使我们的任务得以达成，若有可能，带领我们再次安然返国。"库恩乐意照办了。在暮色渐合中的一艘海防舰上，副炮手威廉·斯威尼（William Sweeney）下士还记得，步兵运输舰"塞缪尔·蔡斯"号（U.S.S. Samuel Chase, APA-26）上，用闪光灯拍出信号："正在进行祈祷。"

对大多数人来说，这一趟行程的最先几个小时，都在安静中度过。很多人开始反思，谈的通常是原先只藏在自己内心中的事。成百上千的人后来都回想起，他们当时坦承自己恐惧，并且坦率地谈论其他涉及个人的事。在这个奇特的一夜，他们彼此的关系更密切，对以前从没见过面的人都推心置腹起来。

第146工兵营的一等兵厄尔斯顿·赫恩（Earlston Hern）说："我

第一部　焦急等待　85

们谈了好多话,家啦,自己过去的经历啦,这次登陆我们会经历些什么啦,可能是什么情形啦,等等。"他在登陆艇滑不溜丢的甲板上,和一位医护兵谈话,却根本不知道人家的姓名。"那个医护兵家里有麻烦,他老婆是个模特,吵着要离婚。他是个忧心忡忡的家伙,他说她总得等他回家再说吧。我还记得我们在交谈时,一直有个年轻的小伙子在附近,自己在轻声轻气地唱歌。医护兵对小伙子说,他唱得比以前要好些,这似乎使他心情还不错。"

在英舰"帝国铁砧"号(H.M.S. Empire Anvil)上,美军第1步兵师的迈克尔·库尔茨(Michael Kurtz)下士,是历经北非、西西里岛与意大利各次登陆作战的老兵,一名新到的补充兵——来自威斯康星州的二等兵约瑟夫·斯坦伯(Joseph Steinber)问他。

"下士,"斯坦伯说,"你老实说你认为我们还有机会吗?"

"他妈的,是呀!老弟,"库尔茨说,"别担心会被打死,在我们这支部队里,要担心的是去那里后的作战情况。"

第2游骑兵营的比尔·L. 佩蒂(Bill "L-Rod" Petty)中士,开始担心起自己的事了。他和朋友一等兵麦克休比尔·麦克休(Bill McHugh),坐在一条老迈的跨海峡轮船"马恩岛"号(Ben-my-Chree)上,凝望着夜色逼近。即使周围被一长列军舰包围,也于事无补。他挂心的是奥克角的悬崖顶,他转头对麦克休说:"我们根本没指望这一回能活着出来。"

"你他妈的往好处想么。"麦克休说。

"也许,"佩蒂答道,"也许我们中只有一个人回来。"麦克休不为所动,说:"大限来时,该走就得走啊。"

有些人则想看看书,第1步兵师的艾伦·C. 博德特(Alan C. Bodet)下士,看起亨利·贝拉曼(Henry Bellamann)的《金石盟》

（Kings Row）来。可是他没法专心看，因为他在为自己的吉普车心烦。一旦把车子开进1米深的海水里，防水设施挺得住吗？加拿大第3步兵师的炮手二等兵阿瑟·亨利·布恩（Arthur Henry Boon），在一艘装了多辆坦克的登陆艇上，想看一本书名取得很迷人的袖珍书——《一个妞儿与百万男人》（A Maid and a Million Men）。在"帝国铁砧"号运输舰上，第1师的随军牧师劳伦斯·E. 迪瑞（Lawrence E. Deery），大为吃惊地看见一位英国海军军官，在看罗马诗人贺拉斯（Horace）的一本拉丁文诗集。要随着第16步兵团，在第一波登陆奥马哈滩头的他，那天晚上看的却是西蒙兹（Symond）所著的《米开朗基罗传》。在另一个舰队里，一位在登陆艇上的加拿大陆军军人詹姆斯·道格拉斯·吉兰（James Douglas Gilan），起起伏伏得很厉害，船上几乎每一个人都晕船，他却带了厚厚一本当天晚上看上去很符合当下的书籍。为了使自己与其他袍泽冷静下来，他翻到《诗篇第二十三篇》，高声朗诵：

上主是我的牧者，我一无缺乏……

不完全都这么严肃，也有轻松的一面。在"马恩岛"号上，有些突击队员把直径2厘米粗的绳索从桅杆垂挂到甲板，然后从甲板往上爬了上去，使得英国船员大为吃惊。在另一艘船上，加拿大第3步兵师的士兵，就以背诵、跳舞、合唱等一应俱全的方式，办了一场业余的晚会。英皇直属利物浦步兵团的詹姆斯·珀西瓦尔·德·莱西（James Percival de Lacy）中士，听到风笛演奏爱尔兰民谣《特拉利的玫瑰》（Rose of Tralee），听得忘乎所以，站起身来，遥向在爱尔兰的埃蒙·德·瓦莱拉（Eamon de Valera）总理说了一段祝颂词："因为你

第一部　焦急等待　87

使我们置身于战争之外。"

很多人此前耗上好多个小时，担心自己活下来的概率，现在却等不及要去抢滩。横渡海峡的航程，证明其恐怖程度比可怕的德军还要厉害。在59个舰队里，晕船就像是瘟疫，尤其是在起起伏伏的登陆艇上。每一名士兵都发了晕船药，还加上一项列在装载单上的装备，印着典型的军事用语："袋子，呕吐用，一个。"

这是军事效率的最高表现，但依然不够用。第29步兵师的小威廉·詹姆斯·威德菲尔德（William James Wiedefeld, Jr.）技术军士长回想当时："呕吐袋都吐满了，钢盔也满了，我们就把消防桶的砂子倒空再吐进去。钢制甲板根本没法站人，你可以到处听见有人在说，'要杀了我们之前，叫他们先把这些该死的桶子先弄出去'。"

有些登陆艇，士兵晕船晕得太厉害了，他们威胁着——大部分是逗口舌之快——要翻栏跳海。加拿大第3步兵师的二等兵戈登·K. 莱恩（Gordon K. Laing），发觉自己抓住一个朋友不放，那位朋友"求我放开他的救生腰带"。英国皇家海军陆战队的突击队员拉塞尔·约翰·威瑟（Russel John Wither）中士，记得在登陆艇上的"呕吐袋一下子就用光了，很快只剩下一个"。然后，就一个人传给一个人接续着用。

由于晕船，成千上万的士兵错过了一顿好几个月都碰不上的盛餐。经过特别的安排，所有舰船上尽可能提供最好的伙食。这一顿特餐，士兵取名为"最后一餐"，每艘船各自不同，胃口也因人而异。在"查尔斯·卡罗尔"号运输舰（U.S.S. Charles Carroll, APA-28）上，第29步兵师的卡罗尔·B. 史密斯（Carroll B. Smith）上尉，享用了一份牛排，上面一个荷包蛋，再加冰激凌与罗甘莓。2小时以后，他就挣扎着去抢舷侧栏杆边的位置了。第112工兵营的小约瑟夫·K. 罗森布拉特（Joseph K. Rosenblatt, Jr.）少尉，吃了 7 份鸡皇面，觉得很可口。第 5 特种工兵旅的布赖恩中士也是如此，他还吃了三明治喝了咖啡，还是觉得饿。他一个好朋友，从舰上厨房里"抬"了 3.8 升的什锦水果罐头，结果他们 4 个人把它吃光。

在英军"查尔王子号"（H.M.S. Prince Charles）上，第 5 游骑兵营的埃弗里·J. 桑希尔（Avery J. Thornhill）中士，逃过了所有的不舒服，他服下过量的晕船药，一觉睡到登陆。

人人都有相同的凄惨与害怕的经历，有些记忆深刻，栩栩如生得出奇。第 29 步兵师的唐纳德·C. 安德森（Donald C. Anderson）少尉，还记得在天黑前 1 小时，太阳如何映衬出整个舰队的侧影。第 2 游骑兵营 F 连，为了祝贺汤姆·F. 瑞安（Tom F. Ryan）中士，围在他四周齐唱《生日快乐》，他才 22 岁。第 1 步兵师中年方 19 岁、十分想家的一等兵罗伯特·马里恩·艾伦（Robert Marion Allen），这天晚上给他的感觉，仿佛就是"密西西比河上常见的泛舟之夜"。

各舰上那些即将在破晓时分创造历史的人们，都安顿好自己，想尽办法多休息一下。唯一的法国突击队，他们的指挥官基弗，用毛毯卷住自己时，心中想起了 1642 年，雅各布·阿斯特利（Jacob Astley）爵士在英国埃奇希尔战役（Battle of Edgehill）时的祈祷。"主啊，"基弗祈祷，"你知道我今日是何等忙碌的，假若我忘记你，请你不要忘记我。"他把毛毯拉起，立刻就睡着了。

晚上 10 点 15 分过一点，德军第 15 集团军的反情报处处长迈尔中校，从办公室里跑出来。现在他手上拿着的，搞不好就是整个第二次世界大战中，德国截获的最重要电文。迈尔现在知道盟军在 48 小时内就会发动攻击，有了这份情报，德军便可以把盟军赶下海，这份电文由 BBC 播给法国抵抗运动，正是魏尔兰那首诗的第二行："单调的郁闷伤了我的心。"

迈尔冲进餐厅,第15集团军司令汉斯·埃伯哈德·冯·扎尔穆特(HansEberhard Kurt von Salmuth)大将,正和参谋长以及另外两名军官打桥牌。"司令,"迈尔上气不接下气地说,"电文,第二部分——在这里了!"

扎尔穆特想了一下,然后下令集团军进入全面戒备,当迈尔急急忙忙跑出餐厅,扎尔穆特又看看手里的一副牌:"为这种事感到激动对我来说太老了。"扎尔穆特记得他这么说过。

迈尔回到办公室,他和参谋立刻打电话通知西线总司令部——伦德施泰特的总部。同时转报希特勒的最高统帅部,并以电传打字机通知所有其他友军司令部。

如同过去,从来没有令人感到满意的解释,第7集团军又再次被列在通知名单之外。[①] 盟军舰队要花4小时多一点的时间,才能到达5个滩头外海的运输舰区;3小时内,就有18,000名伞兵,降落在黑暗

[①] 本书标注的所有时间,都以英国双重夏令时为准。这比德国的中央时间晚了1小时。所以对迈尔来说,他手下官兵截获到这则电文的时间,为晚上9点15分。而在第15集团军的"战斗日志"上,记录了发给各级司令部的电传电报内容如下:

电传电报文号:2117/26。紧急,致67军、81军、82军、89军,比利时及法国北部军事总督、B集团军群、第16高射炮师、海峡海岸司令、比利时及北法德国空军:6月5日21时15分BBC所播信息经处理,依据本集团军现有纪录,该信息意指"预计在48小时内登陆,始于6月6日00时00分"。

值得注意的是,第7集团军或者第84军,都没有包括在这则电报的受文单位表内。通知这些单位,并不是迈尔的职责,责任落在隆美尔的司令部,因为这两个单位都属B集团军群管辖。不过,最大的玄奥却是,为什么伦德施泰特的西线总司令部,没有对盟军可能从荷兰到西班牙登陆的整个正面提出警告。这种玄奥囿于一项事实而更复杂。战争结束后,德国人宣称有关D日的电文,至少截获了15则,并正确破译。而本人发现的,只有魏尔兰诗的电文,填写在德军的日志里。

艾森豪威尔正在会见美国第 101 空降师第 502 伞兵团（打击团）E 连，在他们登上飞机参加对欧洲大陆的首次进攻之前，他向伞兵们发出"全面胜利，绝不妥协"的命令。照片拍摄于 1944 年 6 月 5 日晚上 8:30 左右，地点为英国格林汉姆公地机场。

突击艇挤满南安普敦港，等待诺曼底登陆开始。

第一部 焦急等待

的田野与树篱上,进入德军从来没有提出警告的区域。

****

美军第82空降师二等兵舒尔茨准备妥当,像机场中的每一个人般,他穿了跳伞装。降落伞全挂在右胳臂上,脸上用木炭涂黑,他头上的疯狂发型,是受到今晚周围伞兵模仿易洛魁印第安人的感染,剪成中间从前到后长条状的短发。四周都是他的个人装备,每一方面他都准备好了。几小时前他赢到手的2,500美元,现在只剩下20美元了。

这时,士兵等候卡车载他们去登机。"荷兰佬"舒尔茨的一个朋友杰拉尔德·科伦比(Gerald Columbi),从一处还在持续的骰子赌局中抽身,跑过来说:"快!借我20块!"

"为什么?"舒尔茨问道,"说不定你会被打死呢。"

"我把这个给你。"科伦比说,把手表取下来。

"好吧。""荷兰佬"说,把自己最后20块钱递给他。

科伦比跑回去赌了,"荷兰佬"看看这只手表,是一只宝路华牌的毕业金表,背面有科伦比的名字和他双亲的献词。就在这时有人叫道:"好吧,我们走了。"

"荷兰佬"捡起自己的装备,和其他伞兵离开了机棚,正当他要爬上卡车时经过科伦比旁边,"拿去吧,"他把手表交还时说,"我用不着两只表。"现在,"荷兰佬"剩下的,只有妈妈寄给他的玫瑰念珠了,他决定还是带走。卡车队驶过机场,向等候着的机群驶去。

全英国境内的盟军空降部队,都登上了飞机与滑翔机。飞机载着导航组——他们要为空降部队标示降落区——早已先行一步。在纽伯里的美军第 101 空降师师部，盟军统帅艾森豪威尔将军和一小批军官与 4 名记者，望着第一批飞机滑行到定位起飞。他花了 1 个小时和士兵谈话。他对空降作战，远比整体登陆作战的其他方面更为担心。他麾下有些将领认定，空降作战中可能会有 80% 以上的伤亡。

艾森豪威尔向第 101 空降师师长泰勒少将道了再见。泰勒身先士卒，率领士兵进入战场。泰勒离开时，走得笔挺却很僵硬。他不想让最高统帅知道，自己这天下午打壁球时伤了右膝韧带，艾森豪威尔也许就不准他去了。

这时艾森豪威尔站着，望着机群在跑道上滑行，缓缓地拉起机头。它们一架跟着一架进入了黑夜，在机场上空盘旋，集合成编队。艾森豪威尔两只手深深插在口袋里，凝望着夜空。庞大的机群编队最后一次怒吼着飞过机场，向法国飞去时，NBC 记者米勒望着盟军统帅，艾森豪威尔两眼里是盈眶的泪水。

几分钟后，海峡中登陆艇队上的士兵，都听到了飞机机群的咆哮声。声音愈来愈响亮，一批又一批的机群从头上飞过，花了很长时间才通过完毕，然后发动机的轰鸣声渐渐消逝。在美军"赫恩登"号驾驶台上，值更官巴托·法尔（Bartow Farr）上尉，和报业协会（NEA）记者汤姆·伍尔夫（Tom Wolfe）仰望暗黑的夜空，没有人说得出话来。当最后一批飞机通过时，一个琥珀色的信号灯光透过云层向下方的舰队闪烁，它缓缓闪出摩斯电码的三短一长，代表胜利（Victory）的首字母 V。

第二部

暗夜空降

PART TWO
THE NIGHT

1

月光流泻在卧室里,圣梅尔埃格利斯镇(Ste.-M'ere-eeglise)上年已60岁的女教师勒夫罗安热勒·勒夫罗(Angele Levrault)太太,缓缓张开了眼睛。在床对面的墙上,一团团的红色与白色的灯光,静静地闪烁。勒夫罗连忙坐正紧盯着看,这些闪烁的灯光,似乎慢慢从墙上往下掉。

到老太太完全恢复意识时,她才领悟出来,自己正望着梳妆台上那面大镜子的反射影像。就在这时她听到了远处飞机低沉的轰鸣声,低沉的隆隆的爆炸声,还有高射炮连续快速发射的断续尖锐声响。她连忙走到窗户边。

在远远的海岸外,高挂在天空里的是怪异、非常明亮的一簇簇闪光,这使得云层都染成了红色。远处有粉红色亮光的爆炸,以及一串串橘色、绿色、紫色和白色的曳光弹流。对勒夫罗太太来说,好像43.45公里外的瑟堡市,又在遭受轰炸了,她很高兴今晚自己住在恬静的圣梅尔埃格利斯。

女教师穿上鞋子和睡袍,穿过厨房出了后门,到外屋那里去。花园里样样都很平静,信号弹和月光,使得园子亮得和白天一般。附近一带田野的树篱,静静悄悄的,满是长长的暗影。

她才走了几步,便听到飞机声越来越响亮,正对着镇子飞来。一下子,在这一区的每一处高射炮连都开火射击。勒夫罗太太可吓坏了,没命地向一株大树跑过去找掩蔽。飞机机群飞过来,既快又低,伴随着的便是轰雷般的高射炮弹幕,一下子她被这种噪音震聋了。几乎同一时间，发动机的怒吼声消失了，高射炮射击也停止，就像什么事都没发生过，又恢复了寂静。

就在这时，她听见头上某处有一种奇怪的拍击声，抬头一看，正向她的花园里飘荡落下来的是一名伞兵，他脚底下还摆动着鼓鼓的东西。下一秒，月色都被遮断了，就在这时，美军第82空降师505团的导航队员二等兵罗伯特·M.墨菲（Robert M. Murphy）[①]，轰的一声就落在18米外，头下脚上滚进了花园，勒夫罗站在那里，都被吓呆了。

这名18岁的伞兵，很快抽出一把伞兵刀，把伞绳割断，抓住一个腿袋站起身来，却见到了勒夫罗太太。他们站着彼此望了好一阵子。对法国老太太来说，这个伞兵看起来令人害怕，人又高又瘦，脸上东一条西一条地涂着战地伪装，颧骨和鼻子上涂得最多，他似乎被武器和装备压矮了。老太太在害怕中望着，无法动弹。这个陌生的幽灵，把一只手指放在嘴唇上，用气音发出"嘘"声，很快就消失得无影无踪。就在这时，勒夫罗太太才回过神、动起来，搂起睡袍的下摆，发疯似的跑向屋子。她见到的是第一批降落在诺曼底的美军，时间是6月6日，星期二，深夜0点15分，D日已经开始了。

导航队员空投进入了这整片地区，有的跳伞高度才91米。这种登陆先锋部队是由一小批勇气十足的志愿士兵组成，他们的任务是在

[①] 我以战地记者的身份，于1944年6月访问过勒夫罗太太。她对那名美军的名字与单位都不清楚，只把300发装在弹袋里的子弹给我看，是那名伞兵掉下来的。1958年，当我写书时，开始访问参与D日作战的人，还能找到的导航组人员只有十几名。其中一位是墨菲先生，这时已是波士顿的一位名律师。他告诉我："落地以后……我就从军靴上抽出伞兵刀，把伞绳割断，却不知道把装了300发子弹的弹袋也割掉了。"他的叙述与14年前勒夫罗太太告诉我的，各方面都完全符合。

第二部 暗夜空降 97

瑟堡半岛129.5平方公里内标示出空降区,这处空降区正在犹他滩头后面,是第80师与第101空降师伞兵与滑降步兵降落的地带。他们在詹姆斯·莫里斯·加文(James Maurice Gavin)准将开设的特种学校受过训练。"当你们降落在诺曼底时,"加文告诉他们,"你们只会有一个朋友——上帝。"如此重要的任务全靠速度与隐密,要竭尽一切努力避免出麻烦。

可是导航队员一开头就遇到了困难,一下陷入了混乱。C-47运输机迅速飞越目标区,起先快得让德军以为它们是战斗机,高射炮部队对突如其来的攻击感到震惊,对着天空盲目射击,天空上交织着灼闪的曳光弹流,以及致命的爆炸破片。第101空降师的查尔斯·V.阿塞(Charles V. Asay)中士飘荡向下降落时,带着一种难以理解的感受,凝望着"从地面上冒上来的各种彩色子弹形成的优雅长长弧流",这让他想起了7月4日国庆烟火,认为"它们美极了"。

一等兵德尔伯特·F.琼斯(Delbert F. Jones)在跳伞以前,座机挨了一发直接命中弹。炮弹轰的一声穿过去,没有造成什么伤害,离琼斯不过2.5厘米远。一等兵阿德里安·R.多斯(Adrian R. Doss),身上负着100磅以上的装备往下跳,琼斯被追着他打来的曳光弹吓坏了。这群子弹从琼斯头上打过,当子弹穿过降落伞伞衣时,他感到伞本身被施加的拖力。然后,一串弹流贯穿了他身前的装备,却奇迹似的没有打中他。但一发子弹打裂了他的用品包,破洞"大得让每一样东西都掉出去了"。

防空炮火如此之猛烈,迫使许多飞机偏离了航向。120名导航组员,仅仅只有38人直接降落到目标区内,其余都落到几公里以外。他们落进田地里、花园内、溪流中、沼泽上,落进了树林、树篱,有的还落在屋顶上。这些队员大多数是能征惯战的伞兵。即便如此,他们在落地后想弄清自己的初始方位时也感到极度混乱。跟他们过去几个月研究的地形图相比，现场实际的田野较小、树篱较高和道路狭窄。在这种失去方向感的恐怖时刻，有些人干了些有勇无谋，甚至危险的事。一等兵弗雷德里克·A. 威廉（Frederick A. Wilhelm）搞昏了头，竟忘记了置身敌后，把随身携带的一盏大型标示灯打开，他要看一看它还亮不亮。灯亮了，一下子在田野中大放亮光，把他吓得就像德军正对着他开火一样。第 101 空降师导航组组长弗兰克·L. 利利曼（Frank L. Lillyman）上尉，差一点就暴露了自己的位置。他降落在一片牧场上，立刻就遇到一只硕大无比的公牛从黑暗中向他冲来。若非它低哞了一声，利利曼几乎就要开枪打它了。

　　导航组员除了自己吓自己、惊动了诺曼底人以外，也使少数见到他们的德军感到震惊与混乱。有 2 名美军伞兵，正好落在德军第 352 步兵师重机枪连连部外面，离最近的空降区足有 8 公里远。这个连由恩斯特·迪林（Ernst Deuring）上尉指挥，驻扎在布雷旺德（Brevands），连长迪林上尉已经被低飞的机群以及猛烈的防空炮火惊醒。他从床上跳下来，快速着装，竟把马靴穿错了脚（直到 D 日这天终了他才发现）。迪林在街道上，看见远处有两个人影，便喝问口令，却没有人答复。他便用自己的 MP40 冲锋枪，向着对方扫射过去，这 2 名训练精良的导航组员并没有还击，就这样消失了。迪林连忙冲回连部，打电话向营长报告，上气不接下气地说："伞兵！伞兵！"

　　其他导航组员可就没这么幸运了，第 82 空降师的二等兵墨菲，拖着自己的袋子（里面是一具手提雷达装置），从勒夫罗太太的花园走出来，向圣梅尔埃格利斯镇北面的空降区走去，听到右边一阵短促的枪声。后来才知道他的伙伴伦纳德·德沃夏克（Leonard Devorchak）二等兵就在那时被打死了。德沃夏克曾经发誓"总有一天要获颁勋章，只为了向自己证明办得到"。他也许是 D 日那天第一个死去的美军。

在这整片地区，导航组员都像墨菲一般，想找到自己的方位。这些神色凶猛的队员，悄悄地从这排树篱前进到另一排树篱。他们穿着伞兵装，全身背负着枪支、地雷、灯具、雷达装置和反光板等装备向会合点前进。他们要标示出空降区的时间剩下不到一个小时，凌晨1点15分，美军就要展开大规模的空降行动了。

80.5 公里外，在诺曼底战场的东端，6 架英军飞机载运导航组员，同时还有 6 架皇家空军轰炸机，拖曳着滑翔机飞临海岸线。在他们前方的天空，是狂风暴雨般猛烈的防空炮火，到处都是冉冉下降、隐隐约约有如天女散花般的照明弹。在距卡昂几公里外的小村落朗维尔（Ranville），11 岁的杜瓦阿兰·杜瓦（Alain Doix）也看到了这些照明弹。射击的声音惊醒了他，也像勒夫罗太太一般，他对床头柱巨大的铜把手上可以见到万花筒似的倒影，感到十分入迷。他摇醒同睡的奶奶，兴奋地叫道："奶奶，醒醒，醒醒，出事了！"

就在这时，杜瓦的爸爸也冲进房间里来。"快！穿上衣服！"他要求婆孙两个，"这是一次大空袭。"父子两人可以从窗户中见到机群从田野上飞来，只是杜瓦先生意识到，这些飞机却没有声音。他立刻明白这是什么一回事了。"我的天啊，"他叫道，"它们不是飞机，是滑翔机！"

这 6 架滑翔机，像巨大的蝙蝠一般，每一架载有大约 30 名士兵，静悄悄地飞掠下来，一飞过海岸，便对着离朗维尔 8 公里的地点飞去。它们的拖曳机在 1,500 到 1,800 米高度切断拖曳绳，让它们在月色下向两条平行而闪闪发光的水道飞去，一条是卡昂运河，另一条则是奥恩河。在朗维尔与贝努维尔村（Bénouville）间有两条重兵把守的桥梁。这两条类似双胞胎的桥梁彼此相连且横跨这两条水道。这些桥梁正是英军第6空降师滑降步兵——牛津郡和白金汉郡轻步兵团及皇家工兵团，他们都是首屈一指的作战单位，全部由志愿士兵组成——的攻击目标。他们的危险任务，

便是攻占这两座桥，压制守桥的驻军。如果他们能达成任务，那么卡昂通向海边的一条重要通道就会被阻断，这可阻止德军增援——尤其是装甲兵的东、西向移动，迫使他们不能长驱直入英军与加军登陆区的侧翼。由于盟军需要这座桥来扩大滩头堡，所以必须在守军引爆桥梁以前把它们完整拿下，这就需要对桥梁守军来一次迅雷不及掩耳的奇袭。英军想出一个大胆且危险的解决方案，滑翔机要在非常接近两座桥梁的位置，缓缓地在有月光的暗夜下降。机上的士兵都互挽起胳膊，屏住了气息。

3架飞向卡昂运河桥的滑翔机群内，布伦机枪手比尔·J.格雷（Bill J. Gray）二等兵，闭上了眼睛坐稳，等待触地时的撞击。周遭静得出奇，地面上并没有炮火，唯一的声音便是这架大飞机在空中轻轻经过的叹息声。坐在舱门边，准备滑翔机一触地就把门推开的，便是指挥突击的约翰·霍华德（John Howard）少校。格雷还记得他们的排长"丹尼"·布拉泽里奇（H. D. "Danny" Brotheridge）中尉说："弟兄们，到了。"然后便是一阵噼噼啪啪的撞击，滑翔机舱底被撕扯开来。驾驶舱罩碰碎的碎片如雨点般向后飞，滑翔机就像一辆失控的卡车般左右摇摆，吱吱叫着滑过地面，迸发出一阵火花。破裂的机身在一次让人发晕地半转前倾后，哗啦啦一声停了下来。一如格雷的回想："机头冲进了刺铁丝网里，几乎就上了桥。"

有人一声大喝："弟兄们，上！"士兵从机身爬了出来，有些人从机舱门挤出来，还有人从钻进铁丝网的机头滚下去。几乎在同一时

刻,另外两架滑翔机也在几米外触地,其余队员从机身一涌而出。这时每一个人都疯狂地向桥上冲去,这一阵猛扑把德军都吓坏了,瞬间就成瓦解状态。手榴弹朝他们的掩体和交通壕里扔进去,有些德军根本还在炮位中大睡,就被手榴弹爆炸的震耳轰隆声惊醒,被斯登冲锋枪彻底解决。还有些德军依然搞不清头绪,似乎不知道英军从什么地方来的,一下子就有了这么多人。德军抓着步枪和机枪,对着那些隐隐约约的人影胡乱开火。

各小组消灭了桥附近各处的抵抗,格雷和40来个兄弟,在布拉泽里奇中尉的率领下,冲过去攻占远处最重要的目标。冲到一半,格雷见到一名德军卫兵,右手拿着维利信号枪,准备发射警告照明弹,那是这个勇汉的最后动作。格雷如同其他人那样,手握布伦机枪从腰部开火。照明弹在夜空中划出一条弧线,那名卫兵也倒下来死了。

他的警告,据推测是为了向几百米外的奥恩桥德军示警,可是发射得太迟了。桥上的守军业已遭制伏,虽然过程中仅仅只有2架滑翔机到达了目标,第3架滑翔机弄错了目标,落在11公里外的迪沃河(Dives)桥上了。这两座桥差不多同时被攻占,由于袭击突如其来,德军遭到压制。讽刺的是德军即使有时间,也没办法炸毁这两座桥。英军蜂拥上桥,工兵发现虽然炸桥的准备已经完成,炸药却没有安装上去,还囤放在附近的小屋子里。

如同其他时候,激战之后恢复了莫名的寂静。攻占桥梁的士兵,为眼前一切的快速发展而感到茫然,都在琢磨自己是如何存活下来,人人都想知道还有谁也活下来了。19岁的格雷,为这次突击的自我表现而意气风发,却急切要找自己的排长布拉泽里奇中尉。格雷最后一次见到排长,是他率领士兵冲过桥去攻击。过程中有人伤亡,其中一位便是他28岁的中尉。格雷发现排长的尸体就躺在运河桥附近的小咖啡店前面。"一弹中喉，"格雷回忆说，"显然他还被一枚含磷的烟幕手榴弹命中，他的伞兵装还在燃烧。"

爱德华·塔彭登（Edward Tappenden）一等兵在附近一座攻下的机枪堡里，发出作战成功的信号，一再用无线机发送密语："火腿和果酱，火腿和果酱……" D 日的第一战结束了，持续不到 15 分钟。现在霍华德少校和他手下 150 多名士兵深陷敌境，并暂时与外断绝联系，士兵准备据守住这两座重要的桥梁。

至少他们还晓得自己置身在什么地方。对大多数深夜 0 点 20 分从 6 架轻轰炸机上，跳伞下来的 60 多名英军伞兵导航组员，可就不能这么说了。他们跳伞的时候，也正是霍华德的滑翔机触地的时间。

这些人承受了 D 日所有任务中最艰苦的一项。作为英军第 6 空降师的攻击先锋，他们志愿跳伞落进一处未知地带。在奥恩河以东，以手电筒、雷达信标和其他导航设施，标出 3 个空降区来。这 3 个地区，都在大约 52 平方公里的矩形地带里，靠近 3 个小村落——距海岸不到 5 公里的瓦拉维尔（Varaville），现在正为霍华德手下士兵据守两座桥梁的兰维尔，还有距卡恩东郊不到 8 公里的图夫勒维尔（Touffreeville）。英军伞兵应当在 0 点 50 分降落在这些地区里，导航组员布置时间只有 30 分钟。

即便大白天在英国，要在 30 分钟以内发现和标示出空降场都很困难。到了晚上，在一个几乎没有人到过的敌军地带，他们的任务更艰巨。就像他们在 80.5 公里外的袍泽一般，英军的导航组员一头栽进了麻烦，他们也分散得很远，而他们的跳伞甚至更混乱。

他们的困难始于天气，刮起了一阵莫名其妙的狂风（美军导航组却没有遇到），有些地区遭一片轻雾笼罩住。载着英军导航组的飞机，飞进了防空炮火的弹幕里。飞行员本能地采取闪避动作，结果便飞过

第二部　暗夜空降　103

了目标区，或者根本就找不到目标区。有些飞行员在指定地区飞了两三趟，直到所有导航组员都跳伞下去为止。有一架飞得很低，在猛烈的防空炮火中，顽固地来来回回飞了使人寒毛倒竖的14分钟，才让导航组员跳下去。以上导致的结果就是，很多导航组员或者他们的装备，都投在错误的地方。

要降落到瓦拉维尔的伞兵，落点很准确，但立刻发现他们的装备器材，大部分都在落下来时被摔碎，或者落在别的地方。而要降落到朗维尔的导航组，没有一个人落在接近任务初始点的附近；但运气最不好的，则是落在图夫勒维尔的各组。两个10人小组，要以灯光标示空降区，每一组两人向夜空发出闪光信号的"K"字母。其中一组落在朗维尔，他们轻易就集合在一起，结果在错误的空降区发出信号。

要空降在图夫勒维尔的第2组，也没有落在正确的位置。在这一"捆"的10名组员中，仅仅只有4人安全落地。詹姆斯·莫里西（James Morrissey）二等兵是其中之一，他惊悚地眼睁睁看着其他6名队员，被突如其来的一阵强风卷住，向东方偏离。莫里西爱莫能助地看着他们，扫向远处在月光下发光的镜面，那是洪水泛滥的迪沃河河谷——德军把那一带淹没，作为防御的一部分，莫里西再也没有见到他们之中的任何一个了。

莫里西和剩下来的3名队员，落在距离图夫勒维尔相当近的地方。他们集合后，由帕特里克·奥沙利文（Patrick O'Sullivan）一等兵领导出发侦察空投区。几分钟后他们就遭到射击，射击的火力来自他们该加以标示地区的边缘。因此，莫里西和另两名队员，把标示图夫勒维尔的灯光，放置在他们原先降落的玉米田里。

其实在纷乱一开始的几分钟，这些导航组员并没有几个人真正遭遇过敌军。到处都有人惊动了卫兵，导致守军开枪射击，不可避免地会有人伤亡。可是他们四周那种预兆不祥的寂静才造成了更巨大的恐怖。士兵原以为一落地就会遭到德军的猛烈抵抗。恰好相反，对大多数人来说一切都极为安静——太安静了，以至于大家都有过被自己搞出来的梦魇给吓到的经验。有好几回导航组员在田地里和树篱边，彼此蹑手蹑脚接近，每一个人都以为对方是德军。

在诺曼底的黑夜暗中摸索，接近黑乎乎的农舍，宛如在沉睡的村落外缘，导航组员和各营先遣组的 210 名士兵，都在设法搞清楚自己的位置。他们最迫切的任务是正确找出自己置身何处，跳伞落点准确的人，认出了在英国看过的地形图上所显示出的地标。有的人则完全迷路，想借助地图和指北针，试图标定自己的所在位置。来自前进通信组的安东尼·温德朗（Anthony Windrum）上尉，以最直接的方式解决了这个问题。像个在漆黑夜晚走错路的司机，他沉着地点亮火柴照亮路标，发现自己的集合地点朗维尔仅仅在几公里之外。

可是一些导航组员却无可避免地折损了。其中两位从夜空中栽下去正好落在德军第 711 师师长约瑟夫·赖歇特（Josef Reichert）中将的师部前草坪上。机群在头上咆哮飞过时，师长正在打牌，他和其他军官冲出来站在檐廊——恰好看见这两名英军落在草坪上。

很难说哪一方受到的惊吓比较大，赖歇特呢还是这两名导航组员。赖歇特的情报官俘虏了这两个人，缴械后把他们带到檐廊上。大吃一惊的赖歇特，仅仅只冲口而出说了一句："你们打从哪儿来的？"英军中的一人，仿佛自己误闯了鸡尾酒会一般，带着泰然自若的语气说："万分对不起，老家伙，我们只是不小心来到这里。"

即便他们被带走并加以审问，美军和英军的 570 名伞兵——盟军解放大军的头一批部队——已经布置好 D 日交战的舞台。在各处空降区，导航灯已开始对着天空闪烁了。

2

"怎么一回事？"维尔纳·普卢斯卡特（Werner Pluskat）少校对着电话嚷嚷，他半睡半醒中却大为吃惊，身上依然穿着内衣，飞机和炮火的嘈杂声已经使他醒过来，每一种本能都告诉他，这不只是空袭。在苏联前线两年的痛苦经验告诫了这位少校，一切全得靠直觉。

他的团长卡尔-威廉·奥克尔（Kurt-Wilhelm Ocker）上校，似乎对普卢斯卡特的电话很烦。"普卢斯卡特老兄，"他冷冰地说，"我们还不晓得是怎么一回事，等搞明白了就会让你老兄知道的。"奥克尔砰的一声挂上了电话。

这回答并不能使普卢斯卡特满意，因为过去20分钟里，机群一直在点点照明弹的夜空中轰隆隆飞过。机群轰炸了东面与西面的海岸，普卢斯卡特正中间的海岸防区却平静得使人不安心。他在距海岸有6.4公里远的埃特雷昂（Etreham）营部，手下有第352步兵师的4个炮兵连——总共有大炮20门，射击火力涵盖了奥马哈滩头的大半。

普卢斯卡特紧张兮兮，决定越过团长向上级询问。他打电话到师部，和第352步兵师的情报官保罗·布洛克（Paul Block）少校通话。"或许只是轰炸空袭，普卢斯卡特，"布洛克告诉他，"情况还不明朗。"

普卢斯卡特觉得有点蠢，便把电话挂上了，琢磨自己是不是太急躁了，毕竟并没有下达警戒令啊。事实上，普卢斯卡特回想，几个星期以来都是这样，一会儿戒备，一会儿解除戒备。这一回是少有的一晚，他和士兵奉令取消戒备。

普卢斯卡特现在完全清醒了，紧张得睡不着，在行军床边坐了一阵子，他脚边的那只德国狼狗哈拉斯，正安静躺着。在庄园内的营部，一切都很安静，但他仍然听得到远处依然有机群的嗡嗡声。

突然野战电话响了，普卢斯卡特一把抓起。"据报半岛已有伞兵降落，"是团长奥克尔上校沉着的声音，"下令你们营戒备，立刻开到海岸去，这一回可能是登陆了。"

几分钟以后，普卢斯卡特、第2炮兵连连长卢兹·维尔克宁（Ludz Wilkening）上尉和射击官弗里茨·特恩（Fritz Theen）中尉，出发到前进指挥所去。在贴近圣奥诺里讷（Ste.-Honorine）的悬崖上，建有一个观测碉堡。狼狗哈拉斯也跟着他们一起走。类似于吉普车的福斯82式水桶车内部很挤，普卢斯卡特还记得，把他们送抵海岸边的这几分钟，谁也没有吭一声。他有件最担心的事：他手下4个炮兵连，弹药只够支撑24小时。几天以前，第84军军长马克斯将军来视察火炮阵地，普卢斯卡特便提出了这个问题。"如果登陆真在你的防区，"马克斯要他放心，"你会得到打都打不完的弹药。"

水桶车经过海岸防御工事的外围，来到了圣奥诺里讷。到了那边，普卢斯卡特把哈拉斯用皮带拴上，营里的人跟着他。普卢斯卡特慢慢爬上悬崖后面一条通往隐秘的指挥所的狭窄小路。小路被好几股有刺铁丝网明显地标示出来，这也是通往指挥所的唯一入口，两边都埋设了地雷。几乎要到悬崖顶部时，普卢斯卡特跳进交通壕，下了一层混凝土的阶梯，随着一条弯弯曲曲的地道，终于进了一个没有分隔的大型碉堡，里面有3个人值班。

普卢斯卡特很快就站在炮兵的高倍数望远镜前。这部望远镜就用支架架在碉堡内两个观测孔中的一个，没有比此处地方更适宜作观测所了。它高出奥马哈滩头有30.5米，且几乎正对着马上将成为诺曼

第二部 暗夜空降 107

底滩头的正中央。天气晴朗时，从这一处有利的地点，观测员可以目视整个塞纳湾，左边从瑟堡半岛岛尖，直到远在右方的勒阿弗尔（Le Havre）都在观测范围内。

即使在这时候的月色下，普卢斯卡特还是有很好的视野。他缓缓将望远镜从左转到右，扫描整个海湾。海湾上有一点点雾，偶尔有黑云遮住了明亮的月光，在海上抛下暗暗的阴影，但没有见到半点不寻常的情况。海上没有灯光、没有声音，他用望远镜在海湾上来回转动了几次，空荡荡的没有任何船只。

最后普卢斯卡特站起身来，打电话到团部向特恩中尉说："这里什么事都没有。"但他依然不安，他向团长奥克尔说，"我要待在这里，也许这只是一场虚惊，但依然可能会有事情发生。"

****

这时，在德军第7集团军指挥所里，整个诺曼底地区许多模糊且相互抵触的报告，经过筛检报了进来。而每一处的军官，都试图加以评估。他们并没有什么可以做——这儿见到人影，那儿有射击的枪声，别处地方有一具降落伞挂在树梢。是要出事的预兆——不过，会出什么事？盟军只有570人空降，但这足以形成最糟的混乱状况了。

报告都很零碎，没有确切结论，事发地区又那么分散，即便经验最老到的军人也怀疑且困惑。多少人跳伞了——2人还是200人？他们是从轰炸机上跳伞的机组乘员吗？这是法国抵抗运动一连串的攻击吗？没有人有把握，甚至和伞兵面对面的第711师师长赖歇特将军，也不能确定。赖歇特以为这是针对他师部的空降攻击，他就把这个报告传给军长。很久以后，消息传到了第15集团军部，在"作战日志"

上却只是这么一条难解的注记：

"没有更多详情。"

过去的虚惊太多了，使得每一个人既谨慎又痛苦。连长要三思而后行，后续才报告营长，他们派巡逻队一再加以查证；营长向团部参谋通知以前，甚至更加小心。在 D 日这一天的最初时刻，各级司令部里的实际情形，每一个人都有自己的看法。但是有一项事实看来很明显：基于这些破碎的报告，在这时没有一个人愿意发出警报——警报也许在事后被证明是错的。因此，时间便一分钟一分钟地消逝。

在瑟堡半岛上，两位将领刚刚出发去雷恩参加兵棋推演。而这时又有第 3 位，第 91 空降师师长法利中将选定了这个时刻出发。尽管第 7 集团军司令部下令，严禁部队指挥官在破晓以前离开，法利却觉得，除非他早点动身，否则实在看不出怎样才来得及参加这次兵推。他的这一决心，付出了自己的生命代价。

在勒芒（Le Mans）第 7 集团军司令部，集团军司令多尔曼弗里德里希·多尔曼（Friedrich Dollmann）大将在熟睡。推测可能是气象因素，他取消了在这天晚上举行的战备演练。多尔曼很疲惫，但他很早上床。他的参谋长，能力极强而十分耿直的彭泽尔少将，正在准备就寝。

在圣洛（St.-Leo），第 84 军军部，也是次于集团军司令部的指挥阶层，为马克斯将军举行惊喜寿诞酒会的工作都已就绪。军情报官海因少校，连寿酒都预备妥当。酒会计划是：当圣洛大教堂的子夜钟声响起（正是英国双重夏令时凌晨 1 点钟）时，海因少校、参谋长弗里德里希·冯·克里格恩（Friedrich von Criegern）中校，以及几位高级主官，便走进军长房间去祝贺。大伙都在琢磨，不知道面容严肃、只有一条腿（他在苏联前线负伤失去了一条腿）的军长会有什么反应。他为众人公认是诺曼底地区最优秀的将领之一，但他也是位严肃的人，从来不会有什么情绪的显露出来。计划还是拟订了，大家对整个计划都觉得有点孩子气，但各参谋还是决定举行祝寿会。他们差不多就要进军长房间了，猛然间，他们听到了附近一个高射炮连开火射击。大伙冲到室外，恰好见到英军一架轰炸机火焰腾腾，被打中的飞机进入螺旋往下掉，还听到炮手高兴的吼叫声："我们打中了！我们打中了！"马克斯将军还待在自己房间里。

正当教堂钟声锵然响起时，这一小批人，由海因少校领头，带着一瓶夏布利白葡萄酒和几个酒杯，齐步走进军长房里，为此还感到有点不自在。马克斯抬起头来，戴着眼镜温和地凝望他们时，有一阵子踌躇。海因回忆说："他站起身来和我们打招呼时，那只义肢发出吱呀的声音。"他友好地挥一挥手，立刻就使每一个人自在了。葡萄酒瓶打开，参谋围站在这位 53 岁将军的四周，大家立正，僵硬地把玻璃杯举了起来，祝军长健康。气氛洋溢的此时，他们却一点儿不知道，64 公里外，4,255 名英军伞兵正空降在法国的土地上。

3

在月色照耀的诺曼底田野上，传来一支英国猎号低沉起伏的号声，声音孤零零不调和地飘浮在空气中。号角一而再，再而三地响亮起来，几十个、几百个戴着钢盔的人影，穿着绿、棕、黄三色迷彩伞兵服，一身挂满装备与武器，挣扎着越过田野，沿着沟渠在树篱的两侧，都往号声的方向前进。其他的猎号也加入了合奏。突然，号角响起，对英军第 6 空降师数以百计的士兵来说，这就是交战的前奏。

奇特的音调来自朗维尔地区，这些呼叫是第5伞兵旅2个营的集合信号，他们得迅速运动。一个信号是赶忙去协助霍华德少校那支据守两座桥梁的小股滑降步兵兵力；另外一个信号便是占领朗维尔并加以据守，因为它正在这处重要通道东端的入口上。以前，从没有伞兵部队指挥官用这种方式集合部队，可是今晚行动速度极为重要。第6空降师在和时间赛跑，因为到了清晨6点30分与7点30分间，美军和英军部队就要在诺曼底的5处滩头登陆了。"红魔鬼"有5个半小时去把守住最初的立足点，还要稳住整个登陆区的左翼。

这个师有繁多的复杂任务，每一个任务几乎都要求分秒不差地同步进行。攻击计划要求伞兵控制卡昂东北的几处高地、据守奥恩河与卡昂运河上的桥梁、炸毁迪沃河5座以上的桥梁、阻挡敌军，尤其是阻挡敌方装甲兵长驱直入到滩头堡的侧翼。

可是轻装的伞兵没有足够的火力挡住一支装甲兵的集中攻击。因此防守作战的成功，还得靠能迅速、安全运到的反坦克炮与特种穿甲弹。由于反坦克炮的体积与重量，只有一种方法能把它们安全运进诺曼底，那就是利用滑翔机队。到了凌晨3点20分时，就会有69架滑翔机机队，从诺曼底天空下降、载来兵员、车辆、重装备和宝贵的反坦克炮。

滑翔机的抵达本身就构成一项莫大的难题。滑翔机很大，每一架都比DC-3运输机大，4种滑翔机型之一的"哈密卡式"（Hamilcar），大得能装载轻坦克。要使这69架滑翔机飞到目标区域，伞兵的头一项任务就是要紧紧守住降落场，免于敌军攻击。其次，他们要在障碍物星罗棋布的草地上，开辟出一大片着陆区。也就是说得在漆黑的夜晚，清理掉大量装了炸弹的反伞兵桩和铁轨条，可用的时间只有两个半小时，同一处降落场地还要再利用，当天下午供第2批滑翔机群降落。

还有一件事要做，或许这是英军第 6 空降师所有任务中最重要的，那就是摧毁梅维尔（Merville）的大型海岸炮兵连。盟军情报单位认为，炮兵连 4 门威力强大的火炮，可以干扰集结的舰队，屠杀在剑滩滩头登陆的部队。第 6 空降师奉令，要在凌晨 5 点钟以前摧毁这些火炮。

为了达成这些任务，共有 4,255 人的第 6 空降师第 3 旅与第 5 旅，跳伞进入诺曼底。他们分散在一大片地区，成为导航错误、飞机因高射炮火力而改变航路、标示差劲的空降区，以及强风等因素下的牺牲品。其中有些人运气好，但是有成千的士兵跳落下去的地方，远离空降区有 8~56 公里远。

在这 2 个伞兵旅中，第 5 旅的情况还算好一点，大部分士兵都跳落在目标区朗维尔附近。即便如此，这也让各连连长耗上 2 个小时的大好时光，才集合不到一半的战力。不过，由于此起彼落的号角声，很多人受到指引业已从路上赶来了。

第 13 伞兵营的二等兵雷蒙德·巴滕（Raymond Batten）听到了号角声。虽然他几乎就在空降区的边缘，但这时他毫无办法有所回应。他坠落时穿过一片小树林厚厚的顶层树叶，人挂在一株树上，在伞索下前后摆来摆去，离地有 4.6 米高。树林里非常寂静，但他能听到连绵不断的机枪射击声、飞机的嗡嗡声，还有远处高射炮连的射击声。正当他抽出伞刀，准备割断伞索让自己下去时，听到附近德军 MP40 冲锋枪突然开火的声音。1 分钟以后，树丛中有窸窸窣窣声，有人慢慢向他挨过来。巴滕在跳伞下来时丢掉了斯登冲锋枪，身上也没有手枪，毫无办法地吊在那里，不知道靠近他的是德军还是英军伞兵。"不论是谁，反正他走过来抬头看着我，"巴滕回忆说："我能做的，便是一动也不动，而他八成认为我是个死人，我也希望他这样想，之后他走开了。"

巴滕尽快从树上下来，朝着集合的号角声方向走，但他的考验还不止于此。走到树林边，他发现一具年轻伞兵的尸体，他的降落伞没张开。就在这个时候，当他正走在一条公路上时，一个人从他身边冲过，发疯似的叫道："他们打死了我的朋友！他们打死了我的朋友！"巴滕终于赶上了一批向集合点前进的伞兵，这才发觉自己正在一个神情完全震惊的伞兵旁边。他大踏步往前走，既不看左边也不看右边，完全不理会这件事——他右手中紧紧抓住的步枪，几乎弯成了两半。

这天晚上的很多地方，像巴滕二等兵一样的许多士兵，几乎立刻从震撼直接进入了战争的残酷现实，每名伞兵都挣扎着从降落伞背带中挣脱出来。第8营的哈罗德·G.泰特（Harold G. Tait）一等兵，便见到一架C-47运输机遭高射炮命中，就像一颗坠落的流星般从他头上倾斜落下，伴随一声猛烈的爆炸，坠落在1.6公里之外。泰特不知道机上的伞兵是不是已经跳了伞。

加军第1营的珀西瓦尔·利金斯（Percival Liggins）二等兵，见到另外一架飞机熊熊燃烧，那架飞机"火势极其猛烈，从机头到机尾都起火"，零零碎碎的破片往下掉，似乎全速朝他落下来。他被眼前景象吸引住，动都不能动一下。飞机从他头上掠过，坠毁在身后的一片田野里。他和其他人想去抢救还在飞机里的人，可是"机内的弹药被引爆，我们没法接近它"。

对落在空降区以外好几公里、年方20岁的第12营科林·鲍威尔（Colin Powell）二等兵来说，首先传入耳里的战争之声是暗夜中的呻吟。他蹲在一个重伤的伞兵身边，对方是爱尔兰人，轻声地乞求鲍威尔："兄弟，给我补一枪吧，拜托。"鲍威尔却不能那么做。他尽可能使对方舒适一点,便急忙离开,答应找人来帮忙。

有很多士兵在作战开始的前几分钟,利用他们的本事成为活命的办法。加军第 1 营的理查德·希尔伯恩(Richard Hilborn)中尉回忆这一晚,他看见一名伞兵降落时穿过一间温室屋顶,"碎玻璃散得遍地都是,哗啦啦的好大一声,在碎玻璃还没有掉完以前,他已经跑出了温室"。这一跑又不偏不斜地掉进一口水井里。他两只手紧抓住绳索往上爬了出来,若无其事地向集合点跑去。

在每一处地方,士兵都在极其困难的情况下脱身。大多数人在白天遭遇的情形已经够糟糕的了,何况在晚上,又在敌人控制的地域里,他们的情绪混杂了害怕与幻想。以戈弗雷·麦迪逊(Godfrey Maddison)二等兵来说,他一屁股坐在一处田地的边缘,被有刺铁丝网的田篱困住而无法动弹,两条腿被缠在铁刺线里。身上装备的重量共达 125 磅,内有 4 发各重 10 磅的迫击炮弹,把他向前压,几乎完全困在有刺铁丝网里了。麦迪逊失足跌入铁丝网时,听见第 5 旅的集合号角并开始朝集结区前进。"我开始有点恐慌,"他回想说,"夜色很黑,我很确定会有人靠过来给我一枪。"起初那阵子,除了等待和细听以外,他无法做任何动作,然后因为没有人注意而感到安心,便开始慢慢且痛苦地挣扎让自己脱身,似乎过了好几个小时,才终于使一条胳膊自由伸展,把腰带后面的两支破坏剪拿出来。几分钟以后他才脱身,连忙往号角的方向前进。

大约就在同一时刻,加军第 1 营的唐纳德·威尔金斯(Donald Wilkins)少校正蹑手蹑脚经过一处似乎是小工厂的建筑物,突然发现草坪里有一群身影,他立刻卧倒。那群身影却没有移动,威尔金斯仔细看了很久,过了一分钟才臭骂了一声走过去。最后他解开了自己的猜疑,那些是花园中的石像。

登陆官兵们从一艘海岸警卫队登陆驳船的舷梯上跳下，涉过前往诺曼底海滩的最后几码。敌军火力会将他们中的不少人砍倒。他们的"出租车"会从沙滩上开回海岸警卫队的运输船，再去装载更多的乘客。当时摄影师罗伯特·F. 萨金特与美国陆军第1步兵师第16步兵团E连的士兵同乘一条登陆艇，E连士兵冲下登陆艇后在奥马哈海滩登陆，在德国国防军第352步兵师的火力防御之下，全连超过三分之二的士兵最终阵亡。

位于诺曼底战场两端的泛滥⋯，是造成英美两国伞兵最大伤⋯之所在。暗夜之中，被沉重的⋯备牵拖，以及往往无法从伞衣⋯挣脱的现实，造成许多官兵受⋯或溺毙。就如同图中的伞兵，⋯是在不到三英尺水深的情况被⋯死了。

第二部　暗夜空降　115

同一单位的一名中士多少也有相同的经验，只不过他见到的人影，根本就太真实了。在附近一条沟里的亨利·丘吉尔（Henry Churchill）二等兵，见到这名士官落在齐膝深的水里，甩脱了伞绳时，有两个人向他走过去，他在绝望中看着。"那名中士在等着，"丘吉尔回忆着说，"想断定一下来的是英军还是德军。"两个人愈来愈近，声音是德军没错，中士的斯登冲锋枪一声猛吼。"一次连放，就把他们打翻了。"

在 D 日开始的前部分时间，最阴险的敌人不是人类而是大自然。隆美尔的反空降措施发挥了很好的功效：在迪沃河河谷中泛滥的水池与沼泽，都成了死亡陷阱。第 3 空降旅的很多士兵，落进了这一地区，就像袋子中杂乱抛出来的五彩碎纸。这些伞兵凄惨的灾难一个接着一个。运输机的飞行员，身陷在厚厚的云层里，误以为迪沃河河口就是奥恩河，而让伞兵跳落在沼泽地的迷宫里。本来整整 700 人的一个伞兵营，要集中跳落在大约 2.6 平方公里的地区内，反而散落在 130 平方公里的田野，且这大部分都是沼泽区。而这个营——受过高度训练的第 9 营，接受的任务是 D 日这一夜最艰巨、最紧要的工作——突袭梅维尔炮兵连。最后营内一些士兵好几天才归建，有很多人从此不再归来。

丧生在迪沃河河谷荒野中的伞兵数字，永远不得而知。幸得逃生的人说，那一带沼泽有如迷宫般的沟渠纵横交错，沟道大约有 2 米深，1.2 米宽，沟底是软软的黏土。一名伞兵，身上扛着枪、弹药与重装备掉进里面，就没法脱身。身上的干粮袋一打湿，重量又增加一倍，伞兵为了求生只能把它们都扔掉。有很多士兵虽然挣扎着出了沼泽，也不知什么原因却淹死在河里，离没水的河岸不到几米。

第 224 伞兵野战救护连亨利·亨伯斯通（Henry Humberstone）二

等兵，就在这种情况下九死一生。他落在齐腰深的沼泽里，不知道自己置身何方，原以为会落在瓦拉维尔以西的果园区，却落在空降区的东侧了。在他和瓦拉维尔中间的，不仅仅是这片沼泽，还有一条迪沃河。覆盖在这片地区上的一层低雾，就像一方肮脏的白毯子。在亨伯斯通四周，可以听见都是蛙鸣声，前方是绝不会听错的急流声。亨伯斯通跟跟跄跄穿过这片泛滥的田野到了迪沃河河边，正当他找路过河时瞄见对岸有两个人，他们是加拿大第1伞兵营的。"我怎么过河呀？"亨伯斯通喊道。"很安全啊。"其中一个也回应了一声。那个加拿大人便涉水渡河，显然在示范给他看。"我眼睁睁看着他，一下子就不见了，"亨伯斯通回想当时，"他并没有喊，也没有叫一声，我和他那个伙伴还来不及救他，就淹死了。"

第9伞兵营的随军牧师约翰·格威内特（John Gwinnett）上尉完全迷了路。他也落在沼泽里，孤零零一个人，四周寂静得令人发毛；他一定得走出这片沼泽，心中确定对梅维尔炮台的突击会是一场激战，而他要和弟兄们在一起。他在飞机起飞以前告诉过他们："害怕在敲大门，信心前去开门，门前毫无害怕的踪影。"格威内特这时还不知道，他将花整整17个小时，才找到路走出这片沼泽。

就在这时，第9伞兵营营长奥特韦特伦斯·布兰德拉姆·奥特韦（Terence Brandram Otway）中校火冒三丈。他跳落的地方距集合点有好几里远，料想自己这一营人也会散落各地。他在夜间快步行进时，到处都有一小批一小批士兵出现，这证实了他最糟的揣测。他在推测这次空降有多糟，就连他的特种滑翔机队也分散了！

奥特韦迫切需要滑翔机运到的火炮及其他装备，才能确保突袭计划成功。梅维尔炮台非比寻常，四周是一层层的纵深防御，要进入炮台的中心——在庞大的混凝土掩体中的4门重炮——第9伞兵营要通过雷区，跨越反坦克壕，穿过4.6米的厚密有刺铁丝网，再穿越一片雷区，再经过满是机枪火力覆盖的壕沟迷阵。德军认为这处致命的工事，在200名士兵的据守下，几乎是无法攻占的。

奥特韦却不这么想，他要摧毁这处炮台的计划极其周详，难以置信地极为仔细。他可不愿冒任何险。首先是使用100架"兰开斯特式"重轰炸机，对炮台投下重达4,000磅的炸弹加以压制，滑翔机队运载吉普车、反坦克炮、火焰喷射器、摧毁有刺铁丝网的爆破筒、地雷侦测器、迫击炮，甚至轻便的铝梯。从滑翔机上把这些特种装备与武器取得以后，奥特韦中校手下士兵便分成11组，出发向炮台进行突袭。

这次突袭重要的是时间配合，侦察组首先搜索这一地区，标示组要排除地雷，把清除过的地带标示出来，爆破组要以爆破筒炸开有刺铁丝网，狙击兵、迫炮班和机枪手各自占领阵地以掩护主攻。

奥特韦的计划还有最后一项奇袭手段，就在他的部队从地面向炮台一拥而上时，3架装满伞兵的滑翔机，会在炮台碉堡顶上触地，从空中与地面对炮台做一次混合进攻。

这个计划有些部分看起来像是自杀式，但却值得冒这个险。英军一旦在剑滩滩头登陆，梅维尔炮台便能杀死上千名士兵。即使在以后几个小时中每件事情都能按表实施，从奥特韦这一营人集合、出发，到达炮台，他们也仅有不到一个小时的时间摧毁炮台。他已经获得明白的指示，倘若第9伞兵营没法及时达成任务，那就要由舰炮来实施攻击，也就是说奥特韦这营士兵，不论结果如何都要在清晨5点30分以前离开这处炮台。到了那时候，如果奥特韦没有发出突袭成功的信号，舰炮轰击便会展开。

这就是进攻的策略，可是当奥特韦满心焦急地赶往集合点时，计

美国陆军航空队的道格拉斯C-47A空中列车（前方43-15174）隶属于第88运兵中队、第438运兵大队、第53运兵联队、第9运兵司令部，在1944年6月登陆法国期间牵引Waco CG-4A滑翔机。6日午夜，该中队在法国卡朗唐西北部地区空投了第101空降师第502伞兵团。随后，滑翔机执行增援任务，运送武器、弹药、口粮和其他补给。

第九航空队轰炸机在登陆前对奥克角进行轰炸。

第二部 暗夜空降

划的第一部分业已受挫。预定要在半夜 0 点 30 分进行的空中攻击,已完全失败,没有一枚炸弹炸中炮台。而后续错误更是一再出现,载运重要军用品的滑翔机群,根本没有飞抵。

****

诺曼底滩头的正中央,俯瞰奥马哈滩头的德军观测碉堡里,普卢斯卡特少校还在凝望,只见到海浪的白滔,没有别的了。他的不安并没有减轻,如果没有什么事的话,他反而更加确定,将有事情发生。正当他到达碉堡后,一个编队又一个编队的飞机,已经轰雷般在右边的远处海岸上空飞过,他想一定有成百上千架。他从听见飞机声的那一刻起,就预料团部会立刻打电话来证实他的猜测,反攻已经开始。可是电话却始终默默无声,自从头一次电话响了以后,团部奥克尔那里再也没有打来。这时,普卢斯卡特听到了别的声音——在他左面缓慢增强的大量飞机咆哮声。这一回飞机声从后面传来,机群似乎从西面接近瑟堡半岛。普卢斯卡特比以往更惊慌失措,本能地再一次从望远镜里朝外看,海湾还是空空荡荡,什么都没有见到。

4

在圣梅尔埃格利斯,轰炸声离得好近。同时也是镇上一家药房老板的亚历山大·雷诺(Alexandre Renaud)镇长,感觉到地面剧烈震动。在他看来,飞机正在攻击圣马尔库夫(St.-Marcouf)和圣马丹德瓦尔勒维尔(St.-Martin-de-Varreville)的炮台,这两处地方都只相隔几里远。他很关心镇子和居民，居民能做的，便是进入花园里的壕沟或地下室。由于宵禁，他们不能离开家门。雷诺赶快带太太西蒙娜（Simone）和 3 个孩子到客厅外的走廊上。走廊有厚实的木材，能提供良好的保护，当这一家人聚集在临时的防空掩体时，时间大约是深夜 1 点 20 分。雷诺记得这个时间点（对他来说是深夜 0 点 20 分），是因为靠街道的大门，响起了连续不断、十分紧迫的敲门声。

雷诺把家人留在住宅里，自己走过黑暗的药房。药房面对着艾格里斯广场，他还没有走到门边，就见到有什么麻烦了。从药房的窗户望出去，这边有栗树和一处诺曼大教堂的广场，被照耀得通明透亮。广场对面海伦（Hairon）先生的别墅发生猛烈火灾。

雷诺把门打开，镇上的消防队长戴着那顶闪闪发光、与肩同宽的消防铜帽站在他面前。消防队长边看着火的房子，劈头就说了这么一句："我想是被飞机抛下来的一枚散落燃烧弹炸中了。"他说："火烧得很快，您能不能要驻军长官解除宵禁？我们的水桶消防队需要尽可能多的人协助。"

镇长跑到附近的德军指挥部里去，立刻向值勤士官说明情况，值勤士官在自己的权限内加以准许。同时他也呼唤卫兵，注意集合起来的这些义勇消防队员。然后雷诺便到教区宿舍里去，告诉路易·鲁兰（Louis Roulland）神父。

神父派职员到教堂去鸣钟。同时，神父、雷诺和其他人便去逐户敲门，要镇民出来帮忙。他们头上的钟声响起，隆隆然响彻全镇，老百姓开始出现了，有的穿着睡衣，有的只着装一半，一下子就有 100 多个男男女女排成长长的两行，用手来传递水桶。在他们周围，是 30 来名手持步枪与 MP40 冲锋枪的德军。

在混乱当中雷诺还记得，鲁兰神父把他带到一边说："我一定要和你谈一谈,有一件非常重要的事。"他把雷诺领到教舍的厨房里,那位上了年纪的女教师勒夫罗太太,正在那里等着他们。她十分惊恐,说得吞吞吐吐:"一个人落在我的豌豆田上。"这一下使得雷诺又多了麻烦,他几乎无法招架了,但要设法使她冷静下来,说:"别担心,请您回家去待在屋子里。"然后赶紧跑回火场去。

他不在的这段时间,增加了不少嘈杂和混乱,火势这时更大了。如雨般的火花已经散布到外面的房屋,业已开始引燃周围。对雷诺来说,这真是场噩梦,他站在那里像生了根般一动也不动,周围是一张张紧张的救火人员满面通红的面孔,还有那些穿着整齐、手持步枪和机枪的德军卫兵。广场上,依然可以听到响亮的钟声,使这场嚣杂中更增添了始终不断的铿锵声。就在这时,他们都听到了机群的隆隆声。

飞机声来自西边——声音持续稳定地增加到了咆哮的程度,机群接触到半岛上的高射炮火网,一个连又一个连的高射炮对着机群开始射击。在圣梅尔埃格利斯镇广场,每一个人都抬头仰望、呆住了,忘记了起火的房屋。这时,镇上的高射炮也开始射击,怒吼的声音就在他们头顶。飞机掠过时几乎翼尖挨着翼尖,穿过从地面射击上去的交叉火网。飞机上的灯光大开,机群飞得好低,使得广场上的人本能地在地上躲。雷诺还记得,飞机"在地面投下黑影,机身里看起来亮着红灯"。

一批批的机群飞了过去。这是有史以来最大规模的空降作战的头一批飞机,一共有882架,载运士兵1.3万人。这些飞机载的是美军能征惯战的第82及第101空降师,飞向6处空降区。这几个空降区全部在圣梅尔埃格利斯镇附近几里内。伞兵一批批从飞机跳出。这时,那些往镇外空降区飘荡而下的伞兵,有几十人都听到了一种超乎战争嘈杂以外且不搭调的声音——夜色中一处教堂的响亮钟声。

对很多伞兵来说,这是他们听到的最后声音。由于强风的吹刮,许多飘荡的伞兵向着圣梅尔埃格利斯镇的地狱落下去——命运作弄,那边已有持枪等待的德军卫兵。101 空降师 506 团的查尔斯·圣塔尔谢罗(Charles Santarsiero)中尉,飞机越过圣梅尔埃格利斯镇时,就站在运输机舱门边,他回想说:"我们大约有 122 米高,我见到几处火头熊熊烧起,德国佬到处奔跑,地面上似乎一团乱,就像打开了地狱大门似的,高射炮和轻武器都往上开火,那些倒霉的家伙,就正好被逮住了。"

第 82 空降师 505 团的约翰·马文·斯蒂尔(John Marvin Steele)二等兵,一跳出机舱门就发现,与其落在标示的空降区,还不如落向一处看起来似乎在起火的市中心。这时他见到下面的德军和法国老百姓不要命地到处奔跑。在斯蒂尔看来,大多数人目光都集中在自己身上。一下子,他被什么东西打了一下,感觉就像是"被锋利的小刀划了一下"。一发子弹打中他的脚。这时,斯蒂尔见到的景象,更使他分外吃惊。他摇摆伞绳,却没法偏离城镇,他直接对正广场边上的教堂尖塔落下去,降落伞无助地挂在尖塔下。

在斯蒂尔上方的是一等兵欧内斯特·布兰查德(Ernest Blanchard)。他听到教堂在敲钟,看见大火的漩涡在四面八方朝他涌来。下一分钟他悚然看到,一个伞兵飘浮下降,几乎就在他旁边。"一声爆炸,就在我眼前整个人炸开"。看来是他身上的炸药引爆而牺牲了。

布兰查德拼命摇摆操纵带,想偏离下方广场的民众。可是太迟了,哗啦啦落在一株树上,在他四周的人正遭德军机枪扫射而死,咒骂声、呼喊声、尖叫声和呻吟声,布兰查德从没有忘记过。当机关枪的扫射愈来愈近时,他发了疯似的锯断自己的伞绳,然后从树上掉下来死命地跑,却丝毫没有察觉,他连自己的大拇指前端也锯掉了。

德军必定以为,圣梅尔埃格利斯镇正遭遇伞兵突击并被包围了。而广场上的镇民无疑,也以为自己正身陷在一场大规模交战当中。实际上落进镇上的美军没有多少——或许有30人,落进广场与四周的不超过20人。不过他们却足以使驻扎的德军,产生不下于被100多名伞兵攻击的恐慌,援兵赶紧向广场冲来,似乎这里就是攻击的要点。德军猝然赶到这处血淋淋、着火的现场。雷诺认为,部分德军突然看到流血与大火,一下子就失控了。

离镇长在广场所站的地方大约13.7米远,一名美军伞兵栽进了一株树里,正当他拼命甩开伞索时,立刻就被德军发觉了。据雷诺看到的,"大约有五六名德军朝着他,用冲锋枪各打光了一个弹匣,那孩子就吊在那里,眼睛还睁开着,就像在向下看着自己身上的弹孔"。

广场上的老百姓,陷在包围他们的这场屠杀当中,都忘掉了头上这支强大的空降机队,依然毫无止息地隆隆飞过。数以千计的伞兵,正在朝该镇西北方的第82空降师空降区跳伞。第101空降师的空降区,则在东方和略微偏西处,介于圣梅尔埃格利斯和犹他滩头。不过,时不时有些伞兵——几乎每个团都有——由于跳得太分散而飘进这个小镇的浩劫里。有一两名伞兵身上背负着弹药、手榴弹与塑胶炸药,却落进那幢起火的房屋里,一阵短暂的哀叫,然后便是弹药引爆的爆炸声。

在所有这些恐怖与混乱中,有一个人顽强而惊险地保住了自己的性命。二等兵斯蒂尔的降落伞,覆落在教堂尖顶上,人就恰恰吊在廊檐下面,他听到了枪声和哀嚎声,看到德军和美军在广场与街道中彼此射击。因为过度惊吓而动弹不得的他,又见到了机枪闪烁的红色枪口焰，一排排的飞散子弹从他身边和头上飞过。斯蒂尔原想把伞绳割断，让自己下去，也不知道怎么回事，伞兵刀从手里滑出去掉落到广场。斯蒂尔这时决定，自己的唯一希望便是装死。他在屋顶上，就在几米外，德军机枪手对看得着的每一样东西都开枪，唯独没射击斯蒂尔。他在伞绳下吊着装死，"死"得和真的一般，以至82师的威拉德·扬（Willard Young）中尉依然记得，在战事最激烈时看到"那个死人吊在尖塔上"。斯蒂尔总计在那里吊了两个小时，才遭德军割断伞绳加以俘虏。他受到震惊加上那只脚被打碎的痛楚，使得他完全记不起来当时就在距离他脑袋仅仅几米的教堂敲钟声。

圣梅尔埃格利斯镇的遭遇战，只是美军大举空降突击的前奏，但在作战策划中，这次一开始的血淋淋小冲突[1]，完全出乎意外。虽然这个镇是82空降师的主目标之一，但真正攻占圣梅尔埃格利斯镇的血战还没有展开。在这以前，要完成的任务太多了。对101和82空降师来说，他们也和英军空降师一样，在和时间赛跑。

美军的任务是据守登陆区的右翼，而英军伞兵则是把守住左翼。可是对美军伞兵来说，他们担负的任务更大，因为整个犹他滩头作战的成败，完全要靠他们。

---

[1] 本人无法判定广场上有多少官兵死伤，因为零星的战斗不断，一直持续到正式攻击把全镇攻占为止。但针对死伤人数最好的判断，包括战死、受伤与失踪的一共有12人。这些人大多数都是505团第2营F连的官兵。该连的正式纪录，有这样小小的感伤注记："卡狄希少尉以及下列士兵，在镇上空降时几乎立即阵亡：希勒（Shearer）、布兰肯希普（Blankenship）、布赖恩特（Bryant）、范霍尔斯贝克（Van Holsbeck）和特拉帕（Tlapa）。"斯蒂尔二等兵亲眼见到两名伞兵落进起火的房屋里，其中一名他认为就是二等兵怀特（White），也跟他是同个迫击炮班的，跳伞时落在他后面。第505伞兵团团长威廉·E. 埃克曼（William E. Ekman）中校也说："团里的一员随军牧师，在圣梅尔埃格利斯镇跳伞，被俘几分钟后遭到处决。"

在犹他滩头登陆成功与否的主要障碍,便是一片水域,也是众所周知的杜沃河(Douve River)。在隆美尔的反登陆措施中,杜沃河是其中组成的一部分。德军工兵出色地利用了杜沃河,以及它的支流梅尔德雷河(Merderet)的优势。在大脚趾形状的瑟堡半岛大片土地上,这两条河流形成的障碍在半岛底部向南方及东南方流去,穿过低地,与半岛底部的卡朗唐(Carentan)运河相连,差不多与维尔河平行,再流入英吉利海峡。德军在卡朗唐北方几公里的地方,利用已有百年之久的拉巴尔克泰水闸(La Barquette),放水把瑟堡半岛上许多土地都淹没,形成了沼泽地,使半岛差不多与诺曼底其他部分隔离。因此,只要据守住几条穿过这带荒域的公路、桥梁和堤道,德军便可阻止一支登陆大军,并在最后加以歼灭。如果盟军在瑟堡半岛东部海岸登陆,德军可以从北方和西方加以攻击,形成一个口袋,把登陆部队赶下海。

至少,这就是整体战略。但德军无意让登陆进展得那么顺利,因此作为更进一步的防御措施,他们把东海岸滩头后面的低地淹没,泛滥面积达 31 平方公里。而犹他滩头几乎就在这些人工湖的正中央。登陆的第 4 步兵师(加上师内的坦克、火炮、车辆与补给)只能经由一种方式向内陆挺进:沿着泛滥区中的 5 条堤道,而德军的火炮却控制了这些必经之路。

据守瑟堡半岛和保障这些天然防务的德军共有 3 个师。在北面以及沿着东海岸的是 709 海防师,西海岸为 243 海防师;新近抵达配置在中央以及散布在基地周围的是 91 空降师。此外,在卡朗唐以南也在打击距离内的,是诺曼底德军中最优良、最剽悍的部队——由弗里德里希·奥古斯特·冯·德·海特(Friedrich August von der Heydte)中校指挥的第 6 伞兵团。瑟堡附近还有德国空军的高射炮部队、海军

1944年诺曼底登陆战中,部队在黄金海滩炮台处检查一门被击毁的德国50毫米火炮。

的海岸高射炮连以及其他勤务兵员。盟军发动任何攻击,德军几乎都能立刻出动约达40,000人的兵力应战。在这一带防御周密的地区,泰勒少将麾下的101空降师、马修·邦克·李奇微(Matthew Bunker Ridgway)少将的82空降师,受领了莫大的任务——要杀出一片"桥头堡"并加以据守——一连串孤立的防守据点,从犹他滩头绵延到西边很远,越过瑟堡半岛底部的位置。他们要为第4步兵师打开一条血路并加以据守,直到换防为止。在瑟堡半岛以及四周,美军伞兵比敌军少很多,兵力比超过了三比一。

在地图上,这处桥头堡就像一只又短又宽的左脚脚印。小脚趾沿着海岸,大脚趾在卡朗唐北方的拉巴尔克泰水闸,脚后跟跨越了梅尔德雷河与杜沃河的沼泽区。它大约有19.3公里长,脚趾处宽11公里,而脚后跟处有6.4公里宽。这对于防守的13,000名士兵来说是很大一片地区,却得在不到5个小时内把它攻占下来。

泰勒的士兵,要攻占圣马丹德瓦尔勒维尔的6门火炮阵地,那处阵地几乎在犹他滩头的正后方;还要急忙占领该区到海岸边小村落(Pouppeville)之间5条堤道中的4条;同时还要夺取沿杜沃河到卡朗唐运河一带的渡口与桥梁,尤其是拉巴尔克泰的几处水闸,夺不下来后便加以炸毁。"啸鹰"101空降师分配到了这些目标。李奇威负责把守住脚后跟和脚掌的左侧。82空降师要守住杜沃河上各处的渡口与梅尔德雷河,占领圣梅尔埃格利斯镇,守住该镇北方的阵地,以防冲进桥头堡后这一侧过来的逆袭。

这两个空降师的士兵,还有另外一项重要任务:必须肃清在滑翔机降落区的敌人。巨型滑翔机的辎重机队,会飞来增援美军,就像他们对英军做的一样,在拂晓前飞来一次,入夜再飞一次。第一批机群有100多架滑翔机,计划抵达时间为凌晨4点钟。

从一开始，美军就竭力克服七零八落的不利因素。他们也像英军一般，2个空降师兵力太过分散，只有第82空降师505团落点很精确。所有装备有六成丢失了，包括大多数的无线电机、迫击炮与弹药。最糟糕的是，很多士兵都迷路了。他们的落点距离任何认得出的地标，都有好几公里远，他们既混乱又落单。飞机的航路由西向东飞，越过瑟堡半岛只要12分钟。太晚跳伞，人就会掉进英吉利海峡；太早跳伞，则会落进西海岸与泛滥地区的中间地带。有几批伞兵落点极糟，直接降落在接近半岛的西侧，而不是在东边的空降区。数以百计的士兵，由于沉重的装备，掉进了梅尔德雷河与杜沃河的阴险沼泽里，淹死了很多人，有些人在不到2米深的水里淹死。还有些士兵跳出太晚，在黑暗中以为那是诺曼底而跳下去，却折损在海峡里。

101空降师有整整一飞机伞兵——15到18名伞兵——遭遇了这种死法。在其之后的第2架飞机中的路易斯·菲利普·默兰诺（Louis Philip Merlano）下士，落在海边的沙滩上，眼前是一面德文的大告示牌，"小心地雷！"他是第2个跳伞的人。黑暗之中，他可以听到海浪轻微的拍打声。他就在沙堆中间躺了下来，四周都是隆美尔的反登陆障碍物，距离犹他滩头仅仅只有几米。正当默兰诺躺在那里想要喘口气时，他听见远处有喊叫声。他并没有去找，直到后来才知道，喊叫声来自海上。同机的最后11名伞兵，就在那时候淹死了。

默兰诺迅速离开了海滩，也顾不得沙滩里可能埋有地雷。他爬过一道有刺铁丝网，向一处树篱跑过去，那里已有一个人了，他没有停下来。他跑过公路翻过石墙，就在这时候，身后传来痛苦的哭叫声，他猛然转身一看，一具火焰喷射器正对着他刚经过的树篱喷火。熊熊火焰中，映出了刚才那名伞兵的身影。他大吃一惊，就缩蹲在墙边。石墙另一边传来德军叱责以及机枪扫射的声音，他刚刚身陷德军防御重地，四面八方全是德军。他准备为自己的性命战斗。但有件事情得先做，由于他配属通信单位，他从口袋里抽出一本5厘米见方的通信记录簿，上面载有密码和这3天的口令，他小心地把记录簿撕掉，一页一页地全咽到肚子里去。

在另一边的桥头堡，士兵正在黑漆漆的沼泽地里折腾。梅尔德雷河与杜沃河被各种色彩的降落伞点缀，捆在装备上的小灯，都从河水里、沼泽上发出奇怪的灯光。士兵从天空中跳落，哗啦啦落到水面下时，彼此几乎撞在一起。有些伞兵从此不见身影。其他人大喘着气，挣扎着要呼吸到水面上的空气，并无助地切开很可能又把他们拖下水的伞衣和装备。

如同80.5公里外的英军第6空降师的格威内特随军牧师般，美军101空降师的随军牧师弗朗西斯·桑普森（Francis Sampson）上尉，也落在泛滥区里。水都淹过了头顶，降落伞和装备困住了他。由于一阵强风，降落伞始终张开着，他慌忙把吊在身上的装备割断——包括他祈祷要用的装备。这时降落伞就像一面巨大的风帆，把他拖行了大约91米。终于到了浅水地才得以休息，他筋疲力竭，足足躺了20分钟。之后，也顾不上打过来的机枪与迫击炮射击，桑普森神父又回到刚落水的地方，执意要潜水下去找祈祷用具，潜到第5次时总算找到了。

到后来，桑普森神父回想这段经历，才意识到他在河水中挣扎时，急忙念的悔罪词，实际上是饭前祷告。

在运河与泛滥区间，有数不尽的小田野与草地，美军伞兵在暗夜中走到了一起。他们不像英军靠号角引导，而是用响板，一条命就全靠这种只值几分钱、用铁皮做成的东西，样子就像小孩子玩的"指头响"，响板响一下，回答就得响两下——只有82空降师如此——这就是应答口令。响两下就得回答响一声。靠着这种信号，士兵走出躲藏的地方，从树丛、水沟、房屋的四周走出来，去找另一个人。师长泰勒少将，在一处树篱的转角处，遇到了一个没戴钢盔但不认识的步枪兵，两个人热烈拥抱起来。有些伞兵一下子就找到了自己的单位；还有些人在晚上看见陌生的脸孔，看到其他伞兵肩绊上面缝着一面小美国国旗，那真是熟悉而又令人欣慰。

行动虽然混乱但士兵适应得很快，82空降师久经沙场的伞兵，曾经在西西里岛与萨勒诺空降作战，知道会发生什么情况。101空降师虽是头一次战斗跳伞，却狠下决心，不要被显赫的友军给比下去。他们尽可能少浪费时间，也没有时间可供浪费。走运气的人知道他们在什么地方，立刻就集合起来向目标前进，迷路的人则加入其他连、营和团组成的一小批一小批的队伍。82空降师的伞兵混杂在101空降师里，接受军官的指挥，反过来也是如此。两个师的士兵并肩作战，通常去攻击的目标，他们连听都没听过。

有成百上千的士兵，发现自己落进小小的田野里，四面八方被高大的树篱团团围住。田野是默默无声的小世界，孤立又可怕，在这里面，每一块阴影、每一声窸窣、每一下枝丫断裂声都是敌人。"荷兰佬"舒尔茨二等兵就在这么一处阴影重重的世界里，没法找到路出去，便决定试一试响板。他刚响上一声，响应他的却不是自己料想到的事情，而是机枪射击，他便卧倒，以M1步枪瞄准机枪阵地的方向扣下扳机，却啥事也没有发生，他忘了装子弹了。机枪又开火，"荷兰佬"便一个箭步跑到最近的树篱找掩蔽。

他对田野又作了一次小心的侦察，这时听见一根树枝的断裂声。"荷兰佬"一下子感到惊慌，但立刻放下心来，从树篱中穿过来的是连长托勒迪杰克·托勒迪（Jack Tallerday）中尉。"'荷兰佬'，是你吗？"托勒迪轻轻喊了一声，舒尔茨立刻跑了过去。他们一起离开了田野，加入托勒迪已经聚集的一批士兵。这些都是101师的人，但也有分别来自82师3个团的人。打从跳伞以后，"荷兰佬"头一次觉得自在，自己再也不孤单了。

托勒迪沿着一道树篱向前走，他那一小批人在他后面成扇形散开。没多久，他们先是听见，后来又看见一批人向他们走过来。托勒迪敲了一下响板，以为自己听到了答应的响板声。"当我们两批人彼此接近时，"托勒迪说，"从他们钢盔的外形，可以确定他们是德军。"这时却发生了战争中最稀奇也最少见的情形，两批人都像是被震惊而僵住，双方默然无声地走过彼此，一枪都没有放。两队人之间的距离愈来愈远，黑夜淹没了这些身影，就像他们根本不存在似的。

这一晚在诺曼底各处，都有伞兵与德军不期而遇。在这种遭遇中，人的性命全系于他们能否保持快速反应，通常就在几分之一秒内要扣下扳机。距圣梅尔埃格利斯镇4.8公里处，82空降师的约翰·瓦洛斯（John Walas）中尉，差点绊倒在一名站在机枪阵地前的德军卫兵身上。就在这糟糕的一刹那间，两个人都瞪住对方。然后德军先有反应，近距离对瓦洛斯开了一枪，子弹打中了美军中尉正好挡在腹部前面的步枪枪机，滑过他的手，成了跳弹弹开去。两个人转身就跑开了。

101空降师的劳伦斯·莱杰尔（Lawrence Legere）少校，谈到他是如何解决麻烦的。在圣梅尔埃格利斯镇与犹他滩头之间的田野里，他收拢了一小批士兵，率领他们到集合点去。突然有人用德语向他喝问口令，他不懂德语但法语很流利。其他士兵都在他后面有一段距离，没有被德军看到。莱杰尔在黑暗的田野中，装成是一个年轻的农夫，用法语解释，他是去会女友，现在正回家去。他为在宵禁的时

两名德国士兵在前往圣索沃尔勒维孔特的路边的车内。请注意，第二具尸体横在汽车左后门上，个人装备位于后座上，毛瑟步枪仍然位于汽车右后部。

第二部　暗夜空降

候出来向德军道歉。少校边讲，边急忙把贴在手榴弹上的胶布撕下来——为了怕意外松开拉环而贴在上面的——人还说着话便抽出拉环，把手榴弹扔过去，一落地就炸了。他发现这一下炸死了3名德军。"等我回去找我那批英勇的一小伙人时，"莱杰尔回想说，"这才发觉他们已经逃到四面八方去了。"

当时多的是这种荒唐好笑的事。莱尔·帕特南（Lyle Putnam）上尉是82空降师某营军医，发现自己完全孤立无援。他把医疗用具全收拾好，开始找路出去。他在一处树篱边瞥见一个身影小心翼翼凑过来。帕特南便在路上停下，探身向前，轻喊82师的口令："闪光。"经过通电似的一刹那沉寂，他在等对方回答"雷霆"。帕特南记得，自己大为吃惊地听见那个人大喊一声："耶稣基督！"一转头"像个疯子一样逃走了"。军医气得连害怕都忘记了。在800米外，他的朋友，82师的随军牧师乔治·伍德（George Wood）上尉，也是单独一个人，正忙着敲手上的响板。没有人响应。后面一个人说话的声音把他吓得跳了起来："看在老天爷的分儿上，牧师，别他妈的搞么大声了。"伍德随着那名伞兵走出了那片田地。

到那天下午，这两个人都来到圣梅尔埃格利斯镇，在勒夫罗太太的校舍里，打一场属于他们的战争——这一仗并不分你我，他们要照料交战双方的伤兵和死者。

虽然再过一个小时才能把所有伞兵空投完毕，但是凌晨2点时，一小批一小批下定决心的士兵，都接近了自己的目标。在犹他滩头后方的富卡维尔（Foucarville），有一批伞兵实际上已向目标攻击，那是一处德军坚守的掩蔽壕据点，有机枪与反坦克炮阵地。这处阵地极为重要，因为它控制了犹他滩头地区后方一条主要公路上的所有行动，而敌人坦克可利用这条公路逼近滩头。

134 最长的一天

攻占富卡维尔需动用整整一个连的兵力，然而连长克利夫兰·菲茨杰拉德（Cleveland Fitzgerald）上尉只集合了11名士兵。菲茨杰拉德决定不再等其他人，开始对阵地进行突击。这首开101空降师在D日空降作战的头一次战斗记录。菲茨杰拉德和他连内的士兵，一直打进了敌人的指挥所。这是一场短暂却血淋淋的战斗。德军一名卫兵一枪打中了菲茨杰拉德的肺部，他倒下去时也打死了对方。到了最后美军寡不敌众，不得不退到外围，等候破晓与援军。他们却不知道，早在40分钟以前，已经有9名伞兵抵达了富卡维尔，但都降在这处据点。这时他们在德军监视下，坐在一处掩蔽壕里，浑然忘却了战事，听着一名德军练习吹口琴。

对每一个人来说，这真是疯狂的时刻——尤其是将领。他们没有了参谋，失去了通信，没有士兵可供指挥。泰勒少将与好几个军官在一起，但却只有两三名士兵。他告诉他们："从来没有这么少的人听这么多的人指挥。"

李奇威少将也是一个人孤零零地落在一片田野里，一手握住手枪，指望自己有好运气。据他后来回想说："至少么，没看见什么朋友，也没看见敌人。"他的副师长加文准将，这时完全负责82师的他，却落在好几公里外的梅尔德雷河沼泽里。

加文和一些士兵，都在想着把沼泽地里的装备器材抢救出来，器材包里有无线电、火箭筒、迫击炮与弹药。加文很需要这些装备，他知道天亮后他这个师据守的桥头堡"后跟"部分，会遭到猛烈的攻击。当他与士兵们一起站在齐膝深的冷水里，心头却涌上了许多其他担心的事。他可没把握确定自己身在何处，也不知道该如何处置一小批迷路找上他这一组人的伤兵。现在他们都躺在沼泽边上。

差不多一个小时以前，加文看见河水的远岸有红绿灯光，便派副官雨果·奥尔森（Hugo Olson）中尉去探查那是怎么回事。他希望那是82空降师中他这两个营的集合灯光。奥尔森没有回来，加文心里愈来愈急。他们师的一位军官，约翰·迪瓦恩（John Devine）中尉这时正从河水中央上浮，全身赤裸潜水找器材包。"每当他一露出水面，站在那里就像是一尊白白的石像，"加文回忆说，"我就忍不住这么想，如果他被德军瞄准，那他就成枪靶了。"

忽然间一个人影，挣扎着从沼泽里出来，一身全是烂泥，湿漉漉的，原来是奥尔森。他回报说那里有一条铁路，在一条高堤上直接经过加文和手下士兵的所在，蜿蜒通过沼泽。这可是这天晚上第一个好消息。加文知道这带地区，只有一条经过梅尔德雷河谷、从瑟堡到卡朗唐的铁路。加文觉得好一些了，因为他头一次知道自己置身何地。

在圣梅尔埃格利斯镇外的一处苹果园里，这里正是犹他滩头桥头堡的侧翼，要据守住从北方进入城镇的几条通道的这些士兵，正十分艰辛，却力求不显露出来。82空降师本杰明·范德沃特（Benjamin Vandervoort）中校，在跳伞时扭断了脚踝，但他下定决心，不论发生什么情况，他都要待在这里战斗到底。

范德沃特总是霉运缠身，他一向很认真看待自己的职责，但有时太过于认真了些。他不像很多陆军军官，而没有一个为人所共知的外号，他也不像别的军官乐于做的一样，他不允许自己和营内士兵有一种亲近自在的关系。诺曼底改变了一切，甚至更多。据李奇威将军后来回想说："他是我认识的作战指挥官中，最勇敢、最凶悍的一人。"范德沃特托着断了的踝骨，与团内士兵并肩作战了40天，他得到了他最需要的——部下的赞许。

当范德沃特营内的医官帕特南上尉，还对他在树篱边遇到的那个陌生伞兵冒火时，却在果园中遇到了营长和他的几名伞兵。帕特南依然记忆犹新地记得他头一眼见到范德沃特的样子:"他坐在地上用件雨衣遮住,靠手电筒灯光在判读地图。他认出是我,便把我叫到他身边,悄悄要我尽可能不露痕迹地看一看他的脚踝。很显然他的踝骨断了,却坚持穿上伞兵靴,我们只好把靴带给捆紧。"然后,在帕特南一旁戒护下,范德沃特拾起自己的步枪用来当拐杖,向前走了一步。他看了看四周的士兵。"好了,"他说,"咱们走吧!"就此跨出田野。

也像在东面的英军伞兵那样,美军——在幽默、伤痛、恐怖与痛楚中——开始做他们来到诺曼底要做的任务。

****

这就是一切的开始。D 日的头一批攻击部队,差不多有 18,000 的美军、英军与加军,分布在诺曼底战场的两翼。在他们中间有 5 处登陆滩头,远在天边正不断地接近海岸的是一支 5,000 艘舰艇组成的庞大攻击舰队。舰艇中的头一艘是美军的"贝菲尔德"号(U.S.S. Bayfield, APA-10)。它载了 U 部队司令唐·帕迪·穆恩(Don Pardee Moon)海军少将,现在离犹他滩头只有 22 公里,并准备下锚。

慢慢地,这庞大的攻击计划开始展开——而德军依然被蒙在鼓里。这有诸多的原因,比如天候;还有他们缺乏侦察(几个星期前,仅仅派了少数几架飞机到装载区,却全遭击落了);他们顽固地相信,登陆一定会在加莱地区;德军本身指挥系统的混乱与重叠;以及他们没有认真地核实拍发给抵抗运动且已解码的电文,这些都是一部分原因。即便是各雷达站在这天晚上也失去了效用。盟军飞机沿着海岸飞行,抛落一捆捆的"窗口"——锡箔条,在雷达显示屏上出现一片片的雪花,使得那些还没有遭受轰炸的德军雷达站人员大感困惑,仅仅只有一个雷达站作了报告。报告中说:"海峡交通正常。"

自从得到第一批伞兵降落的报告之后,已经过去了两个多小时。直到这时,驻扎在诺曼底的德军各级指挥官,开始意识到好像有什么重大事情要发生。第一批零散的报告开始报了进来,德军就像一个打了麻药的病人般,慢慢开始苏醒。

5

马克斯将军站在一张长桌前,仔细端详铺在面前的作战地图。四周都是军部参谋,自从他生日派对以后参谋们就一直同他在一起,向这位第84军军长简报有关在雷恩举行的兵棋推演。在情报处长海因少校看来,马克斯准备把这次兵棋推演当成是实战,而不是纸上谈兵的诺曼底登陆。

他们正在讨论时电话响了。马克斯抓起话筒,谈话就停了下来,海因回想说:"军长在听电话时,似乎全身都僵硬了。"马克斯做手势,要参谋长拿起同线电话。打电话来的人,是负责卡昂海岸防务的716师师长威廉·里希特(Wilhelm Richter)中将。"伞兵已在奥恩河以东降落,"里希特向马克斯报告,"空降区似乎在布雷维尔、朗维尔一带……直到巴旺(Bavent)森林的北缘……"

这就是有关盟军攻击的头一份抵达德军主要司令部的正式报告。"这使我们大吃一惊,"海因说,"就像遭了雷击。"时间是凌晨2点11分(英国双重夏令时)。

马克斯立刻打电话给第7集团军参谋长彭泽尔少将。彭泽尔在2点15分,下令第7集团军进入"一级战备",也就是最高的战备状态。这是截获魏尔兰诗句第二段电文以后4个小时了。到目前，第7集团军的防区已开始了反入侵备战，集团军终于下达了战备令。

彭泽尔并不想冒险，便唤醒第7集团军司令多尔曼中将。"报告司令，"彭泽尔说，"我认为这回是反攻了，请司令立刻前来。"

彭泽尔放下电话，忽然想起了一件事情。在当天下午传来的一捆情报文件中，一件来自卡萨布兰卡的一名情报员，特别指出6月6日会在诺曼底登陆。

正当彭泽尔在等多尔曼司令抵达时，第84军再度报告："伞兵在（瑟堡半岛）蒙特堡（Montebourg）与圣马尔库夫（St.-Marcouf）附近降落……本军部分部队业已接战。"①彭泽尔立刻打电话给隆美尔的参谋长——B集团军群的施派德尔中将，时间是凌晨2点35分。

大约在同一时间，第15集团军司令扎尔穆特将军，从比利时边境附近的集团军司令部打电话来，想得到一些第一手的数据。虽然他那一个集团军的主力部队，离空降攻击很远，但却有一个师，便是赖歇特少将的第711师，据守在奥恩河以东的阵地，也就是第7集团军与第15集团军中间的责任区。711师已经拍来了好几通电文。一份电文中报告说，伞兵确实已降落在卡堡（Cabourg）师部的附近；第二份电文中又报告，指挥所四面八方都在进行战斗。

扎尔穆特决定自己打听消息，便打电话给赖歇特，紧紧追着问："你那里究竟出了什么鬼事？"

---

① 德军对登陆反应的时间，以及司令部间传送电文的时间都有相当大的争议。我开始调查时，德军参谋本部的前参谋总长弗朗茨·哈尔德（Franz Halder）上将（这时隶属驻德美军总部史政组）便告诉我："别相信我们这一边的说法，除非是记载在各级司令部的正式作战日志上的东西。"我遵照了他的忠告在做。一切有关德军行动的时间（改正为英国双重夏令时）、报告与电话，都出自这些来源。

"报告司令，"电话线那头，传来赖歇特窘困的声音，"如果司令准许，请自己听一听好了。"一阵短暂的沉寂，然后扎尔穆特听见清清楚楚的机枪射击声。

"谢谢你。"扎尔穆特把电话挂上，立刻向B集团军群报告，说从711师师部"都听得见作战的噪音"。

彭泽尔与扎尔穆特的电话，几乎同时到达，使得隆美尔的集团军司令部，有了盟军攻击的第一个准确的消息。这就是长期预料中的登陆吗？B集团军群司令部中，没有一个人在这个时候准备回答。事实上，隆美尔的海军副官弗里德里希·奥斯卡·鲁格（Friedrich Oskar Ruge）海军中将还清楚记得，有更多关于空降部队的报告进来，"有些说，那只是乔装成伞兵的人偶"。

不论是谁做了这样的观察，只有部分准确。盟军为了增加德军的混乱，在诺曼底登陆地区的南面，投下了成百上千个栩栩如生穿着伞兵服装的橡皮人。每一个假伞兵身上都有爆竹线，一落地便点燃，让人有轻武器开火的印象。少数这种假伞兵，欺骗了马克斯长达3个多小时，他以为伞兵降落的地方，是在他军部西南方40公里远的莱赛（Lessay）。

对于在巴黎西线总司令部，伦德施泰特元帅的参谋，以及在拉罗什吉永，隆美尔将军的属下，这都是使人感到茫然和无所适从的时刻。各地的报告如雪片般飞来，堆得老高，却时常不够精确，不够全面且通常是相互矛盾的。

在巴黎的德国空军司令部宣布说："五六十架双发动机的飞机正飞来瑟堡半岛。"而伞兵降落点"接近卡昂"。西线海军总部的克兰克海军上将证实了英军伞兵的着陆，紧张兮兮地指出，敌军空降迫近他们的一处海岸炮台，然后又补充说："落地伞兵，一部分为人偶。"这两份报告都没有提到在瑟堡半岛上的美军伞兵。然而这时在圣马尔库夫的其中一处海军炮台——正好在犹他滩头的侧边——通知瑟堡司令部,已经俘获了十几名美军。在发出头一批信息后的几分钟内,德国空军又打电话传来通报,他们说,伞兵落在巴约附近,但实际上根本没有伞兵落在那里。

这两处司令部里,参谋们拼了命在判断地图上冒出来的斑斑红点。B集团军群司令部的军官,打电话给西线总司令部的对口人员,谈及这些情况并做出结论。然而,他们的结论令人难以置信,尤其是当时的状况下。举例来说,西线总司令部轮值的情报处长德滕巴赫(Doertenbach)少校,打电话到B集团军群司令部要一个说法,得到的答复是,"参谋长正以平常心看待这一情况",而且"很有可能,报告传来的伞兵,只不过是从轰炸机上跳伞的机组人员"。

第7集团军却不这么想。到凌晨3点,彭泽尔深信,"主攻"正指向诺曼底。他的地图显示出,伞兵都在第7集团军防区的两端——瑟堡半岛,以及奥恩河以东。这时驻瑟堡的海军站,也发出警告,他们使用音响探测器材与雷达,探测到塞纳湾中有舰艇活动的情报。

这时,彭泽尔心中毫无悬念——反攻已开始了。他打电话给施派德尔:"空降着陆是敌人形成大规模作战的第一阶段。"然后他又补充道:"已听见海上舰艇主机的声音了。"可是他说服不了隆美尔的参谋长。施派德尔的答复记录在第7集团军的电话记录上,内容却是"这件事依然只是局部的"。他向彭泽尔所作的状况判断,记载在作战日志上:"B集团军群参谋长深信,暂时还不考虑这是一次大规模行动。"

彭泽尔与施派德尔还在谈话时,执行这次18,000人的空降突击作战任务的最后一批伞兵,正飘荡落向瑟堡半岛。69架滑翔机载运了兵员、火炮与重装备,越过了法国海岸,飞向朗维尔附近的英军空降区。在诺曼底5个登陆滩头外22公里处，O部队的指挥舰"安康号"（U.S.S. Ancon, AGC-4），指挥官小约翰·莱斯利·霍尔（John Lesslie Hall Jr.）海军少将命令下锚。排在这艘指挥舰后面的，都是载了士兵的运输舰群，要在奥马哈滩头的第一波攻击中登陆。

可是在拉罗什吉永，依然无法看出盟军攻击迫在眉睫的一点迹象。在巴黎的西线总司令部，伦德施泰特手下精明能干的作战参谋博多·齐默尔曼（Bodo Zimmermann）上校，知道施派德尔与彭泽尔的谈话后，便发出一则电文支持施派德尔："西线总司令部作战处认为，此非大规模空降作战。海峡海岸司令部（克兰克将军的司令部）有关敌人抛投假伞兵的报告足以证明。"

不能责怪这些军官如此糊涂。他们距离实际战斗地区有好几十公里远，依靠的完全只有传进来的报告。而这些报告又是这么不一致且满是误导，即便最有经验的军官，也不可能判定这次空降突击的规模大小——或者从空降突击这件事上，明了盟军进攻的全盘态势。如果这是登陆作战，它是指向诺曼底吗？似乎只有第7集团军这么认为。或许这些伞兵攻击，根本就是一种牵制作战，目的是想把注意力从真正的地点——扎尔穆特将军麾下的第15集团军所在的加莱地区——吸引过来，差不多每一个人都以为盟军会这么做。第15集团军参谋长霍夫曼少将十分有把握，主攻会发生在他的防区。他打电话给彭泽尔，以赌一餐晚饭来证明他是对的。"这一回打赌老兄可要输了。"彭泽尔说，然而在这段时间，不论B集团军群也好，西线总司令部也好，都没有充分的证据得出任何结论。他们下令登陆地区的海岸部队戒备，也下令采取各项措施抵抗伞兵的攻击。然后，每一个人都在等消息，他们也没有什么好做的了。

这时，电文如潮水般涌进了诺曼底地区的所有指挥所。部分师级单位的首要问题，就是要找到师长——这些将领都已赴雷恩参加兵棋推演去了。虽然大部分师长很快就找到了，但还是少两个人，施利本中将与法利少将找不到人。他们两人都是瑟堡半岛防御部队的师长。施利本在雷恩一家旅馆里睡觉，而法利还在赶赴雷恩途中的汽车上。

西线海军司令克兰克上将，正在波尔多进行校阅行程。他的参谋长打电话到旅馆房间把他叫醒，向他报告："卡昂附近正有伞兵落地，西线总司令部坚持认为，这只是牵制行动，并不是真格的登陆。不过我们正下令舰艇整备，我们认为这一回是真的了。"克兰克立刻下令手下少数的海军兵力进入战备，自己立刻动身到巴黎的司令部去。

在勒阿弗尔收到命令的少数人之一，便有德国海军中已成为传奇人士的海因里希·霍夫曼（Heinrich Hoffmann）海军少校，他以鱼雷快艇艇长的身份闯出名号。打从战争一起，他手下那支反应快速、战力雄厚的鱼雷快艇队便纵横在英吉利海峡，发现了舰船就攻击。在迪耶普突击战中，他也参加了作战。1942 年，还大胆地为德国 3 艘主战列舰"沙恩霍斯特"号（Scharnhorst）、"格奈森瑙"号（Gneisenau）、"欧根亲王"号（Prinz Eugen）护航，从法国布雷斯特（Brest）港，戏剧性地冲出重围，驶往挪威的护航任务。

司令部的电文到达时，霍夫曼已在 T-28 号鱼雷快艇内。该快艇是鱼雷快艇第 5 支队的旗艇，他正要领队出海进行布雷作业。他得到命令，立刻把全支队的艇长集合，他们全是年轻的小伙子。虽然霍夫曼告诉他们"这一定是登陆了，"却没有使他们吃惊，他们早就料到了。他手下的 6 艘快艇只有 3 艘准备完毕，但霍夫曼可不能等它们都装好鱼雷。几分钟后 3 艘鱼雷快艇便离开了勒阿弗尔港。他站在 T-28 号艇的驾驶台上，一如往常把白色的海军帽往上推。34 岁的霍夫曼在黑夜中盯着前方。在他身后，2 艘快艇组成一路纵队飞快行驶，紧紧追随

第二部　暗夜空降　143

着旗艇的每一项操艇动作。他们以至少每小时42公里的速度在黑暗中疾驶——探索性地朝向这前所未有的庞大舰队冲过去。

至少他们采取了行动。这天晚上在诺曼底,可能最受挫折的便是德军装甲兵第21师。这支剽悍的部队,一度隶属隆美尔鼎鼎大名的"非洲集团军"。全师有16,242名士兵,能征善战,在卡昂东南方只有32公里远的地区,紧紧把守着每一处小村落和树林。这支部队几乎就在战场边缘,处于可以对英军的空降突击立即实施打击的攻击距离内,而且是这片区域唯一久经沙场的部队。

自从战备命令下达以后,士兵都站在自己的坦克与车辆边,引擎保持运转,等待命令出发。21师坦克团团长赫尔曼·冯·奥佩恩-布罗尼科夫斯基(Hermann von Oppeln-Bronikowski)上校,对耽搁时间大为不解。他在半夜两点以后就被21师师长埃德加·福伊希廷格尔(Edgar Feuchtinger)少将叫醒了。"奥本,"福伊希廷格尔说得上气不接下气,"你不会相信,他们登陆了。"他把状况向布罗尼科夫斯基略微解说了一下,告诉他只要师部接到命令,21师就会"立刻扫荡卡昂到海岸之间的这一带地区"。可是后续的命令却没有下达,布罗尼科夫斯基越来越气,也越不耐烦,唯有继续等下去。

几公里外普里勒空军中校接到了最让人困惑的报告。普里勒和他的僚机飞行员沃达尔奇克下士半夜1点钟才上床。在里尔(Lille)附近的战斗机第26联队的机场,现在寂静无人,他们喝了好几瓶绝佳的干邑,才算把对德国空军总部的怒火淹没。普里勒在醉梦中听见远处有电话铃声,他慢慢起身,左手伸到床头柜上去拿电话。

战斗机第2军司令部打来电话。"普里勒,"作战官说,"似乎已经在登陆了,我建议您下令贵联队进入战备。"

普里勒睡眼惺忪,脾气却立刻又冒上来了。就在前天下午,他联队里的 124 架飞机，都已从里尔地区调走，现在他怕的事果然发生了。普里勒当时的言语，据他回忆不适宜见诸文字。他告诉打电话来的作战官，说明军司令部和整个空军总部有什么过错后，这位空中英雄咆哮道："我还要联队战备个什么鬼？我就在战备，沃达尔奇克也在战备！但是你们这些蠢货要晓得，我他妈的仅仅只有 2 架飞机！"说完就把电话挂了。

几分钟以后电话又响了。"现在又怎么了？"普里勒吼道，还是那位作战官。"亲爱的普里勒，"他说，"万分抱歉，根本是误会，也不知道怎么搞的，我们收到的是错误报告，一切都太平无事——根本没有登陆。"普里勒气得更是说不出话来，更糟的是他没法继续睡下去。

尽管高级司令部纷纷扰扰、迟疑与优柔寡断，但与敌人实际接触的德军士兵，反应却十分迅捷。成千上万的部队已在移动，而且不像 B 集团军群或者西线总司令部的将领那样，士兵都认为毫无悬念，登陆正冲着他们来了。就在第一批英军与美军伞兵落地开始，他们就在各地孤立的、面对面的遭遇战中战斗。其他得到战备命令的上千人的部队，在他们坚实的海防工事中等待，不管攻击是以何种形式到来，他们早已做好击退敌军登陆的准备。他们忧心忡忡，但却十分坚定。

在第 7 集团军司令部里，这位并不困惑的集团军参谋长，把集团军司令部参谋都集合起来。在一间灯光明亮的地图室里，彭泽尔将军站在全体军官前，他的声音一如往常般沉着、平静，他说的所有话透露出内心的担忧。"各位，"他告诉他们，"我确信在拂晓时分，敌人会在我们防区登陆，我们的未来系于今天这一仗该怎么打。我要求各位竭尽所能，付出一切气力与努力。"

800 公里外的德国，最可能同意彭泽尔想法的这个人——这员将

第二部 暗夜空降 145

领以他过人的将才，能在最混乱的状况中，看得清清楚楚，而打赢了多次胜仗——却正在睡觉。在B集团军群司令部里，大家都不认为情况严重到要打电话给隆美尔元帅。

6

第一批增援兵力业已与空降部队接头，在英军第6空降师所在地区，已有69架滑翔机落地，其中49架正确地落在朗维尔的降落场内。其他的小型滑翔机部队早些时候已经降落——特别重要的是霍华德少校守桥的兵力，还有一队滑翔机载了第6师的重装备——不过这一次是主力的滑翔机队。工兵的工作干得很好，他们没有时间把这片长长的滑翔机降落场里的障碍物完全清除完毕，但已经把障碍物炸掉，好供部队降落。滑翔机队飞到以后，降落区的景色十分奇特。在月光下，这里就像是一处超现实派大画家达利画作似的坟场，折损的滑翔机、撞碎的机翼、压凹的机舱、歪得不成模样的机尾，躺得到处都是。看上去不可能有任何人能从这种造成四分五裂的撞毁里活下来。然而伤亡士兵人数却很少，遭防空炮火击伤的人比触地受伤的人还多。

滑翔机队载来了第6空降师师长理查德·盖尔（Richard Gale）少将、师部参谋，以及更多的部队、重装备，尤其最重要的是反坦克炮。士兵从滑翔机中一拥而出时，预料会遭遇敌军骚扰性的炮火，却发现这里竟田园一般寂静。一架"霍萨式"（Horsa）滑翔机的驾驶员约翰·赫特利（John Hutley）中士，原以为会有猛烈火力的见面礼，曾经警告过副驾驶员："我们一触地，你就尽快跑出去，寻找掩护。"

可是赫特利能见到的唯一战争迹象，便是远处五颜六色的曳光弹闪闪发光，还听到朗维尔附近的机枪射击声。降落场上，四周都是忙碌的景象，伞兵在从破碎的滑翔机身里把武器装备抢救出来，把反坦克炮拴在吉普车后面。现在，由于滑翔机降落顺利完成，大家甚至还有点欢庆的心情。赫特利和他同机的伞兵，就在自己损毁的滑翔机机舱里喝了一杯茶，再出发到朗维尔。

诺曼底战场的另一边，瑟堡半岛上空，第一批美军滑翔机队刚刚飞到。101空降师副师长普拉特准将，坐在长机的副驾驶员座位上。在英国坐在床上时因有人甩了顶军帽，让他吓了一大跳；据旁人说普拉特头一次坐滑翔机，"就像小学生那么高兴"。在他座机后面延伸出去的飞行机列，一共有52架滑翔机，4架一组编队，各由一架C-47运输机拖曳。这队滑翔机载运吉普车、反坦克炮，以及一整个空降医务单位，甚至还有一辆小型推土机。在普拉特这架滑翔机机头上，漆着大大的数字"1"。驾驶舱两侧的帆布上，画着101空降师的军徽"啸鹰"和一面美国国旗。编队中的外科技师埃米尔·纳塔尔（Emile Natalle）下士，俯瞰下面炮弹的爆炸和起火燃烧的车辆，他只见到"地面涌起一道火墙迎向我们"。滑翔机依然拖在运输机的后面，却东倒西歪地飞过"密集得可以在上面降落"的防空炮火。

跟伞兵运输机不同，滑翔机群从海峡飞来，从东往西切入半岛。他们刚飞过海岸线，就看见距离圣梅尔埃格利斯四里的耶斯维尔（Hiesville）降落区的灯光。此时运输机长达274米的尼龙拖缆松开，一架架滑翔机缓缓向下降落。纳塔尔的滑翔机飞过了头，落在降落区外，碰到一片竖立着"隆美尔芦笋"的田地——地面埋设着一行行厚实的反空降障碍。纳塔尔坐在滑翔机上的吉普车里，从小小的机窗朝外看，又怕又整个定格似的看着滑翔机的两翼被折断，飞掠过"隆美尔芦笋"。这时一声撕裂,滑翔机断成两截儿,断裂的地方正好在纳塔尔所坐吉普车的后面,他回想起来当时说:"这一下让我们更容易出去了。"

不远的地方,躺着"一号"滑翔机的残骸。它从草坡滑下去,机体没法在时速 161 公里的冲力下刹停,滑翔机一头撞进了树篱。纳塔尔发现司机从驾驶舱里甩了出来,躺在树篱里两条腿都断了。普拉特将军当场阵亡,他被压扁的座舱、驾驶舱框架压碎。他是 D 日当天,双方将领阵亡的第一人。

普拉特是 101 空降师降落过程中为数不多的死伤士兵之一。全师的滑翔机,几乎全部落在希斯维尔降落场或很靠近的地方。虽然大多数滑翔机整架受损,但机上所载装备大部分都完整运到,这是了不起的成就。滑翔机驾驶员中,没有几个做过三四次以上的触地训练,而且这几次训练都是在白天进行[①]。

第 101 空降师走运,第 82 空降师则不然。该师为数达 50 架的滑翔机队中,驾驶员缺乏经验几乎导致灾难的发生。机队中找得到位于圣梅尔埃格利斯西北方正确降落区的驾驶员,还不到一半。机队其他的滑翔机,有的冲进了树篱与房屋,有的冲进了河流,或者落在梅尔德雷河的沼泽中。迫切需要的装备与车辆,散布在每一处地方。士兵的死伤很大,在触地的头几分钟,光是滑翔机驾驶员就死了 18

---

① 滑翔机驾驶员很缺乏。"有一阵子,"加文将军回忆说,"我们总认为没有足够的驾驶员。D 日上场时,所有坐在副驾驶座位上的都是伞兵。看起来真难以相信,这些伞兵都没受过滑翔机飞行或者触地的训练,有些人一见机长负伤就接手驾驶。这一架满载的滑翔机就掌握在他们手里,他们就在 6 月 6 日那天冲进满天的防空炮火中。幸好我们当时使用的那型滑翔机,飞行与落地都不太难。可是不得已在作战中接受这种磨炼,真会让人联想到那都是宗教的力量在背后。"

148 最长的一天

人。有一架载着部队的滑翔机,就在505伞兵团副团长罗伯特·派珀(Robert Piper)上尉的头上飞过,他骇然看见"它撞掉了一户人家的烟囱,掉进了屋后的院子里,在地面上横冲过去,撞碎在一堵厚实的石墙上,机身残骸内甚至连一点呻吟都没有"。

对任务繁重的82空降师来说,滑翔机队的大范围散布真是灾难。要花好几个小时才能把安全运到的少数火炮与补给收集过来。在这段时间,伞兵得靠身上的武器作战。不过话又说回来,这也是伞兵的标准作业程序:他们以自己有的东西作战,直到换防为止。

现在,82空降师的士兵,据守住桥头堡的后方阵地——跨越杜沃河与梅尔德雷河上的几座桥梁——已遭遇德军初步的试探攻击了。这些伞兵没有车辆,没有反坦克炮,只有为数不多的火箭筒、机枪或迫击炮;更糟的是,他们没有通信。他们不知道四周发生什么状况,占据的是什么阵地,占领的是什么目标。101空降师的士兵也是一样,只不过因运气比较好,把师内的大部分装备都赐给了他们。两个师士兵依然分散、孤立,不过一批批少数的伞兵正在作战,迈向他们的主目标——而德军的这些据点也开始陷落。

在圣梅尔埃格利斯,大为震惊的居民关上百叶窗在窗后注视。82空降师505团的伞兵,小心翼翼地溜过空旷的街道。这时教堂的钟声已经沉寂,教堂尖顶上还软趴趴地挂着伞兵斯蒂尔的伞衣。不时从霍里恩先生别墅里冒出的余烬,映衬出广场树木的轮廓;偶尔有狙击手的子弹在夜色中愤怒地啸叫,但这是仅有的声音。到处都是一种不安的寂静。

领军进攻圣梅尔埃格利斯的爱德华·克劳斯(Edward Krause)中校,原以为会有一场苦战,但除了少数狙击兵以外,看上去卫戍的德军已经撤走。他手下的士兵很快就利用现况上的优势,占据房屋,设置路障与机枪阵地，切断电话线与电缆。其他各班则继续进行全镇缓慢的扫荡，他们像影子一般从一处树篱移动到另一处树篱，从一户门口到另一户门口，所有各班都向市中心——圣梅尔埃格利斯广场会合。

一等兵威廉·塔克（William Tucker）绕过教堂后面到达了广场，便在一棵树后架设起机枪，然后再往月光照亮的广场一望，他看到一具降落伞，躺在他身边的却是一具德军尸体。在远远的对面，是堆在一块、四肢张开的另一堆尸体。塔克在半明半暗中坐着，心里琢磨这是怎么回事，他开始觉得他不是独自一人，有人在身后！他抓起笨重的机枪，旋风似的向后一转，与他眼睛同高的，是一对缓缓地前后摆动的军靴。塔克连忙往后一退，这是一名死去的伞兵，阵亡后挂在树上俯视着他。

这时其他伞兵也进入了广场，他们也突然见到了挂在树上的几具尸体。格斯·桑德斯（Gus Sanders）中尉回忆："伞兵都站在那里凝视，充满了吓人的愤怒。"克劳斯中校到了广场，站着看这些死去的伞兵，只说了三个字："我的天。"

这时克劳斯从口袋里抽出一面美国国旗，这面旗又旧又破——505伞兵团曾在意大利的那不勒斯升起同一面旗。克劳斯向部下的士兵承诺过："在 D 日拂晓以前，这面国旗会飞扬在圣梅尔埃格利斯镇上。"他走到镇公所前，就在大门边的旗杆上把国旗升了起来。升旗并没有举行仪式，在死去伞兵的这处广场上的战斗结束了，星条旗飘扬在美军解放的第一个法国城镇上空。

在勒芒，德军第 7 集团军司令部，接到了第 84 军军长马克斯将军的电文，上面写着："与圣梅尔埃格利斯通信已断绝……"时间是凌晨 4 点 30 分。

****

圣马尔库夫岛只是距离犹他滩头53公里远的两排荒凉的岩石。在盟军广泛而又详细的登陆计划中，这两个岛屿并没有被留意到，直到D日前三个星期才察觉。这时盟军最高统帅部决定，这两个岛屿可能是重炮阵地。当时任何人都不愿意冒险忽略它们，因此在美军第4骑兵团的第4与第24营中，匆匆召集132名士兵加以训练，在H时以前突击。这些人在凌晨4点30分左右，登上了小岛，他们发现岛上没有火炮、没有部队——只有突如其来的死亡。爱德华·C.邓恩（Edward C. Dunn）中校手下的人在海岸上移动时，困在地雷区的可怖迷宫里。S型地雷——踩到时地雷会跳起来，以子弹似的滚珠贯穿来犯者——雷区密度就像生长的杂草一样密集。不多久，夜空中便充满了爆炸的闪光和受伤士兵的哀嚎声。有3名少尉没多久就受伤，2名士兵被炸死，受伤的艾尔弗雷德·鲁宾（Alfred Rubin）中尉绝对忘不了，"眼前一个人躺在地上，被滚珠戳穿"。到这一天终了，他们的损失是19个人死伤。在阵亡与奄奄一息的士兵中，邓恩中校发出成功的信号："任务达成！"他们是盟军部队头一批由海岸登上欧洲沦陷区的人。可是在作战计划中，他们的行动仅仅是D日一个无足轻重的任务而已，还是一次痛苦而毫无用处的胜利。

****

在英军任务区——距离剑滩滩头以东只有4.8公里，差不多就在海岸边上，奥特韦中校与手下士兵遭遇了猛烈的机枪射击。他们都在

照片拍摄于D+2日,当时救援部队抵达奥克角。美国国旗已经展开,以避免来自内陆的友军坦克的射击。一些德国战俘被救援部队俘房后正在被转移。

防卫着梅维尔炮台的有刺铁丝网与地雷区的边缘处卧倒。奥特韦的情势很危急，在整整几个月的训练中，他根本没有料到他精心策划的，向这处海岸炮台——自陆地与空中同时进袭的计划，每一个阶段都没有依照计划进行。不过，他也不准备让这个计划整个瓦解。不知道什么原因，事情就这样发生了。

轰炸攻击已经失败，特遣的滑翔机队，连同载运的火炮、火焰喷射器、迫击炮、地雷探测器与爬梯都损失掉了。他这个营的700名士兵中，只剩下150名士兵来攻占200名德军据守的炮台。这些士兵只有步枪、斯登冲锋枪、手榴弹、少数几支爆破筒和一挺重机枪。尽管有这些困阻，奥特韦的士兵仍尽量解决每一个问题，做出了很好的临时应变。

他们用破坏剪在外围的有刺铁丝网上剪出了许多缺口，把那少数几支爆破筒安置好，准备把其余的有刺铁丝网炸掉。有一组人已在雷区清理出一条通路，那是一件使人寒毛倒竖的工作，他们手脚并用地匍匐着，越过月色下的这几条小径向炮台潜进，试探有没有绊索，以刺刀插进前方的泥土，看有没有地雷。这时奥特韦的150名士兵，都蹲在壕沟内、弹坑中和树篱边，只待攻击令下。英军第6空降师师长盖尔将军，曾指示过奥特韦："你的态度应该是这样，在直接攻击中不能有失败的打算……"奥特韦环顾左右士兵，便知道营内的伤亡会很多。可是这些火炮一定得加以压制——它们能屠杀越过剑滩滩头的部队。他心里认为这种情况完全不公平，可是却别无他策，不得不进攻。他知道，即使自己已经细心周密策划，但如果计划的最后这一部分命中注定要失败，他也要这么干。要触地落在炮台上的3架滑翔机，会在攻击时一同飞到，但除非接到特别信号——来自迫击炮发射的信号弹。奥特韦既没有这种炮弹也没有迫击炮，只有一支维利信号枪的信号弹,可是这枚信号弹唯有在突袭成功时才能使用,他求助的最后机会也没有了。

滑翔机按时飞到了,2架拖机以落地灯发出信号,然后放开滑翔机,仅仅只有2架,每一架各载大约20人,第3架在英吉利海峡上空松开了拖缆,已经安全回到英国去了。在机上伞兵飞过炮台时,虽听到了飞机轻轻的轰鸣声,奥特韦也没有一点办法,眼睁睁望着这2架遮住了月色的机影,来回环绕着飞来又飞去,渐渐降低高度。驾驶员在拼命找寻奥特韦没法打出去的信号弹。当这2架滑翔机绕圈飞得越来越低时,德军开火了。原本把地面伞兵钉死的机炮,这时转向滑翔机射击。一串串20毫米口径的炮弹打进了滑翔机毫无装甲保护的机身两侧,然而这两架滑翔机还是在绕圈飞,遵照计划,顽固地找寻地面的信号。奥特韦十分烦恼,几乎流下泪来,却一点办法也没有。

然后这2架滑翔机死了心,一架转弯离开,落在6.4公里外的地方;另外一架在等待时飞得太低,焦急的士兵,像二等兵艾伦·莫厄尔(Alan Mower)与帕特·霍金斯(Pat Hawkins),都以为它要坠落在炮台阵地内了。到了最后一刹那它竟拉起机头,撞进远处的一片树林里。有些人本能地从隐身处站了起来,要去救那些残存人员,可是立刻就遭到阻止。"别动!别离开你的位置!"他们的军官轻声吩咐。现在没有什么好等待的了,奥特韦下令攻击。莫厄尔一等兵听见他喊叫:"大家一起上,我们要拿下这处血腥的炮台!"

他们冲了上去。

在几声爆破筒使人眼睛都睁不开的怒吼爆炸下,有刺铁丝网被炸开了几处大缺口。迈克·道林(Mike Dowling)中尉大声喊叫:"上!上!"又一次在夜色中吹起了打猎的号角声,奥特韦营内的伞兵一面喊杀,一面开枪冲进了硝烟中,穿过了铁丝网。在他们前面,越过无人地带的地雷区,便是德军把守的战壕和机枪堡,还有轰然出现的炮台。突然,红色信号弹在前进的伞兵头上爆开,立刻遭到机枪、MP40冲锋枪与步枪的火力射击。伞兵在这阵致命的弹幕中伏身下来,匍匐前进再跑一阵,扑在地面再站起来,再跑一段扑进弹坑里,爬出来再向前冲。地雷爆炸了,莫厄尔一等兵听见一声惨叫,然后有人大叫:"站住!站住!到处都有地雷!"莫厄尔看见一个身受重伤的中士坐在地上,挥舞双手要别人走开:"别靠近我!别靠近我!"

地雷的爆炸声和伞兵的吼叫声高出了枪炮声。走在前面的艾伦·杰斐逊(Alan Jefferson)中尉,继续吹他的猎号。忽然,锡德·卡彭(Sid Capon)二等兵听见一枚地雷爆炸,只见杰斐逊倒了下去。他便往中尉那里跑,可是杰斐逊却对着他喊叫:"上!上!"这时,他躺在地上,把猎号举到唇边,又吹起号来。这时伞兵已冲进了战壕,和敌人进行肉搏战,到处是吼叫声、哀嚎声和手榴弹的闪光。卡彭二等兵跑进一条战壕,赫然发现面对着两名德军,其中一个连忙把一个红十字箱举在头上作投降的标志,嘴里说:"俄国人,俄国人。"原来他们是俄国的志愿兵。这下子,卡彭不知道该怎么办,然后发现其他德军也在投降,由其他弟兄领着他们下了战壕,便把这两名俘虏交给他们,自己继续向炮台前进。

在炮台那里,奥特韦中校、道林中尉和大约40来名伞兵,已经打得十分激烈。伞兵肃清了战壕和机枪堡,继而在这处以土方覆盖的钢筋混凝土工事四周奔跑,朝着各处射击孔打光了斯登冲锋枪子弹,投进去手榴弹。这一仗既残酷又野蛮。莫厄尔、霍金斯,还有一名布伦式机枪手,冲过猛烈的迫击炮火网与机关枪弹流,到达炮台的一侧,发现一扇门开了便冲进去。一名死去的德军炮手躺在通道上,似乎没有别人。莫厄尔便要他们两个守在门边,自己一个人沿通道走,看到了一间大房间，只见一门野战重炮放列在底座上，旁边是一大堆排列好的炮弹。莫厄尔赶紧回到他两个朋友边，兴奋地大略谈了自己的计划："用手榴弹丢在炮弹中引爆，把这一区域整个都炸掉。"不过他们却没有这个机会。3个人正站着讲话时，一声爆炸，布伦机枪手立刻就死了，霍金斯肚子上挨了一块弹片，莫厄尔觉得"背部被1,000根红热的针撕开来"似的，他控制不了自己的双腿，两条腿不听使唤地抽动——他见过死去尸体的抽动样子，他以为自己死定了，却不愿就此结束，便开始呼救起来，但叫唤的却是妈妈。

在阵地里别的地方，德军正在投降，卡彭二等兵恰好赶上了道林中尉这一批人，看到"德军彼此推着出了门，立刻哀求投降"。道林这伙人在两门大炮的炮管中，同时击发两枚炮弹而炸开炮管，并把另外两门炮暂时瘫痪。就在这时，道林见到了奥特韦，他站在营长面前，用右手捂住左胸说："报告营长，遵令攻占炮台，摧毁火炮。"这一仗打完了，前前后后只有15分钟。奥特韦便以维利信号枪打出一发黄色信号弹——作战胜利的信号，这发信号弹被皇家空军一架侦察机见到了，便以无线电通知海岸外的英军"阿瑞托萨"号轻巡洋舰（H.M.S. Arethusa）。该舰正好在要开始炮击这处炮台前一刻收到信号。同时，奥特韦营内的通信官，也以通信鸽放出确定攻占炮台的信息，他在作战全程都带着这些鸽子。他在信鸽脚上一个胶囊内，塞了一张写了"榔头"两个字的纸条。没多久，奥特韦发现道林中尉已经断气，当他向营长报告时，人已经奄奄一息了。

奥特韦领着他受创严重的伞兵营，走出了梅维尔这处血淋淋的炮台。他没有被告知要据守这处阵地。他这个营在D日还有别的任务。200名德军中，他们仅仅俘获了22人，有不下于178名德军被打死或是奄奄一息。奥特韦自己的人也几乎折损了一半——战死与负伤的共达70人。讽刺的是，这4门火炮口径只有情报所知的一半大小。48小时之内，德军会回到炮台，其中有2门火炮会向滩头射击，但在此后最重要的几小时内，梅维尔炮台将是寂静无人、炮声沉寂。

大多数重伤的人都不得不留在后面。奥特韦营里的人，既没有足够的医疗补给品，也没有运输工具运送他们。莫厄尔是用一块木板抬出来的，霍金斯的伤太重不能搬动，两个人后来都活了下来——即使莫厄尔身上有57块炮弹的碎片。他记得的最后一件事，是当他们从炮台被运走时，霍金斯叫道："兄弟，看在老天的分上，别离开我！"然后声音越来越远，莫厄尔也幸运地昏睡过去了。

快天亮了——正是这18,000名伞兵一起奋战撑到这个时刻。在不到5个小时内，他们已经极大满足了指挥官和艾森豪威尔将军的期望。这支空降大军已经扰乱了敌人，瓦解了他们的通信。此时的伞兵，更据守在诺曼底登陆地区两端的侧翼，很大程度上阻止了敌军的增援行动。

在英军责任区，霍华德少校的滑降伞兵，紧紧据守住重要的卡昂运河与奥恩河上的桥梁。天亮时，跨越迪沃河上的五处桥梁都会被炸毁。奥特韦中校和他那个兵力损失惨重的伞兵营，已经摧毁了梅维尔炮台。伞兵这时已经占领了俯瞰卡昂的高地。因此，英军指定的重要任务都已达成，只要各处的交通要道能守住，就能推迟或是完全堵住德军可能的逆袭。

在诺曼底5个登陆滩头的另一头，尽管地形困难，更为繁多且任务形态众多，美军却也一样干得好。克劳斯中校这个营，扼守住圣梅尔埃格利斯这个交通枢纽。圣梅尔埃格利斯北面，范德沃特中校的营，切断了纵贯瑟堡半岛的交通干道，准备击退从瑟堡来的各种攻击。加文准将与手下的部队正在战略性要地——梅尔德雷与杜沃河的

第二部 暗夜空降 157

各处渡口附近掘壕固守，扼守在犹他滩头的后方。泰勒将军的101空降师，依然分布得很散。到天亮时，他这个师的6,600人，仅仅集合了1,100人的兵力。尽管困阻重重，伞兵还是到了圣马丹德瓦尔勒维尔炮台，这才发现里面的火炮已经被移走了。其他的伞兵也见到了至关紧要的拉巴尔克泰水闸，这是泛洪淹没瑟堡半岛颈部的关键设施。虽然通向犹他滩头的堤道没有一条到手，但一批批的士兵正向它们冲去，业已在滩头后面的泛滥地区，扼守住滩头的西区边缘。

盟军空降大军的士兵，已经自空中侵入欧洲大陆，紧紧把守住最初的立足点，以接应来自海上的登陆。这时，他们正在等候海上大军的到来，与他们一起长驱直入希特勒的腹地。美军的特遣部队，已部署在犹他与奥马哈两个滩头19公里外，美军的H时为清晨6点30分，距现在还有1小时45分钟。

7

清晨4点45分，昂纳上尉的X-23号袖珍潜艇，在诺曼底海岸1.8公里外的汹涌波涛中上浮。37公里外，它的姊妹艇X-20号也露出了海面。这两艘17米长的潜艇现在到了指定位置，每一艘标示了英军与加军登陆地区的一端。这段地区有三个登陆滩头：剑滩、朱诺与金滩。这时两艘潜艇上的士兵，得竖立起一根有闪光灯号的桅杆，装设好所有目视与无线电信号装置，等待第一批在他们信号导引下驶向目标的英国舰艇。

X-23潜艇上，昂纳艇长推开舱盖僵硬地爬了出来，来到艇面狭窄的走道上。海浪涌过小小的甲板，他不得不紧紧抓住，以免被冲到艇外去。在他后面上来的是疲累的艇员。他们攀住栏杆，海水冲洗过他们的腿部，艇员饥渴地咽下冷冰冰的夜间空气。自从6月4日拂晓以后，他们便一直在剑滩滩头的外海，每一天都潜在水下21个小时；整个算起来，自从6月2日他们离开朴次茅斯港以后，已经在海水中下潜了64小时。

即便到现在，他们的苦难离结束还很远。英军的滩头，H时是分别从上午7点到7点30分之间，所以这两艘袖珍潜艇，还要守在这个位置两个多小时，直到登陆艇的第一批部队进入滩头航道为止。可是到了那时，X-23和X-20号就会暴露在水面——成了德军滩头炮台固定的小目标。而且，天很快就要亮了。

8

每一处地方，人人都在等候天亮，但没有人像德军那么焦急。到现在为止，如雪片般飞进隆美尔与伦德施泰特总部的混乱电文，开始蔓延着一种全新的不祥之兆。在整个登陆海岸一带，克兰克上将负责的各处海军站，收听到了舰船的声音——并不是以前的一两艘，而是以几十艘计的舰船声。在一个多小时内，这种报告一直在增加。最后在凌晨5点钟之前不久，第7集团军参谋长彭泽尔少将，打电话给隆美尔的参谋长施派德尔中将，开门见山告诉他："大批舰船在维尔河口与奥恩河口之间集结，我们推断，敌军在诺曼底的登陆与大规模攻击已迫在眉睫了。"

巴黎郊外，西线总司令部的伦德施泰特元帅，也有类似结论。在他看来，即将来临的诺曼底攻击，依然会是"牵制攻击"，而不是真正主攻。即便如此，伦德施泰特迅速行动，已下令给实力雄厚的两个装甲师——第12党卫军装甲师以及装甲教导师，它们都在巴黎附近集结，担任预备队——迅即向海岸进兵。从技术上来说，这两个师都隶属希特勒的最高统帅部，未得元首特准，不得动用。可是伦德施泰特冒了这个险，他不认为希特勒会反对或者撤销这个命令。他深信目前所有迹象显示，诺曼底是盟军"牵制攻击"的所在地。他向最高统帅部正式请求动用预备队。他在电传电报中解释说："西线总司令部充分认定此次攻击是敌大规模作战，只能立即采取行动才能成功应对。此项行动包括在今日动用现有的战略预备队……即第12党卫装甲师及装甲教导师。如果这两个师能迅速集结及早出发，就能在今日内进入海岸遂行决战……在此情况下，西线总司令部请最高统帅部准予动用预备队……"这只是封敷衍的电报，根本只是为了记录而用。

在巴伐利亚南部的贝希特斯加登的希特勒总部，有一种不真实的气氛，这份电文送到希特勒作战厅长约德尔上将的办公室。约德尔正在梦乡，参谋认为情况还没有发展到打扰厅长睡眠的程度，可以等等再处理这封电文。

不到4.8公里外便是元首山居的官邸，元首和他的情妇爱娃·布劳恩也正在梦中。希特勒一如平常在凌晨4点钟才就寝，他的私人医师特奥多尔·莫雷尔（Theodor Morell），给了他一些安眠药（这时候的他没有药物就没法入睡）。大约5点钟时，希特勒的海军侍从武官普特卡默海军少将，被约德尔总部的电话叫醒了。打电话来的人——普特卡默现在已记不得是谁——说到法国已经"有些登陆行动"。事实上，他被告知，尚无精确的资料，"第一批的电文极为含糊"。普特卡默是否想过要向元首报告？两个人交谈了一下，决定还是不吵醒希特勒。普特卡默还记得，"反正能报告的信息没有多少，而我们两个都害怕，在这时如果叫醒他，也许就会上演那种无止境的紧张场面，而这经常导致最失常的决断。"普特卡默决定，早上有的是时间向希特勒报告消息，便把灯一关，又回去睡觉了。

在法国，西线总司令部和 B 集团军群司令部里的将领，都坐下来等待。他们已经下令让手下部队戒备，召集了当预备队的装甲师；现在，下一步行动就全看盟军了。没有人能判断这次眼前的登陆攻击范围与兵力有多大；没有人知道——或许可以猜测得到——盟军舰队的兵力大小。虽然一切都指向诺曼底，却没有人能真正肯定这里就是主攻所在。德军将领都已经做完自己能做的，其余就要靠一般的国防军士兵守住海岸了，他们突然变得重要起来。第三帝国的士兵，从海岸工事中向大海张望，心里纳闷着这一回是戒备演习呢，还是终于来真的。

普卢斯卡特少校在俯瞰奥马哈滩头的碉堡里，自从深夜 1 点钟起，他就没有得到上级半点指示。他又冷又倦，十分恼火，觉得自己孤立无援，他不懂为什么团部也好，师部也好，一直没有消息报来。当然啦，他的电话整夜没有响过，就是个好兆头，那也就意味着并没有什么严重的事情发生。但是那些伞兵，那些庞大的机群，又是怎么一回事？普卢斯卡特没法消除心中的苦恼与不安，他又一次把炮兵的望远镜转到左边，从瑟堡半岛黑漆漆的一团开始，再缓缓对着海平面掠过，看到的还是同样低垂的蒙蒙雾层，同样一片片的闪亮月色，同样永不止息、白浪滔滔的大海。没有半点改变，每件事情都看似平静。

在普卢斯卡特身后，他的狗哈拉斯正四肢伸开地睡觉。附近，维尔克宁上尉和特恩中尉正在低声谈话，普卢斯卡特也和他们聊了起来。"外面依然什么都没有，"他告诉他们，"我准备放弃了。"但是，第一抹微光开始照亮天空时,他走回到窥视孔,决定再做一次例行的扫描搜索。

他怏怏地把望远镜又转到左面,缓缓地随着海平面转动,转到了海湾正中央,望远镜停止了转动,普卢斯卡特紧张地定睛张望。

穿过海平面散乱、稀薄的迷雾,像变魔术一样塞满了舰船——各型各类、大小不一的舰船,不经意地来来回回,就好像它们在那里已有好几个小时似的,看起来有好几千艘。这是一支幽灵舰队,也不知道怎么回事,不知道从什么地方就冒出来了。普卢斯卡特难以置信地瞪着前方,人都僵了,他一语不发,这是他从来没有过的举动。就在这时,这位优秀军人普卢斯卡特理解的世界开始崩溃。他说从这最初的片刻,他既沉着也很肯定地知道:"这就是德国的结束。"

他转头对着维尔克宁和特恩,以十分奇怪的抽离感说:"反攻了,你们看!"这时他抓起电话,接通352步兵师师部的布洛克少校。

"布洛克,"普卢斯卡特说,"反攻了,海上一定有1万条船。"即使他这么说,也知道自己的话听起来是不真实的。

"普卢斯卡特,你自己数数吧。"布洛克立刻回他一句,"英国人和美国人加在一起也没有那么多船,没有人有那么多的船!"

布洛克不相信的态度,倒使得普卢斯卡特精神不恍惚了。"如果你不相信我,"他突然叫道,"那你就来这里自己看看好了,这简直太不现实!太不可置信啦!"

电话中对方略略沉默了一下,然后布洛克说:"这些船的方向往哪里去?"

普卢斯卡特一只手拿着电话,望着碉堡窥视孔的外面,回答道:"正冲着我来!"

第三部

D 日登陆

PART THREE
THE DAY

1

从来没有一次像这一天的黎明，庞大的盟军舰队，在阴暗的灰色光线下，威风凛凛、壮观而可怕地在诺曼底5个登陆滩头的外海摆开。大海中满是舰艇，从瑟堡半岛的犹他滩头，到奥恩河口附近的剑滩滩头，整个海平面上，战旗迎风招展，映衬着天空，被辨认出来的舰艇轮廓分别是巨大的战列舰、虎视眈眈的巡洋舰、猎犬似的驱逐舰。在它们后面的是矮壮的指挥舰，冒出一片天线森林；指挥舰后面，舰身低矮呆立在海水中的，便是满载部队的运输舰与登陆艇的舰队。围绕着领头几艘运输舰绕圈泛波的，是密密麻麻的登陆艇，艇上满载士兵，它们在等待信号驶向各个滩头，是第一波登陆部队。

这一大片散布开来的舰艇，在嘈杂与各种活动中起伏前进，巡逻艇在泛波绕圈的登陆艇队中，来回疾驶而过。发动机震动，汽笛声声。绞盘呼啦作响，转动吊杆把两栖登陆车辆吊挂出舷侧；登陆艇放在舰身外，吊柱上的铁链铿锵有声；登陆艇满载面色发青的士兵，时而风浪撞上运输舰两侧高耸的舰身。海岸警卫队的士兵手提扩音机大声呼叫：“列队！列队！"引导着上下飘荡的登陆艇编成队形。运输舰上士兵都挤在栏杆边，等待轮到自己时从滑溜溜的舰梯或者绳网下船，登上起起伏伏被海浪泡沫冲刷的登陆艇。各舰的广播系统，稳定传出信息和鼓舞的话语：

"为你的部队登陆，为救你的船而战；如果你还有力量，为救自己的命而战。"

"第4步兵师，冲上去，痛宰他们！"

"别忘了,我们要一马当先。"

"美国突击兵,各就各位。"

"记住敦刻尔克!勿忘考文垂!上帝保佑各位。"

"我们要死在挚爱的法国沙滩上!我们决不后退。"

"就是这一仗了,哥儿们,拿起枪来,戴上钢盔,你们只有一张单程票,现在到了路线终点了。29步兵师,咱们上!"

有两项信息是大多数人都记得的:"所有人离开登陆艇!""我们在天上的父,我们奉你的圣名为⋯⋯"

很多人沿着拥挤的栏杆离开自己的位置,去跟别的登陆艇上的哥们道别。陆军士兵和海军水兵,由于长时间待在艇上,都成了坚定不移的朋友,彼此互祝好运。数以百计的人,都利用时间交换通信地址,"以防万一"。第29步兵师罗伊·史蒂文斯(Roy Stevens)技术军士长,在拥挤的甲板上,挤出一条通道来找双胞胎兄弟。"我终于找到他了,"他说,"他微微笑着伸出手来,我说'不行,我们得按照计划,在法国的一条十字路口才握手'。我们道了再见,而我再也没见到他了。"在英舰"利奥波德亲王"号(H.M.S. Prince Leopold)上,第5暨第2突击兵营的随军牧师约瑟夫·莱西(Joseph Lacy)中尉,在等待的士兵中走动,马克斯·科尔曼(Max Coleman)一等兵听见他说:"从现在开始,我要为大家祷告。而各位接下来的一举一动,也是对主信心的体认。"

在所有舰艇上,军官都以一句最适合眼前情况的生动或经典名句,结束他的动员讲话——有时会达到预料外的效果。约翰·奥尼尔(John O'Neill)中校手下的特种战斗工兵,要在第一波攻击中登上奥马哈和犹他两个滩头,摧毁雷区障碍物。他作了一番登陆前训话,想到了一句理想的结语,他吼着说:"不论是淹海水还是下地狱,都得把那些他妈的障碍物除掉！"在附近某个地方一个声音响应道："我相信这个婊子养的也吓着了吧。"第29步兵师的谢尔曼·伯勒斯（Sherman Burroughs）上尉，告诉查尔斯·考森（Charles Cawthon）上尉说，他打算在到滩头的这一路上，背诵叙事诗《顿麦克劳的游猎》（The Shooting of Dan McGrew）。率领一个工兵旅到犹他滩头的埃尔齐·肯普·穆尔（Elzie Kemp Moore）中校，没有发表演说。他原来要背诵最适当的一段文字，是摘自另外一次有关法国登陆作战的故事，是出自莎士比亚《亨利五世》（Henry V）的一幕血战，可是他能记起来的，仅仅只有开头的一行："亲爱的各位朋友，再一度踏上了海滩……"便决心取消这个点子。英军第3步兵师的金（C. K. King）少校，要在第一波时登陆剑滩滩头，打算同样背诵这部名剧，便不厌其烦地把自己所要的几行抄写下来，结尾的一节为："那些度过了今天，安全回家的人，会踮起脚尖来瞻仰这被命名的一天。"

进军节奏在加速。美军滩头外海，越来越多满载部队的登陆艇，加入了围绕着母舰无穷无尽绕圈泛波的登陆艇队。艇上的士兵身上被打湿，既晕船又可怜，还要越过奥马哈和犹他滩头，杀出一条血路到诺曼底去。在运输舰海域，正在全速进行装载，这是复杂而又危险的作业，士兵身上披挂着太多的装备，几乎没法移动。每个人都有一件救生衣，除了武器、用品袋、掘壕工具、防毒面具、急救包、水壶、刺刀与口粮外，还额外携带大量的手榴弹、炸药和弹药——通常多达250发子弹。除此之外，很多人还按照自己特定任务的需求，多带了特种装备。他们蹒跚走过甲板，准备上登陆艇时，有些人估计，他们身上至少重达300磅。所有这些装备都是必需的，可是在第4步兵师格登·约翰逊（Gerden Johnson）少校看起来，手下士兵"慢得成了龟步"。29步兵师的比尔·威廉斯（Bill Williams）中尉认为，手下士兵负荷过重，"他们这样很难作战"。鲁道夫·莫泽戈（Rudolph Mozgo）一等兵站在运输舰侧俯瞰登陆艇，随着海浪高低起伏、头晕目眩，往往不小心就会撞上舰体。他心中琢磨，如果他连同装备能刚好趁着海浪起伏顺势下到登陆艇，"那这一仗就有一半打赢了"。

很多士兵从绳网攀爬下去时，力求使自己和装备保持平衡，但往往在一枪未发以前不慎发生伤亡。迫击炮营的哈罗德·詹曾（Harold Janzen）下士，身上背负两卷通信电缆，还有好几部野战电话机，想使自己配合脚底下时而升高时而落下的登陆艇起伏时间。就在他以为时间刚好时跳下去，结果判断错误直接跌下近3.7米的艇底，被他身上的卡宾枪撞昏过去。还有更多的重伤个案。罗密欧·庞贝（Romeo Pompei）中士听见底下有人厉声痛叫，他往下一看，只见一个人痛苦地挂在绳网上，登陆艇把他的一只脚摔过去撞在运输舰上。庞贝本人也头下脚上，从绳网上掉进艇里，门牙都撞碎了。

从甲板坐进登陆艇，再由吊架吊放到海面的部队也不见得好一些。29步兵师的少校营长达拉斯，和营部参谋坐在艇内吊下去时，当吊挂高度到达栏杆与海水之间一半高的位置时，吊架卡死了。他们就卡在那里约莫20分钟——他们头上1.2米处，正好是舰上厕所的污水排水管。"厕所经常有人在用，"他回忆道，"就在这整整20分钟，我们接受了舰上所有的排泄物。"

海浪很高，许多登陆艇像莫大的溜溜球，就在吊艇架的铰链上随着海浪上上下下。有一艘满载突击兵的登陆艇，从英军"查尔斯亲王"号（H.M.S. Prince Charles）的舷侧放下去，吊放到一半时涌起一阵巨浪，几乎把他们抛回到甲板。海浪一退，该艇又随着铰链往下落，把整艇晕船的队员像布娃娃一样抛了起来。

他们进入小艇时，久经沙场的老鸟便告诉菜鸟，将遇上什么情

神父爱德华·沃特斯在码头为第1步兵师的突击部队举行仪式，他们的下一站将是奥马哈海滩。

登上驳船，面朝奥马哈。此时天空阴沉，大海波涛汹涌。每个人都用小卖部提供的塑料袋保护自己的武器。一名美国海军和一名军官正在观察使他们更接近海滩的路线。

况。在英舰"帝国铁砧"号上，美军第1步兵师的库尔茨下士，把士兵集合在他四周，"我要你们这些菜鸟，随时把脑袋低于舷缘以下。"他警告他们："只要被发现，我们就会吸引敌人的火力攻击。如果你们办到了这一点，万事大吉；如果你们不照做，那倒是一处死亡的绝好地方。现在我们上吧。"正当他和这一班人上了舷侧吊艇架的小艇时，只听见下面鬼哭狼嚎，一艘小艇被海浪抬了起来，把艇里的人都抛入海里，只见他们都在运输舰这一侧游着。库尔茨这艘小艇在下降时毫无状况。小艇驶离时，浮在海水里的一个士兵大叫道："再见啦，你们这批菜鸟！"库尔茨望望艇里的人，每一个人的神色都像是打了蜡似的毫无表情。

时间是清晨5点30分，第一波部队已在驶向滩头的路上了，这一次由盟军尽心竭力发动的庞大海上攻击，打先锋的只有3,000多人。他们是第1、29和第4步兵师的加强团与配属部队——陆军与海军的水下爆破队、坦克营以及突击兵。每一个加强团都赋予一处特定的登陆区。举例来说，克拉伦斯·拉尔夫·许布纳（Clarence Ralph Huebner）少将的第1步兵师第16团要攻占奥马哈滩头的一半；查尔斯·亨特·格哈特（Charles Hunter Gerhardt）少将的第29步兵师116团则负责另一半[①]。这两个登陆区再分若干段，每段各赋予一个代号。第1步兵师登陆的滩头为"红E"（Easy Red）、"绿F"（Fox Green）与"红F"（Fox Red）；29师则为"C区"（Charlie）、"绿D"（Dog Green）、"白D"（Dog White）、"红D"（Dog Red）与"绿E"（Easy

---

① 虽然第1与第29步兵师的加强团同时进攻，但实际登陆的初始阶段，技术上仍在第1步兵师的指挥下。

Green）。

奥马哈与犹他两个滩头的登陆时刻表几乎是以分钟为单位。在奥马哈滩头29步兵师的这半边，登陆H时前5分钟（6点25分），32辆两栖坦克泛水航渡到"白D"和"绿D"滩头。他们在海水边缘进入位置，开炮掩护第一阶段的突击登陆。到了H时（6点30分），8艘LCT坦克登陆艇运来更多的坦克，由海上直接开到"绿E"和"红D"滩头。1分钟以后（6点31分）滩头所有各区都会涌上登陆部队。2分钟后（6点33分）工兵水底爆破队抵达。他们分配到的艰巨工作，便是在雷区与障碍物中，清理出16条宽45.7米的通路，而完成这项棘手的工作时间只有27分钟。打从7点钟起，每隔6分钟，便有一个波次登陆，这5个波次便是登陆部队的主力。

这就是两个滩头的基本登陆计划。兵力推进的时间都经过仔细计算。许多重装备，如计划在一个半小时内让炮兵登陆奥马哈滩头，那么起重机、半履带装甲车与坦克抢救车，就要安排在10点30分以前登陆。这是一项牵涉范围广而又精心设计的时刻表，怎么看都有可能会被耽搁的——策划人员也考虑到了所有的可能性。

第一波次的登陆部队，还看不到晓雾蒙蒙的诺曼底，距海岸还有16.7公里远。有些战列舰已与德国海军海岸高射炮互轰，但这对登陆艇上的士兵来说，这些作战还很遥远，而且与本身无关——还没有人对他们直接射击。晕船依旧是他们的最大敌人，没有几个人能幸免。每艘突击登陆艇都装载了大约30名士兵以及他们所有的沉重装备，在海中行驶得很慢，以至海浪从艇旁卷上来，又涌出去，每一阵浪都使得艇身摇晃、摆动。第1特种工兵旅旅长尤金·米德·卡菲（Eugene Mead Caffey）上校还记得，艇内一些士兵"干脆躺下来，任由海水在他们身上来回冲刷，根本不理会自己的死活"。他们当中还没被弄得晕头转向的，则对四周森然排列的庞大舰队，觉得既敬畏又了不起。杰拉尔德·伯特（Gerald Burt）下士那一艘登陆艇的战斗工兵中，就有一人提到，巴不得身边带台照相机。

****

55.6公里外，德军鱼雷快艇第5支队的霍夫曼少校，在一马当先的鱼雷艇上，只见前面的大海，被一层奇怪又不真实的迷雾遮住了。正当他在张望时，一架飞机从白茫茫的云雾中飞了出来，这证实了他的猜测——这一定是飞机施放的烟幕。霍夫曼后面跟着两艘鱼雷快艇，高速钻进白雾中去调查，却见到了生平未有的震惊场面，浓雾的那一边，他竟与一列难以相信的艨艟巨舰撞个正着——几乎是整个英国舰队。他一看处处都是战列舰、巡洋舰和驱逐舰耸立在他头上，他说："我觉得自己就像坐在一艘划艇中。"几乎立刻就有炮弹落在这3艘蛇行躲避的快艇四周。自信过了头的霍夫曼，一秒钟也不耽搁。虽然双方兵力差距甚大，他还是下令攻击。几秒钟以后，在D日这天仅有的德国海军攻击中，18枚鱼雷穿过海水，射向盟军舰队。

挪威"斯文纳"号驱逐舰指挥台上，皇家海军的德斯蒙德·劳埃德（Desmond Lloyd）上尉，看到了鱼雷疾驶而来，在"厌战"号战列舰、"拉米里斯"号和"拉格斯"号（H.M.S. Largs）驾驶台上的军官也都见到了。"拉格斯"号立刻全速后退。两枚鱼雷在"厌战"号和"拉米里斯"号中间掠过，"拉格斯"号却没法躲过。该舰舰长大叫："左满舵！全速向右，向左全速后退！"徒劳无功地摆动驱逐舰，想让两枚鱼雷能与舰身平行通过。劳埃德上尉用望远镜观察，只见两枚鱼雷将直接击中驾驶台下方，他想到的只是"我会弹飞多高吧"。

"拉格斯"号慢得吓死人地转向左面,那一刻劳埃德以为他们也许躲得过,可是舰船机动却失败了,一枚鱼雷冲进锅炉舱,几乎把"拉格斯"号从海中举了起来,舰体抖了一下断成两截。附近的英军"邓巴"号扫雷舰(H.M.S. Dunbar)上,司炉中士罗伯特·道伊(Robert Dowie)吃惊地看着驱逐舰滑落水底,"舰首与舰尾还连在一起,形成完美的 V 字"。这一次鱼雷攻击使得 30 个人伤亡。劳埃德上尉没有受伤。为了让一名断腿的水兵不沉下去,劳埃德上尉游了差不多 20 分钟,直到两个人都被"斯威夫特"号驱逐舰(H.M.S. Swift)救起。

对霍夫曼来说,安然返回到烟幕的另一面后最重要的事情,就是立刻发出警报。他向勒阿弗尔通报时神色平静,却没有发现在刚刚那短暂的海战中,艇上的无线电已经被打坏而无法通信了。

****

在美军滩头外海的旗舰"奥古斯塔"号上,奥马尔·纳尔逊·布莱德雷(Omar Nelson Bradley)中将把棉花塞进耳朵里,然后举起望远镜,熟练地看着向海滩疾驶的登陆艇。他手下的美军第 1 集团军所属部队正不断地驶进这片区域。布莱德雷极为关注。就在几个小时以前,他还认为当面德军只有一个兵力不强、防线过长的 716 海防师,驻守在大致从奥马哈滩头一直向东,延伸到英军任务区。可是当他刚离开英国不久,盟军情报单位传来的数据说,另有一个德军师已开进这片防区。这个消息来得太迟,以至于布莱德雷没法通知已经过任务提示与"封舱"的部队了。现在,他麾下的第 1 与第 29 步兵师,正向奥马哈滩头进军,完全不知道一支强悍且能征惯战的 352 师,把守住了这片防区[①]。

布莱德雷祈求，海军的炮轰能使麾下部队将要开始的攻击轻易一些。在几公里开外，法国罗贝尔·若雅尔（Robert Jaujard）海军准将在"蒙卡尔姆"号轻巡洋舰（Montcalm）上，向手下士兵训话："我们不得不炮轰本国的家园，这是一件十分糟糕和令人毛骨悚然的事情。但是我要求各位今天就这样做。"他的声音既沉重又有感触。离奥马哈滩头7.4公里外的海上，美军"卡尔米克"号驱逐舰（U.S.S. Carmick, DD-493）的比尔中校，按下舰内通话系统的按钮说："大家注意，这一回或许是各位弟兄从来没参加过的最大盛会——所以我们大家都出来，到甲板上跳舞吧。"

清晨5点50分，英军滩头外海的战列舰，已经炮轰了20多分钟。现在轮到美军登陆区开始炮轰了，向整个登陆滩头涌起狂风暴雨般的火力。战列舰对准它们选定的目标，稳定不断地轰击。狂涡急流般的轰雷炮声，回荡在整个诺曼底海岸；巨炮的炽热闪光，使得灰暗的天空更明亮些了。整个滩头一带，上空开始冒起了滚滚黑烟。

剑滩、朱诺与金滩滩头外海，战列舰"厌战"号与"拉米里斯"号的380毫米主炮，射出了数以吨计的钢铁，轰向勒阿弗尔以及奥恩河口一带的德军坚固炮台。机动性高的巡洋舰与驱逐舰群，则对岸上的机枪堡、碉堡与防守阵地，倾泻出洪流般的炮弹。英军百发百中的"阿贾克斯"号轻巡洋舰，挟着拉普拉塔河口海战的威名，这一次也

[①] 盟军情报单位的判断是，352师最近才进入这些阵地，仅是"防御演习"。实际上，德军这个师的部队进驻海岸防区俯瞰奥马哈滩头，已经有两个多月了——甚至更久。例如普卢斯卡特和他的炮兵，早在3月份便在那里了。但是盟军情报单位一直到6月4日，依然把352师的所在位置，摆在32公里外的圣洛附近。

表现出难以置信的精准度,用4门150毫米舰炮,在9.7公里外击毁了一处炮台。奥马哈滩头外海,美军"得克萨斯"号与"阿肯色"号战列舰,共有10门356毫米、12门305毫米以及12门127毫米舰炮,对着奥克角的海岸炮台阵地,射击了600发炮弹,全力支持正在前往30米陡岩的突击兵。犹他滩头外海,"内华达"号战列舰、"塔斯卡卢萨"号、"昆西"号及"黑王子"号巡洋舰,当它们对着海岸炮台一次又一次齐放时,舰身似乎都在往后仰。这些大型舰艇都在海岸外10公里处炮轰,小型的驱逐舰则可迫近滩头到两三公里,排成一路纵队,对着海岸工事带的所有目标,发射猛烈的压制炮火。

海军对岸射击那种令人畏惧的齐放,使看到与听到的人都留下深刻印象。皇家海军的理查德·赖兰(Richard Ryland)中尉记得,看到"战列舰雄伟的外表",觉得十分骄傲,心中也在琢磨,"这会不会是我最后一次见到这种景象"。在美军"内华达"号战列舰上,文书查尔斯·兰利(Charles Langley)海军下士,几乎被舰队的强大火力吓着了。他想不透,"有哪个军队能受得了这种炮轰",并认为"舰队会持续炮击两到三小时后才会离开"。而在疾驶的登陆艇中的士兵,他们一身浸湿,又难过又晕船,已经在用钢盔舀水。当这一片咆哮的钢铁遮天蔽日从他们头顶上高速飞过时,都向上仰望,欢呼起来。

这时,另一种声音震动了舰队上空,起先还徐徐缓缓的,就像一只硕大无比的蜜蜂在嗡嗡叫,之后渐渐提升,成了震耳欲聋的声响。轰炸机与战斗机飞来了。它们直接飞越庞大舰队的上空,翼尖挨着翼尖、编队紧跟着编队——共有9,000架飞机!喷火式、P-38雷电式与P-51野马式战斗机,就在士兵头上呼啸而过。不管舰队如雨而下的炮弹,机队对着登陆的滩头扫射,掠地攻击跃起后回转又再次攻击。在它们头顶上,每一层高度都有密密麻麻的美军第9航空队的B-26中型轰炸机群；再高于它们，在浓密的云层中见不到的，是重型轰炸机——皇家空军与第 8 航空队的"兰开斯特"式（Lancaster）、B-17 空中堡垒与 B-24 解放者式，多到可以把天空塞满。人们抬头仰望，张大眼睛望着，眼睛湿润，脸部神情表明对于突如其来的情绪大得无法承受。他们想说，眼前的登陆会进行得很顺利，有了空中掩护——敌人就会被牵制，火炮轰击的弹坑会在海滩上形成散兵坑。可是指定轰炸奥马哈滩头的 329 架轰炸机，由于云层太厚而无法目视目标，又不愿意冒误炸自己部队的危险，只好把 13,000 枚炸弹，都投在远离目标区——奥马哈滩头上致命的火炮——偏向内陆 4.8 公里的地方[①]。

****

最后的那声爆炸好近。德军普卢斯卡特少校以为，碉堡就要被震得四分五裂了。另一发炮弹击中悬崖岩面上，正是这处碉堡隐藏的地基所在。那一下冲击让普卢斯卡特晕头转向，并把他重重地摔在地上。灰尘、泥土和混凝土碎片，像下雨般落在他身上。他在白茫茫的尘烟中看不清楚，只听到手下士兵在喊叫。炮弹一发又一发地轰向悬崖，震动使得普卢斯卡特茫然，根本说不出话来。

电话响了。352 师师部打来的，一个声音问道："情况如何？"

"我们正遭受炮轰，"普卢斯卡特设法说出话来，"炮火猛烈。"

[①] 这处炮阵地，有 8 座混凝土碉堡，配有 75 毫米口径以上的火炮。另有 35 座机枪堡，有各种口径的火炮及自动武器。战力分别是 4 个炮兵连，18 门反坦克炮，6 座迫击炮位，35 处火箭发射器阵地；每一处阵地各有 4 管 38 毫米口径火箭发射器，不下于 85 处机枪阵地。

在他阵地后方远处，这时他听到了炸弹的爆炸声，又一批轰击的炮弹落在悬崖顶上，崩坍的泥石从碉堡的射击口中倾泻进来。电话又响了，这一回普卢斯卡特却找不到电话何在，只能让它响，这才注意到自己从头到脚，一身都是细细的白色灰尘，军服也撕破了。

有一阵子炮轰停了下来，普卢斯卡特在浓浓的灰尘中，看到特恩和维尔克宁躺在混凝土地板上。他大声喊维尔克宁："趁着还有一丝机会，最好到你的阵地去。"维尔克宁郁郁地望着他——他的观测所就在旁边的碉堡，有一段距离。普卢斯卡特利用这段平静时间，打电话联络手下各个炮台，使他大为吃惊的是，他手下的20门火炮——全都是崭新的克虏伯火炮，各种口径都有——一门都没有被命中。他不明白为什么这些离海岸只有800米远的炮台，竟躲过了炮击，士兵甚至没有任何伤亡。普卢斯卡特开始琢磨，是不是海岸边的观测所，被盟军误认成火炮阵地，他所在观测所附近的损毁，似乎说明了这一点。

炮轰又开始时，电话也响了起来。就是刚才打电话的那个声音，上级要求知道"敌军炮击的正确位置"。

"老天，"普卢斯卡特叫道，"他们把每一处地方都打到了，你要我怎么办？走出碉堡用尺丈量弹坑吗？"他把电话砰然一摔，看看四周，碉堡中的人似乎没有一个人受伤。特恩正站在炮兵观测镜前，维尔克宁已离开，到自己的观测所碉堡去了。普卢斯卡特这时才注意到哈拉斯不见了，不过他没有时间为这条狗操心，他又抓起电话，走到第二个观测镜前观测。海中的登陆艇比他上一次看到更多，而且现在它们逼近了，很快就会进入射程。

他打电话到团部，向团长奥克尔上校报告："我阵地的火炮全部完好无恙。"

"很好，"奥克尔说，"现在你最好马上回营部去。"

普卢斯卡特打电话给营部作战官。"我这就回来了，"他告诉他们，"记住，除非敌人接近水际线，否则不准开炮射击。"

载着美军第1步兵师的登陆艇向奥马哈滩头驶去，现在离陆地不远了。普卢斯卡特营内的四个炮兵连，正在悬崖上俯瞰"红E""绿F""红F"三处滩头，炮手正等待着这波登陆艇再接近一点。

****

这是伦敦的广播。

我向各位传达美军最高统帅的紧急指示，各位很多人的生命，全看各位对这项指示服从的速度与彻底程度而定，尤其是在海岸线35公里以内居住的人。

米歇尔·阿尔德莱站在他母亲于维耶维尔屋子的窗边，这里正是奥马哈滩头的西端，他正看着登陆艇队的作业。火炮依然在射击，阿尔德莱可以经由鞋底，感受到大地的震动。全家人——阿尔德莱的妈妈、兄弟、侄儿与女佣人——都聚在客厅里。他们现在都同意，毫无悬念，登陆就要发生在维耶维尔了。阿尔德莱对自己位于海滨的别墅，抱着听天由命的态度，现在可以确定它会被摧毁了。英国广播公司所播的通告，反复播送了一个多小时，还在继续播：

立刻离开你们的村落，你们走时要通知还不知道有这项警告的任何邻居……离开通衢要道……要步行，不要带什么不容易带的东西……尽可能快地躲到开敞的田野里去……不要很多人聚在一起，以免被误会成集结的军队……

阿尔德莱心中想要知道，那个骑马的德国兵，会不会像每天一趟一般，把早晨的咖啡送到炮手那里去。他看看手表，如果这个德国兵要来，现在就差不多要到了。这时阿尔德莱果然看到了他，骑的还是那匹后臀肥壮的马儿，带着同样在马背上起起伏伏的咖啡罐。他稳重地骑过来，在拐弯处转弯——一下子看到了海上的舰队。有一两秒钟，他站在那里一动也不动，然后从马上跳了下来，绊了一跤摔倒了；然后又站起身来跑去找掩蔽，那匹马还是缓缓地在路上走向村里去。

时间是清晨 6 点 15 分。

2

这时，起起伏伏、长长几排的登陆艇，距离奥马哈与犹他滩头不到 1.6 公里远了。对第一波登陆的士兵来说，距离 H 时只有 15 分钟了。

登陆艇后拖曳着长长的白色浪痕，噪音震耳欲聋，不断地鼓浪向岸边驶近。在倾斜跳动的登陆艇内，大家要大声叫嚷才能盖过柴油发动机的咆哮而听得见说话声。在他们头顶上，舰队的炮弹宛如一把巨大的钢伞，依然轰雷般震动。盟国空军的地毯式轰炸，从海岸卷过来连续扩大着各种爆炸声。奇怪的是，大西洋壁垒的火炮依旧寂然无声。部队都见到前面蜿蜒的海岸线了，却始终没有敌人的炮火，他们心里想，也许，这会是一次轻而易举的登陆吧。

登陆艇前那扇方方正正的跳板，每一个大浪过来就猛撞过去，冷冰冰泛着泡沫的绿色海水就泼在每个人身上。艇里没有英雄——只有浑身发冷、情况可怜、心里焦急的人，紧紧地挤在一起，沉重的装备压低了大家，连呕吐都没有地方，只能吐在别人身上。随第一波次登陆犹他滩头的《新闻周刊》（Newsweek）记者肯尼思·克劳福德（Kenneth Crawford），见到第4步兵师一个年轻的士兵把自己呕吐的东西遮起来，缓缓地摇了摇头，沮丧又厌恶地说："希金斯这家伙，发明了这种他妈的登陆艇，没有什么好骄傲的。"

有的人没有时间去想自己的惨状——他们在舀水救自己的命。几乎打从登陆艇离开母舰起，很多艇内便开始积水。起先，大家对海水溅湿了下半身并不在意，这只是一种必须要忍受的惨况。突击兵营克希纳少尉，眼睁睁看见艇内的水缓缓上升，心中琢磨这要不要紧。人家告诉他，突击登陆艇（LCA）是不会沉的。就在这时，克希纳的突击兵从无线电中听到了呼救："这是LCA860……LCA860……本艇沉下去了……本艇沉下去了！"最后一声大喊："我的老天，我们要沉了！"克希纳和他的下属也开始舀起水来。

就在克希纳艇的后面，也是突击兵营的里吉斯·麦克洛斯基（Regis McCloskey）中士也遇到了麻烦。他和手下的突击兵舀了一个多小时的水，这条艇载了攻击奥克角的弹药，还有所有突击队员的背包。艇内的积水太多，麦克洛斯基认定它一定会沉下去。唯一的希望就是替进水的登陆艇减轻重量。麦克洛斯基下令，把所有不需要的装备、口粮、额外衣服、背包等统统扔到艇外去。麦克洛斯基自己动手，把它们全往海中扔。在一个背包里有1,200美元，是查克·韦拉（Chuck Vella）二等兵掷骰子赢来的；还有一个背包，里面有查尔斯·弗雷德里克（Charles Frederick）二级军士长的一副假牙。

奥马哈与犹他滩头都有登陆艇沉没——奥马哈10艘、犹他7艘。有些人由后面驶来的救难艇救起，有些人则漂浮了好几个小时才被救起。有些没有人听见他们的喊叫，被沉重的装备与弹药拖到水底，就在见到海滩的地方淹死了,一枪都没有放过。

一刹那间,战争成了事关个人的事情了。驶向犹他滩头的部队,眼见一艘指挥艇突然爆炸,在海中并直竖起来。几秒钟以后许多人头冒出水面,死里逃生的他们攀住残骸待援求生时,立刻又发生了第二次爆炸。一艘登陆驳船驶向犹他滩头,水兵想放出32辆水陆两栖坦克中的4辆,却恰好把跳板放在一枚沉在水里的水雷上。驳船的前端被炸得飞上天,附近一艘LCT坦克登陆艇的奥里斯·约翰逊(Orris Johnson)中士吓呆了。只见一辆坦克"向天上冲起有30米高,缓缓翻了个筋斗,冲进海里就消失了"。约翰逊后来才知道,死去的人中就有他的好友,坦克兵唐·尼尔(Don Neill)下士。

驶向犹他滩头的士兵,有好几十个人见到了死尸,听见了溺水者的喊叫声。海岸警卫队的弗朗西斯·赖利(Francis Riley)中尉,对当时的情景还记忆犹新,这位24岁的军官,是一艘LCI步兵登陆艇艇长,只听见"受伤的与受惊吓的士兵那种痛苦的高喊救命声,恳求我们把他们从水里拖出来"。可是赖利所得到的命令却是,"不顾死伤,准时把部队送上岸"。赖利竭力使自己对哭喊声不闻不问,只能让登陆艇在行将淹死的士兵旁边经过,他实在没有办法啊。登陆艇一波波驶过,第4步兵师第8团团长詹姆斯·赫伯特·巴特(James Herbert Batte)中校所搭载的一艘登陆艇,也穿越浮尸航行,巴特听见一个面无血色的士兵说:"这些走运的杂种——他们再也不会晕船了。"

水中浮尸的景象,在运输舰上长时间航行的紧张,以及眼前平坦的沙滩、犹他滩头上的沙丘越来越近的情况,使得登陆士兵从昏昏欲睡中猛然惊醒。刚满20岁的李·卡森(Lee Cason)下士,突然"向上天咒骂起希特勒和墨索里尼,把我们送进了这一团乱七八糟中"。他的伙伴被他的熊熊怒火给怔住了——他以前从来没有开过狠腔啊。

许多登陆艇上,士兵紧张兮兮地把武器检查再检查,人人都对自己的弹药十分珍惜,使得卡菲上校的登陆艇内,没有半个人愿意给他一匣子弹。卡菲在上午9点之前都不该登陆,但他为了和自己久经战阵的第1工兵旅士兵在一起,偷偷上了第8步兵团的一艘登陆艇。他没有装备,虽然艇内的士兵人人都携带了过量的子弹,"却为了宝贵的生命紧紧不放"。到最后,卡菲从8名士兵那里,每人给他一发凑成一匣,才给步枪装上了子弹。

奥马哈滩头的外海,发生了意外。计划中要支持登陆部队的两栖坦克部队,差不多有一半沉掉了。计划原定在离海岸3到5公里处,放出64辆水陆两栖坦克,从那里泛水航渡到岸上。其中32辆指定在第1步兵师的责任区上岸——也就是"红E"、"绿F"及"红F"三个滩头。装运坦克的驳船载运它们到定位后放下跳板,放出这29辆坦克,驶进汹涌的大浪里。水陆两栖坦克模样很古怪,两侧由帆布气囊在水中支撑车身并提供浮力,开始破浪向海岸前进。这时,741坦克营的士兵遭遇了惨剧。由于海浪的冲击,支撑的帆布气囊裂开、引擎进水——接着就一辆跟着一辆,一共有27辆坦克浸水、沉没。坦克乘员打开座舱盖爬了出来,吹起救生腰带跳进海里。有些人成功放出救生筏,有些则随着铁棺材沉到海底。

2辆受损且几乎被海水冲翻的坦克,依然向着海岸驶去。另外3辆坦克的乘员运气很好,由于载运他们的登陆驳船跳板卡住放不下来,后来是直接运送上岸。其余指定到第29步兵师那半边滩头的32辆坦克都安然无恙。负责载运它们的登陆驳船指挥官,见到坦克沉海的惨况,便作出了睿智的决定,直接把驳船驶上岸。第1步兵师因为损失了这些坦克,在以后的几小时中,付出了几百名士兵死伤的代价。

美国登陆队的队员向在法国海岸被敌军击沉的其他登陆艇人员伸出援手。这些幸存者借助救生筏抵达瑟堡附近的犹他海滩。

美军第1集团军指挥官奥马尔·布莱德雷中将（戴眼镜者）正在舰桥上观看登陆艇驶向奥马哈海滩，站在他旁边的是负责攻克奥马哈与犹他海滩的美军特混舰队指挥官艾伦·柯克海军少将。

海滩外 3 公里起，登陆部队开始见到海水中的活人与死人，死人轻轻地漂浮着，随着潮水涌向海岸，就像决心要一起加入他们的袍泽似的。活人则在汹涌的海浪中起起伏伏，拼着老命喊救命，登陆艇却不能帮忙。载运麦克洛斯基中士的弹药艇，再一次安全行驶，见到在海中的士兵"用力喊救命，恳求我们停下来——我们却不行，任何人任何事都不能停"。麦克洛斯基的登陆艇疾驶通过时，他紧咬牙关，眼睛望向远方，然后不到几秒钟，他向艇侧外面呕吐起来。罗伯特·坎宁安（Robert Cunningham）上尉和手下士兵也见到幸存的人在挣扎。海军士兵本能地回转登陆艇向水中的人群驶去，立刻被一声打断。艇上扬声器发出了残忍的话："你们不是救难艇！向海岸驶去！"工兵营的诺埃尔·杜布（Noel Dube）中士在附近的一条登陆艇上，说着他的"忏悔祷告文"（Act of Contrition）。

正当这些稀稀落落、起起伏伏的登陆艇靠近奥马哈滩头时，轰击的死亡进行曲似乎越来越多、也越来越强。登陆艇停在海岸外 914 米处，也加入了炮轰，这时数以千计闪闪发光的火箭，在登陆士兵的头上嘶嘶飞过。对登陆部队来说，任何东西在扑向德军防区这么强烈的火力下还能生存，似乎是无法想象的事情。海滩上一片烟雾腾腾，野草起火，团团烟火懒洋洋地从悬崖上飘落下来。德军的火炮依然寂静无声。登陆艇群驶向海岸，来来回回拍打岸边的海浪也一起涌到海滩上。登陆部队现在可以见到钢架与混凝土制的海防障碍物所形成的丛林了，它们遍处都有，围着刺铁丝网，顶着地雷，它们的残酷与丑恶也早在意料中。障碍物后面的海滩却寂静无人，也没有一点动静。登陆艇愈驶愈近了……457 米……441 米……依然没有敌人的炮火。登陆艇冲过 1 米多高的大浪向前涌进，这时猛然的炮轰延伸向内陆后方的目标。在第一波登陆艇距离海岸不到 366 米，德军的火炮——没有几个人相信,在盟军海空部队猛烈的轰击下还能残存的火炮——开火了。

在这金鼓喧天的环境中,有个声音开始逼近了,远比一切声音更为致命——机枪子弹打向登陆艇,在突出的艇首钢板上发出了哐啷声。火炮怒吼,迫击炮弹像下雨般落了下来。在奥马哈整整6.4公里长的海滩上,德军的枪炮痛击着每一艘登陆艇。

这正是H时。

他们来到了奥马哈滩头,没有人羡慕这些艰苦且一点也不令人向往的士兵。他们没有战旗飞扬,也没有号角或鼓号齐鸣,可是他们有自己的光荣传统。他们的步兵团,曾经在福吉谷(Valley Forge)、斯托尼克里克(Stoney Creek)、安蒂特姆(Antietam)和葛底斯堡(Gettysburg)宿营,曾经在法国阿戈讷(Argonne)血战,他们曾经越过北非、西西里岛和萨勒诺的滩头,现在他们又多出一处滩头要越过了,士兵后来会称这一处滩头为"血腥的奥马哈"。

在这处月牙形状的滩头,最猛烈的火力来自当面的悬崖,以及两端的绝壁高地——西起29步兵师的"绿D",到东面的第1步兵师"绿F"区。德军把他们最严密的防御措施都集中在这里,扼守住两条从维耶维尔海滩通往库尔瑟勒的要道出口。士兵登陆之后,沿着滩头的每一处地方都遭遇到猛烈的火力。登陆"绿D"与"绿F"区的人,却连一点机会都没有。德军在悬崖上的射手,几乎是以直接俯瞰的角度,看到舱内灌满海水的突击登陆艇,正以沉重又倾斜的姿势向滩头的这些地段驶来。它们既笨拙又迟缓,差不多固定在海上,是活生生挨打的靶子。把舵的艇长,起先拼命控制操纵性很差的登陆艇,在水雷及障碍所形成的区域内驶过,现在又要拼命躲避来自悬崖上的炮火和子弹。

有些登陆艇，在障碍物的迷宫中和悬崖的炮火下偏离目标，沿着滩头毫无头绪地飘荡，想找一处火力比较薄弱的地方登陆。其他顽强地在指定责任区上岸的登陆艇，则遭到火炮打击，艇上士兵只能从艇侧摔进深海里，旋即又遭到机枪火力的覆盖。有些登陆艇驶进滩头，却被炸得七零八落。29步兵师的爱德华·吉尔林（Edward Gearing）少尉，他的登陆艇内满载30名士兵，在预划的"绿D"地段、距维耶维尔274米处，在一阵炫目的闪光后，全艇炸得四分五裂，吉尔林和士兵都被炸出了艇外，抛落海里。吓得要命、浮浮沉沉的19岁少尉，在座艇沉没的几米外浮出了水面。其他幸存的士兵也冒了出来，但是他们的武器、钢盔和装备全都丢失了。艇长也消失不见了。附近有一个吉尔林手下的士兵，正与背后沉重的无线电缠斗，并厉声高叫道："看在老天分上，我要淹死了！"谁都没有来得及救他，这名通信兵便沉下去了。对吉尔林和他这一艇剩下的士兵来说，这只是苦难的开始。他们在海里泡了3个小时才上岸。这时吉尔林才知道，他是全连唯一还在战斗的军官，其他人非死亡即重伤。

沿着整个奥马哈滩头，登陆艇的跳板一放下来，似乎就是机枪再度射击、火力集中的信号，而在"绿D"与"绿E"地段，美军遭遇了最具杀伤性的火力。29步兵师的登陆艇进入"绿D"地段，搁浅在岸外的沙洲上。跳板一放、士兵一脚踏出去，就落进1到2米深的海里。他们心中只有一个目标——走过海水、越过沙滩183米纵深的障碍物，爬上渐渐升高的海滨卵石，然后在不确定是不是掩蔽处的海堤边寻找掩护。由于身上装备很重，没法在海水中奔跑，也没有任何掩蔽，人们就完完全全卡在机关枪与轻武器的交叉火网里了。

晕船的士兵，已经因长时间待在运输舰和登陆艇上而深感筋疲力尽，现在还要跟水深过头的海水搏斗。戴维·席尔瓦（David Silva）

第三部　D日登陆　185

二等兵眼见自己前面的人,一踩出跳板就遭机枪扫翻。轮到他出艇时,便向水深齐胸的海中跳下去,装备重量把他往下拖,打在他四周水面的子弹使得他整个人愣住了。几秒钟以内,机枪子弹打中了他的背包、衣服和水壶。席尔瓦觉得自己就像是"误入射击靶场的鸽子"。他发现了对他射击的德军机枪手,却没有办法回击,因为步枪被塞满了沙子。他涉水而行,决心要走到前面的沙滩。终于使自己从水中脱身上岸,便连忙冲到充当掩蔽物的海堤那去,完全没有察觉自己已经有两处挂彩——一处在背上,一处在右腿。

士兵纷纷倒在整个海水边线。有些当场阵亡,有些则哀声呼叫医护兵,卷上来的海浪渐渐淹没了他们。阵亡的士兵当中,就有伯勒斯上尉。他的朋友考森上尉,看见他的尸体随着海浪冲来冲去。考森不知道在抢滩途中,伯勒斯有没有向他的部下背诵心中预想的《丹·麦格鲁的游猎》(The Shooting of Dan McGrew)。史密斯上尉在旁边经过,禁不住想起伯勒斯而说:"不再受经常发作的偏头痛之苦了。"他的头部遭一枪命中。

在"绿D"地段最初几分钟的屠杀中,整整一个步兵连失去了战力。从登陆艇到海滩边这一段血淋淋的行进中,活下来的士兵不到三分之一。连里军官死的死,重伤的重伤,还有人失踪。再加上士兵丢了武器,又大受震惊,一直都蹲缩在悬崖底下。在同一区内的另外一个步兵连,死伤更为惨重。第2游骑兵营第3连,奉令要摧毁维耶维尔略西边佩尔塞急流角(Pointe de la Perceee)的敌军据点。他们分乘2艘登陆艇,在第一波次中抢登"绿D"地段,却几乎全毁。领先的登陆艇被炮弹击中,立刻沉没,12名士兵当场战亡。第2艘登陆艇抢滩,跳板刚刚放倒,机枪火力便猛扫下艇的突击兵,死伤共达15人,剩下的突击兵朝悬崖下抢滩。一等兵纳尔逊·诺伊斯(Nelson Noyes)

背着沉甸甸的火箭筒，在被迫卧倒之前，踉跄地冲刺了91米。不久后，他站起身来再度往前跑，当他跑到海滨的卵石带时，右腿被机枪打中一枪。诺伊斯躺在地上，看到了从悬崖上向他射击的2名德军机枪手。他以两肘支撑自己站起来，再用汤姆森冲锋枪开火，把2名德军都打掉了。就在这时他的连长葛朗森上尉也来到了悬崖底部。他这个由70名士兵组成的突击组，现在只剩下35人。到夜色降临时，这35人将只剩下12人。

登陆奥马哈滩头部队的不幸接踵而来。士兵这时才发现他们登上了错误的登陆区，有一些距离原定的登陆区足足有3.2公里远。负责运载29步兵师的士兵发现，他们和第1步兵师混在一起。举例来说，预定要在"绿E"地段登陆，准备在莱斯穆兰（Les Moulins）打开一条通道的部队，发现自己到了滩头的东端，正处在"绿F"地段的地狱里。几乎所有的登陆艇，都偏移到抢滩点以东。这是因为管制艇偏离了定位。一股强烈的潮流沿着滩头向东涌动，野草起火的烟雾与爆炸形成的雾遮住了地标——所有这些因素都造成了位置错误。长时间训练要夺取某指定目标的各连，根本没在目标附近登陆。小批的士兵孤立在无法辨识的地点，并被德军火力牵制住，而且经常没有军官指挥、没有通信联络。

由陆军与海军组成的特种工兵特遣队，他们的任务便是在滩头障碍物中，炸开几条通路。他们不但分散得很远，而且登陆时刻也远落后于预定时间。这些大受挫折的工兵，只能在自己登陆所在的地段清理障碍物。不过他们的任务是注定失败的。在下一个波次部队紧跟着登陆前，他们只清除了5条半通路，而不是计划中的16条。工兵拼了命急忙工作，却时时刻刻受到阻扰——步兵就在他们之间涉水上岸。在他们就要爆破的障碍物后面，却有士兵利用其作为掩蔽；还有登陆艇由于海浪的冲击，几乎驶到了他们的头上。第 299 战斗工兵营的巴顿·戴维斯（Barton Davis）中士，就见到一艘登陆艇对着他压下来。这艘登陆艇内满载第 1 步兵师的士兵，一直冲过了障碍物，接着发生了惊天动地的爆炸。那艘小艇立刻四分五裂，戴维斯看见艇内的每一个人都被抛飞。尸体和残肢纷纷落在熊熊燃烧的小艇残骸四周。"我远看许多像是人的黑点，拼力想游过散布在海面上的汽油，我们正在想该怎么办时，一具无头的尸体躯干，飞向空中足足有 15 米高，接着是令人难受的一声扑通，就落在我们附近。"在戴维斯看来，没有人能在这爆炸中存活下来。然而，却有两个人活下来了。他们被人从海水中拖了出来，虽然烧伤很严重，但人还活着。

戴维斯所见到的这一场惨事，情况并不见得比他本身那个单位——海陆军特种工兵特遣队（Army-Navy Special Engineer Task Force）英勇士兵所负担的任务更惨。载着该单位炸药的登陆艇遭到炮击，它们大部分都躺在海水边上熊熊燃烧。搬运塑胶炸药与起爆器的小型橡皮艇，被敌人的炮火引爆了炸药，工兵们被炸得四分五裂。德军见到工兵在障碍物中作业，似乎特别注意他们。当各组把炸药绑好时，德军狙击手便小心瞄准障碍物上的地雷射击；有时他们看起来会等待，一直等到工兵把一整行钢制多裂角锥形桩砦（"捷克刺猬"）和锥形四面体障碍物（"恶魔方块"）都准备好要爆破时，德军在工兵还没有离开以前，以迫击炮火引爆障碍物。到这一天终了时，战斗工兵的伤亡率高达将近五成，戴维斯中士本人就是其中一人。夜色降临时，他因一只腿负了伤，被送上一条返英的医疗舰。

这时已是 7 点钟了。第二波次部队登上了奥马哈滩头这处屠宰场。在敌人猛烈的压制炮火下，士兵上岸后散开前进。登陆艇群加入了不断扩大、熊熊燃烧的舰艇残骸坟场。每一个波次都向涌来的海浪作出了血淋淋的贡献。沿着新月形海滩，阵亡的美军尸体彼此在海浪中轻轻地相互推挤。

这一带海岸堆得老高的是登陆时废弃的零碎军品：重装备和补给品、一盒盒的子弹、打坏了的无线电、野战电话、防毒面具、掘壕工具、水壶、钢盔和救生衣，撒了满地。一大卷一大卷的电线、缆绳、口粮箱、地雷侦测器和大批的武器，从断裂的步枪到破了洞的火箭筒，狼藉散布在沙滩上。登陆艇扭曲的残骸，歪斜地突出在海面，起火的坦克向天空冒出滚滚黑色浓烟，推土机侧翻在障碍物旁边。在"红 E"地段，所有这些来来去去漂浮着的战争废弃品当中，还有人见到有一把吉他。

沙滩上一堆堆都是有如小岛般的伤兵。经过的部队注意到，有些伤员坐得笔直，就像从现在起他们就可免于任何伤害似的。他们都很安静，似乎对四周的景象与声音都忘却了。配属给第 6 特种工兵旅的艾尔弗雷德·艾根伯格（Alfred Eigenberg）上士还记得，"越是伤重的那些人，态度越是过度的客气"。他在滩头的头几分钟，发现伤兵太多，让他不知道"从什么地方、从什么人开始救治"。在"红 D"地段，他见到一个年轻的士兵坐在沙子里，"他的一条腿从膝盖到骨盆的肉都裂开了，伤口很利落，就像是外科医生用手术刀划开那样"。伤口很深，艾根伯格可以见到大腿里的动脉在跳动。这名伤兵受到了高度震撼。他镇静地告诉艾根伯格："我吞了消炎片，又把所有的消炎粉撒进伤口里，我会没事的，是吗？" 19 岁的艾根伯格完全不知道该怎么说，他替这名大兵打了一针吗啡并告诉他："当然，你会没事的。"然后，把他腿上划开的两片肌肉缝合。艾根伯格使用了他唯一所能想到的方法——用几枚别针，小心把伤口闭合。

第三波次的部队涌进了混乱、困惑与死亡的滩头，之后就停顿了。几分钟以后,第四波次到达,也停顿了。他们肩并肩地躺在沙子上、石头和页岩后。他们蹲缩在障碍物后面,藏身在尸体中间。他们被原以为已经遭到压制的德军火力困住,对在错误的滩头登陆感到慌乱,原以为空军轰炸过后会出现作为掩护的弹坑却付诸阙如;他们对四周惨重伤亡与狼藉大为震撼,他们就这样停留在滩头上了,他们似乎被奇怪的瘫痪症状给控制住了。受到这一切的影响,多数人都认为这一天是败定了。741坦克营的威廉·麦克林托克克(William McClintock)技术军士长,遇见一名士兵坐在海水边,似乎对纷纷落遍这一带的机枪子弹毫无察觉。"他就坐在那里,向海水里扔石子,低声啜泣,就像他伤心欲裂似的。"

这种震撼不会持续下去。尽管如此,各处都有人意识到,待在海滩上准死无疑,便站起身来前进。

16公里外的犹他滩头,第4步兵师士兵正蜂拥登陆,迅速向内陆推进。第三波次的登陆艇也快到了,德军依然没有任何抵抗。只有寥寥几发炮弹落在海滩上,随着炮弹还有零零落落的机关枪与步枪射击,但却一点都不是紧张的第4步兵师士兵所预料的激战。对很多士兵来说,这次登陆差不多就像是例行公事。第二波次的唐纳德·琼斯(Donald Jones)一等兵,觉得这只是"另一次登陆演习"罢了。其他人认为这次登陆很扫兴。在英国斯拉普顿沙滩(Slapton Sands)几个月的长期训练,都要比这艰难得多。雷·曼(Ray Mann)一等兵觉得有一点点"失望",因为"这次登陆根本不是那么一回事"。甚至海滩上的障碍物,也不像人们说的那么可怕。海滩上只有一些混凝土的锥形四面体障碍物、钢制多裂角锥形桩砦和铁栅门,不见有几个障碍物装上了爆裂物,有些爆裂物都一目了然,很容易让工兵处理。工兵已在工作了,他们已经在德军防线炸开一条36.6米宽的缺口,也炸破了

诺曼底登陆后不久,在一处入侵海滩(可能是犹他海滩)拍摄到的德国甲壳虫遥控微型坦克。这些小型履带式车辆由两个电动机驱动,装有高爆炸药,旨在攻击上岸的登陆艇。请注意背景中的混凝土海堤。

海堤。一个钟头以内,就会把整个海滩肃清干净。

沿着这处 1.6 公里长的海滩是一连串的两栖坦克,车边垂着泄气的帆布气囊——它们是这次登陆至为成功的主要原因之一。它们随着第一波次隆隆然从海水中驶出。士兵越过海滩时,它们予以猛烈的炮火支持。这些坦克以及登陆前的轰炸,似乎炸垮了在滩头后面据守的德军以及他们的士气。但登陆行动还是有发生悲剧与死亡。莫泽戈一等兵刚刚上岸,就见到了他生平所见的第一个死人。一辆坦克直接挨了一发命中弹,莫泽戈见到"一名乘员一半在车舱盖口内,一半趴在外面"。第 1 特种工兵旅的赫伯特·泰勒(Herbert Taylor)少尉,见到 3. 米外,"一个人被炮弹炸得四分五裂"而呆住了。爱德华·伍尔夫(Edward Wolfe)一等兵经过一名死去的美国大兵,"人坐在海滩上,背靠着一根柱子,就像是睡着了一样",看起来是那么自然、安详,使得伍尔夫"有种要走过去把他摇醒的冲动"。

第 4 步兵师副师长小西奥多·"特德"·罗斯福(Theodore "Ted" Roosevelt, Jr)准将,一高一低地走在沙滩上,偶尔还揉揉关节炎的肩膀。这位 57 岁的将军,是随着第一波次登陆的唯一将领——他坚持要求上级指派他领军。头一次报请不准,他立刻又再作请求。他以书面申请呈给师长雷蒙德·奥斯卡·巴顿(Raymond Oscar Barton)少将。罗斯福是基于这个立场而提出要求:"士兵知道本人在场的话,将可稳定军心。"巴顿只有勉强批准所请,但这个决定却让他感到烦扰。"当我在英国与特德说再见时,"他回忆道,"就不曾期待还可以再见到他。"可是心意坚定的罗斯福活得好端端的,第 8 步兵团的哈里·布朗(Harry Brown)中十看见他"一只手持手杖,一只手拿地图,到处走来走去,就像他在物色房地产似的"。不时,迫击炮弹落在海滩上炸开,把砂石像骤雨般抛上天空,这似乎使罗斯福将军感到困扰，会不耐烦地把灰尘从身上拍掉。

第三波次抢滩时，士兵涉水登岸，忽然德军的88毫米高射炮咻咻而过，炮弹在上岸的部队当中爆炸，附近一群士兵立即趴下。几秒钟以后，有人从炮弹爆炸的烟雾中出现。他一脸漆黑，钢盔和装备都没有了。走上海滩时，他整个人是一脸震惊、双眼直瞪。罗斯福边大叫医护兵，边跑到这大兵面前，一只手搂住他，轻声轻气说："孩子，我们会用船送你回去的。"

当下只有罗斯福和师里的少数军官，知道在犹他滩头的登陆地点搞错了。这是个幸运的错误。在他们原订计划登陆的地区，那些可以把部队痛击的德军重炮炮台，依然安然无恙。登陆地点出错有许多原因：海军炮轰引起的烟雾，遮蔽了地标而产生混淆；登陆艇艇为一股强烈的海流往海岸下方偏移；管制艇引导第一波次进入登陆时，比原定的滩头向南偏移了1.6公里以上。在海滩背后有五条重要的堤道，却没有对着三号与四号堤道的位置登陆——第101空降师正向这里推进——整个登陆位置反而位移了足足1,830米，而横跨到二号堤道上了。讽刺的是，就在这时，罗伯特·乔治·科尔（Robert George Cole）中校和他那支由第101与第82空降师75名伞兵所组成的杂牌军，刚刚抵达三号堤道的西端。他们是抵达堤道的头一批伞兵。科尔便和这些人隐身在沼泽中，设立防御后停下来等候；他预料第4步兵师的部队会随时跟他们会合。

海滩上，在靠近二号堤道的出口，罗斯福要作一项重要的决定。打从现在起，每隔几分钟，就有一个波次又一个波次的兵员与车辆要运送上岸——共有3万人与3,500辆车；罗斯福必须下决心，是不是把后续各波次都送到这处只有一条堤道、相对平静的新地区，还是要所有其他登陆部队，带着他们的装备改向，登上有两条堤道的原定滩头？如果这条单一堤道，无法打通并加以据守，那可就是一场噩梦似的大混乱，兵员和车辆都困在海滩上。副师长和几位营长商量后下定决心，第4步兵师不去原定的位置攻打预定的目标，而是利用眼前的这条堤道向内陆推进，并攻打一路上所有的德军阵地。如今，计划的成功，全赖敌人搞清楚怎么回事以前，尽可能快速地推进。德军的抵抗很轻微，第4步兵师士兵很快离开海滩向内陆进军。罗斯福转身对第1特种工兵旅的卡菲上校说："我要随部队往前去，你把话传给海军，把后续部队带进来，我们要从这里开始作战。"

犹他滩头岸外，美军"科里"号驱逐舰各炮炮管都打红了。它们射击的速度很快，水兵都站在炮塔上，用水柱向炮管上淋水。自从舰长霍夫曼少校指挥该舰进入射击位置下锚，舰上127毫米舰炮便以每分钟8发的速度向内陆轰击。德军其中一座炮台，被"科里"号轰击的110发炮弹轰裂，再也不会惹麻烦了。德军也还击，而且还很凶猛，"科里"号是敌人观测员所能见到的唯一驱逐舰。盟军派遣了施放烟幕以保护"近岸火力支援"的岸轰支队机群，只是负责掩护"科里"号的飞机已遭击落。其中一处正好在俯瞰犹他滩头绝壁上的炮台——炮口的炮焰透露了它的位置在圣马尔库夫附近——似乎集中所有的猛烈火力，轰击这艘暴露的驱逐舰。霍夫曼舰长决定向后退，以免为时太晚。"我们快速转向，"通信员本尼·格利森海军下士说，"把我们的舰尾对着他们，就像个老姑娘对着一个陆战队员一样。"

可是"科里"号在浅水中，靠近许多刀锋似的暗礁，除非驶离这片海域，否则舰长无法作短程快速冲刺。有一阵子，他被迫和德军炮台玩起紧张的"猫捉老鼠"游戏。预料到德军炮台会齐射，霍夫曼使出一连串的摇摆操舰动作。一下子猛向前冲，又一个后退；先向左转，然后又来个右转；一下子疾停，又再往前进。在所有这些动作中，舰上火炮还是和炮台对轰着。附近的美军"菲奇"号驱逐舰（U.S.S. Fitch, DD-462），见到了他的处境，也开始对圣马尔库夫的德军炮台射击。德军精准的射击没有停止过，"科里"号几乎要陷入德军炮弹的交叉射击中了，霍夫曼慢慢地将全舰驶了出来。最后，他满意全舰已经脱离了暗礁，便下令："右满舵！全速前进！""科里"号一跃向前，霍夫曼回头一看，德军齐射的炮弹随后轰然射到，涌起了好大的水柱，他这才松了一口气，他办到了。就在这一刹那，他的运气用尽了，"科里"号以每小时52公里的速度切开海面时，迎头撞上一枚系留雷。

一声劈裂的巨大爆炸，几乎把驱逐舰舷侧抛出了海面。震撼力之大连霍夫曼也愣住了，他以为"舰船遭遇地震给抛了起来"。在无线电室里的通信兵格利森，通过舷窗往外看，突然觉得自己"掉进了混凝土搅拌机里"，猛然两脚落空，人被向上抛，碰到了舱顶，然后又狠摔下来，把膝盖撞碎了。

水雷差不多把"科里"号炸成两段，主甲板上的一条裂缝足足有0.3米宽。舰首与舰尾疯了似的向上翘。全舰还能连在一起的，便是甲板的上层结构。锅炉室和主机舱都进了水，二号锅炉室里没有几个人存活，锅炉爆炸时里面的人几乎立刻就烫死了。船舵卡死，也没有了动力。然而不晓得什么原因，"科里"号在死亡的苦痛中，仍以它的蒸汽与火力，继续在海水中疯狂地冲刺。霍夫曼立刻就察觉到，他还有几门炮在射击——舰上的炮手没有了电力，还继续用人力装填发射。

"科里"号的这一堆扭曲钢铁，在海水中冲刺了914米后终于停了下来。就在这时德军炮台瞄准了它。"弃船！"霍夫曼下令。接下来的几分钟，至少有9发炮弹打进舰身残骸，其中一发引爆了40毫米口径舰炮弹药,另一发引燃了舰尾的发烟器,士兵挣扎着搭上救生艇与救生筏时,几乎因烟雾窒息。

海水已经淹上主甲板 0.6 米高,霍夫曼最后环顾一下,便纵身跳水,向一具救生筏游去。在他后面的"科里"号沉到了海底,而桅杆与一部分上层结构,依然留在海浪上头——这是美国海军在 D 日当天仅有的损失。霍夫曼全舰 294 名士兵中,有 13 人死亡或失踪,33 人负伤。以当时为止,它的死伤超过了犹他滩头的伤亡总数。

霍夫曼以为自己是最后一个离开"科里"号,但却不是。到现在还没有人知道谁是最后一个离舰。但救生艇与救生筏驶离时,其他舰艇上的人看见一名水兵爬上"科里"号的舰尾。他降下遭炸倒的国旗,然后游泳爬过残骸到达主桅杆。驱逐舰伯特勒号(U.S.S. Butler, DD-636)上的舵手迪克·斯克林肖(Dick Scrimshaw),注视这名水兵时满怀惊讶与敬佩。当时炮弹依然在他附近落下,他却沉着地把国旗绑好,升上主桅杆后才游离。斯克林肖眼见国旗一开始软软地挂在"科里"号残骸的主桅杆上,之后在微风中展开,迎风飘扬。

火箭抛绳器向上射到 30 米高,介于犹他与奥马哈两个滩头中间的奥克角。美军的第三批海上攻击开始了。詹姆斯·厄尔·鲁德尔(James Earl Rudder)中校手上有 3 个突击兵连开始进行突击,正当要开始压制这处庞大的海岸炮台时,头顶上德军的轻武器火力正对着他们射下来。据情报说它威胁到左右两边的美军滩头。9 艘 LCA 突击登陆艇,载运第 2 突击兵营的 225 名士兵,挤在上头有悬崖的一小片短窄海滩。悬崖对德军射击的机枪火力以及滚下来的手榴弹虽有防护作用,但并不太多。岸外的英军"塔勒邦特"号(H.M.S. Talybont)与美军"萨特利"号驱逐舰(U.S.S. Satterlee, DD-626),对着悬崖顶上发射一发发炮弹。

鲁德尔的突击兵，预定在 H 时就要在绝壁底下登陆。可是引导艇偏离了航路，把这支小小艇队径直带到了东边 5.6 公里的佩尔塞急流角。鲁德尔看到了这项错误，等到他把突击登陆艇改正航道，宝贵的时间却已经失去了。这项耽搁，使他失去了突击兵第 2 营的其余部队，以及马克斯·施奈德（Max Schneider）中校的第 5 突击兵营的 500 人支持兵力。鲁德尔原来的计划是他那个营的人开始攀登绝壁时，便打出信号弹，远在岸外几公里处登陆艇中等待的其他突击兵单位便追随上岸。如果 7 点钟以前还没有信号，那施奈德便断定强攻奥克角失败，随即率领剩余部队驶向 7.4 公里外的奥马哈滩头。他们到了那里将尾随第 29 步兵师登陆，向西扫荡朝奥克角疾进，从后方攻占这处火炮阵地。

现在是上午 7 点钟，依然没有信号，所以施奈德便已驶往奥马哈，只留下鲁德尔和他的 225 名突击兵单独执行任务。

那是既狂野又忙乱的景象。火箭一枚枚怒吼，朝上面射出带了四叉抓钩的爬索与绳梯。40 毫米口径舰炮的炮弹猛轰崖顶，震得大块大块的泥石落下来朝突击兵身上砸。士兵快速越过处处弹坑且狭窄的沙滩，拖着云梯、爬索和抓钩发射器奔跑。悬崖顶上，到处都冒出德军，要么抛下手榴弹，或用 MP40 冲锋枪扫射。突击兵都设法寻求掩蔽、到处闪避，一面卸下突击艇的装载，一面对着悬崖仰射——这一切都同时进行。奥克角外，两艘 DUKW "水鸭子" 两栖登陆车，带了几具伸缩云梯——为了这次任务特别向伦敦消防局借来的——竭力想使车身靠近一点。突击兵就在梯顶，以 BAR 勃朗宁自动步枪和汤姆森冲锋枪对着崖顶猛射。

攻击行动异常猛烈，有些突击兵不等绳索，武器往身上一挂，直接用手上的刺刀挖出手抓的地方，像苍蝇一般，攀上 9 层楼高的悬

1944年6月，美国陆军游骑兵展示他们用来攻占奥克角悬崖的梯子，他们在D日为奥马哈海滩登陆提供支援时曾攻占过该悬崖。

崖。这时,有些四叉抓钩抓住了崖边,很多人便沿着爬索蜂拥而上。德军把爬索割断时,便发出了叫唤声,许多人猛然摔落到悬崖下面。哈里·罗伯特(Harry Robert)一等兵的爬索被德军割断两次,到第三次时他终于到达了悬崖边的一处弹坑。外号"弯杆儿"的比尔·佩蒂(Bill "L-Rod" Petty)中士想用爬索一手接一手攀登上去,尽管他是个自由攀登的高手,无奈绳索又湿又泥,他也没法爬得上去。然后他又试着爬绳梯,爬到9米高时又被割断,他又滑了下来,又再爬上去。赫尔曼·伊莱亚斯·斯坦(Herman Elias Stein)上士爬另一具绳梯,意外触动了身上的救生衣鼓气,几乎把他从悬崖边上挤下去。他与身上的救生衣"搏斗"着,不过绳梯上前后都有人,最终斯坦还是继续爬了上去。

这时,突击兵们纷纷爬上从悬崖顶垂下来的爬索。佩蒂中士第三次爬上去时,突然遭到四面纷飞的土块打击,德军正俯身在悬崖上,用机枪扫射攀登上来的突击兵。德军也拼死作战,不顾突击兵从消防云梯上对他们的射击,以及驱逐舰对岸射击的炮火。佩蒂见到身后一个身体僵硬的人从悬崖掉下去。斯坦见到了,20岁的卡尔·邦巴尔迪耶(Carl Bombardier)一等兵也见到了。他们眼睁睁、惊骇地看着弟兄从爬索上向下滑落,碰到了露头的岩石。在佩蒂看来,"尸体落往海滩上的时间有一辈子那么久"。他也在爬索上呆住了,没法动手再攀一级,他只记得自己说:"这真是太难爬了。"德军的机枪又对着他打来,机枪火力扫向悬崖,危险靠近了他。佩蒂"很快回过神来",拼命攀上了最后的几米。

到了崖顶,士兵个个都扑进弹坑里。麦克洛斯基中士已经把他那艘半沉的弹药艇,成功地驶上了海滩。就他来看,奥克角悬崖上的台地,呈现的是怪异得不可思议的景象。地面上坑坑洞洞,都是H时前

第三部　D日登陆　199

空军轰炸与海军炮轰的弹坑,"看来就像月球上的坑洞"。而突击兵攀上悬崖、躲进可作为保护的弹坑时,却是一片出奇的寂静。一瞬间没有了射击,见不到一个德军。大家眼见从岸边一直延伸到内陆,到处都是咧着大嘴似的弹坑——集暴力与恐惧于一处的无人地带。

鲁德尔中校已经设立了他的第一个指挥所,就在悬崖边的凹口内。营通信官詹姆斯·艾克纳(James Eikner)中尉发出一则电文——"赞美天主",意思就是"全营已登顶"。不过并不十分准确,在悬崖底下还有营部军医——是一名执业的小儿科医师,在照料死去的队员与奄奄一息的士兵——以及大概还有 25 人未攻顶。一分钟又一分钟过去,这批骁勇的突击兵部队,渐渐兵力减少。到了这天终了,原有的 225 名士兵中,依然还能拿得动武器的只有 90 人。更糟的是,这是一次英勇却徒劳无功的努力——他们所要压制的火炮根本不在这里。法国抵抗运动的地区首领马里翁,一直想要传送到伦敦的情报很正确。奥克角顶部受尽轰击的碉堡空空如也,根本没有架设火炮[①]。

佩蒂中士和手下 4 人的勃朗宁自动步枪组,爬到悬崖顶上后在弹坑中筋疲力尽地坐着。坑坑洞洞的地面,飘着一些薄烟,空气中硝烟味还很重。佩蒂几乎像做梦一般,瞪着四周。这时他看见在弹坑边缘,有两只麻雀在吃蚯蚓。"快看!"佩蒂对几个人说,"它们在吃早饭了。"

[①] 2 小时以后,一组突击兵侦察发现,在内陆 1.6 公里处有一座伪装阵地,当中就有一个拥有 5 门火炮的炮兵连。每一门火炮周边都堆有备用炮弹,但却找不到这些火炮有操作过的迹象。突击兵断定这些火炮便是要放到奥克角的武器。

1944年6月12日，美国高级军官检查诺曼底奥克角的炮位。从左到右依次为：亨利·阿诺德将军、艾森豪威尔将军、查尔斯·科利特少将、乔治·马歇尔、奥马尔·布莱德雷中将和欧尼斯特·金海军上将。

1944年6月中旬，盟军登陆初期，登陆舰在低潮时将货物运上奥马哈海滩。可辨认的舰船包括LST-532（位于视图中央）、USS LST-262（从右边数第三艘登陆舰）、USS LST-310（从右边数第二艘登陆舰）、USS LST-533（从最右边部分可见），以及USS LST-524。请注意头顶上的防空气球和在海滩上集结的美国陆军半履带车队。LST-262是参与诺曼底登陆的10艘海岸警卫队坦克登陆舰之一。

第三部 D日登陆 201

****

此时，在这个伟大而又糟糕的早晨，海上突击登陆的最后阶段要开始了。英军第 2 集团军司令迈尔斯·克里斯托弗·邓普西（Miles Christopher Dempsey）中将的麾下部队，沿着诺曼底东半部的海岸登陆。他们登陆时冷酷而又愉快，壮观而又隆重，尽是英国在伟大时刻上惯有的传统——冷静。他们为这一天的到来等候了 4 年，他们突袭的不只是各处海滩，还有痛苦的记忆——对慕尼黑的记忆，对敦刻尔克的记忆，一次又一次痛恨、羞辱的败退，数不尽的摧毁性空袭，以及英国孤军奋战的最黑暗时刻。和他们在一起的是加拿大军队，他们在迪耶普血淋淋的损失，也有好多的血债等待偿还。和他们一起的还有法军，在这个重返家园的早晨，他们凶猛且迫不及待。

空气中有一种难以理解的喜气。舰艇载了部队向海滩疾驶时，剑滩滩头岸外有一艘救难艇，扬声器里播放着轻快的手风琴曲目《啤酒桶波卡》（Beer Barrel Polka）。金滩滩头岸外，一艘火箭发射驳船传来《我们不知道去向何处》（We Don't Know Where We're Going）的歌声。加军就要在朱诺滩头登陆时，听见一支号角吹奏的急促音符越过海面。有些人甚至唱歌，陆战队员丹尼斯·洛弗尔（Denis Lovell）还记得，"兄弟们都站着，唱着陆军和海军平常会唱的歌"。第 1 特种突击旅洛瓦特（Lovat）勋爵西蒙·克里斯托弗·约瑟夫·弗雷泽（Simon Christopher Joseph Fraser）准将的部下，仪容潇洒、整齐划一地戴着绿扁帽（突击队员拒绝戴钢盔），在风笛幽然的笛音下，唱着歌上战场。当他们的登陆艇驶过维恩（Vian）海军上将的旗舰"斯奇拉"号轻巡洋舰时，突击队员向他作出"竖起大拇指"的敬礼。18 岁的罗纳德·诺思伍德（Ronald Northwood）二等水兵看着他们，认为"这是我从未见过的最精干的小伙子"。

即便遭遇敌军的障碍物，同时敌人的火力又对着他们射击，但很多人却对这些都不当一回事。在一艘LCT坦克登陆艇上，报务员约翰·韦伯（John Webber）看见一位皇家陆战队上尉，仔细研究德军满布滩头、装上了爆炸物的障碍物，然后一脸不在意地对艇长说："我说呀，船老大，你可得把我的小伙子送上岸，那里有个好对手啊。"另一艘登陆艇上，第50步兵师的一位少校，若有所思地望着障碍物顶上清清楚楚的圆形泰勒（Teller）重型反坦克地雷，对艇长说："看在老天的分儿上，别去碰那些致命的椰子，否则我们可就全都免费去地狱了。"还有一艘登陆艇，载运皇家陆战队第48突击队，在朱诺滩头外遭遇了猛烈的机枪火力。有些人冲到后甲板寻找掩蔽，行政官丹尼尔·弗伦德（Daniel Flunder）上尉可不躲避，他把军官手杖挟在腋下，镇定沉着地以阅兵步伐在前甲板走来走去。"我以为，"他后来解释说，"就是该这么做啊。"他走来走去时，一发子弹打穿了他的地图包。另一艘登陆艇向剑滩滩头冲去时，金少校正履行他的承诺，正在背诵《亨利五世》。在柴油发动机咆哮声、枪炮射击的嘶嘶声与溅激的海水声中，他对着扩音器说："现在，在英格兰睡觉的绅士们，会认为今天没来此地乃是倒霉的事。"

有些人简直迫不及待这场战斗的开始。两名爱尔兰籍士官，一位是德·莱西上士，就是几个小时前，对爱尔兰的瓦莱拉总理说了祝颂词的那一位，"使我们置身于战争以外"的士官；而他的好友帕迪·麦奎德（Paddy McQuaid）上士，则站在LST坦克登陆艇的跳板上，以上好的皇家海军兰姆酒振作精神，很慎重地注视着他的部队。"德·莱西，"麦奎德不怀好意地看着围绕着他们的英格兰人，接着说，"你不认为这当中有些小伙子，现在看起来似乎有点孬吗？"海滩接近时，德·莱西向部队大叫："听好了，就是现在！我们上！快跑！"坦克登陆艇抢滩停下来，当士兵跑出舰外时，麦奎德对着满是炮弹硝烟的海岸线大叫："出来呀，你们这些王八蛋，现在出来和我们打呀！"话刚说完，人却沉到海里不见了，一会儿以后，他像泡沫般冒出水面来。"啊，见他的鬼！"他大嚷道，"我还没站上滩头就想把我淹死吗？"

在剑滩滩头外，英军第 3 步兵师的二等兵休伯特·维克多·巴克斯特（Hubert Victor Baxter），让他的布伦机枪运输车加速，他从前方装甲板上方探出头来，就把车冲向海里去。稳坐在高升起来座椅的，是他的死对头外号"全垒打"的贝尔（Bell）中士，两人已经吵架有好几个月了。贝尔叫道："巴克斯特，把座位加高点，你就能看得见车往哪里开了。"巴克斯特马上回叫："不见得，我还是看得见！"他们驶上海滩，正在兴头上的上士，又重演当初引发两人争执的情节，用拳头一而再再向三捶巴克斯特的钢盔，吼道："再来……再来……"

当突击队员在剑滩滩头登陆时，洛瓦特爵士的风笛手威廉·米林（William Millin）跳出登陆艇，掉进了水深齐肩的海里。他见到前面的海滩浓烟滚滚，听到了迫击炮弹爆炸的轰然巨响。当他挣扎着向海岸前进时，洛瓦特对他大声叫道："兄弟，替我们来一曲《高地少年》（Highland Laddie）吧！"米林在水深齐腰的海水中，把风笛的吹嘴放在唇边，一面在海浪中前进，一面让风笛狂热地吹奏了起来。走到了海水边缘，米林忘却了炮火，立定站住，然后沿着海岸来来回回齐步走，吹奏风笛迎接突击队员登陆。士兵川流不息在他身边经过。正当米林吹奏着《通往小岛之路》（The Road to the Isles）的时候，风笛的尖鸣声混合了子弹的尖叫声、炮弹的劈空锐啸声。一个突击队员大叫道："老兄，就是这样！"另一个却说："快卧倒吧，你这个发疯的家伙。"

沿着剑滩、朱诺和金滩三个滩头,几乎长达37公里,从接近奥恩河口的威斯特拉姆,到西面的勒阿梅尔——英军蜂拥登陆。几处海滩都被登陆艇中涌出来的部队给堵住了。几乎在各个登陆区,大海与水底障碍物所造成的麻烦远比敌军为多。

头一批登岸的是蛙人——120名水底爆破专家,他们的任务便是在障碍物间,清出几条27米宽的通道。在第一波次驶到他们这里以前,仅仅只有20分钟的作业时间。而障碍物又极其庞大惊人——有许多地方的设置密度,超过了诺曼底登陆区的其他地段。皇家陆战队的彼得·亨利·琼斯(Peter Henry Jones)中士,游进了铁栅门、刺猬架与混凝土锥的迷宫里,他所要爆破的9米通道内,竟有12种大型障碍物,有些竟达4米长。另外一名蛙人,皇家海军的约翰·泰勒(John Taylor)上尉,看到四周围绕着一排排惊人的海底防御设施,便对他的组长嚷叫道:"这工作真他妈的不可能完成!"但他没有放弃,他和其他蛙人一样在敌火下有条不紊地工作,他们把障碍物一个个炸掉,因为要整批炸掉的范围实在太大了。即便他们还在执行任务,两栖登陆坦克已经驶进了他们当中,紧跟在后面的便是第一波次部队。蛙人冲出水面,只见许多登陆艇被汹涌的海浪推得打转,撞进了障碍物区。地雷爆炸、钢条和刺猬架划开了艇身,登陆艇开始在海滩边起起伏伏挣扎着。岸外的海域都成了小艇的坟场,几乎彼此相重叠起来。报务员韦伯还记得,"抢滩过程是个悲剧"。他的登陆艇驶到时,只看到"坦克登陆艇搁浅起火,岸上有一大堆扭成一团的金属,坦克与推土机熊熊燃烧"。一艘坦克登陆艇经过他们向外海驶去时,韦伯毛骨悚然,只见"该艇的井形甲板被可怕的大火给吞噬了"。

在金滩滩头,蛙人琼斯这时正和皇家工兵一起清除障碍物。他看

H时的奥马哈滩头。登陆部队在面对敌火同时,还要在障碍物群与猛浪之间挣扎求生。这张由战地记者鲍勃·卡帕拍摄,可能是人们印象最深的D日照片。

D日登陆入侵诺曼底的英国军队——第47突击队从黄金海滩。背景中可以看到LCT正在为第231旅、第50师卸载优先车辆。

见一艘步兵登陆艇驶到,士兵都站在甲板上准备下艇。一个海浪突如其来,船艇便向一边偏过去,艇身高举,向下撞进一连串装了地雷的刺猬架。琼斯只见它轰天动地的一声就炸开了,使他想起"慢动作的卡通片——立正站着的人,就像被喷泉冲向天空……到了喷泉的顶点,尸体和尸体的一部分,如雨滴般纷纷落下"。

一艘又一艘登陆艇卡在障碍物上。运载皇家陆战队第47突击队驶往金滩滩头的16艘登陆艇中,损失了4艘,11艘受到损伤搁浅在滩头,仅仅只有一艘回到母舰。第47突击队的唐纳德·H.加德纳(Donald H. Gardner)中士和他手下的队员,就在离岸45.7米处被抛入海里,所有装备都丢失了,只得在机枪火力打击下游泳上岸。正当他们在水中挣扎时,加德纳听见有人说:"搞不好是我们误闯了别人家的私人海滩。"

皇家陆战队第48突击队进入朱诺滩头,不但闯进了障碍物群,而且遇到了猛烈的迫击炮攻击。迈克尔·奥德沃思(Michael Aldworth)中尉和他队内40来名队员,蹲在一艘步兵登陆艇的前半截,炮弹纷纷落在他们四周。奥德沃思把脑袋伸出去看看发生了什么事,只见后舱的人在甲板上奔跑。他手下的人叫道:"还要多久我们才能离开这里呀?"奥德沃思回头叫道:"等一下,兄弟们,还没轮到我们。"静止了一下又有人问道:"好了,老头子,你以为我们还要待多久?船舱里水都满了。"

这艘下沉的步兵登陆艇内落海的士兵,很快就由各种不同的舰艇给救起。四周的舰艇好多,奥德沃思回想起来,"那就像在邦德街叫出租车一样"。有些人被安然无恙到达海滩上,有些搭上了加军的驱逐舰。可是有50名突击队员却上了一艘坦克登陆艇,艇上的坦克已经下卸完毕,收到的指示是启程直接驶回英国去。不论这些心急

第三部 D日登陆 207

如焚的突击队员说什么、做什么,都无法动摇艇长改变航路。其中一名军官,德里克·罗德里克·德·斯塔克普尔(Derick Roderick de Stacpoole)少校,他在抢滩时大腿受了伤。他一听这艘坦克登陆艇的目的地就大吼起来:"胡说八道!你们全都他妈的疯了!"他说完这句便纵身跳往艇外,向岸上游去。

对大多数士兵来说,登陆攻击最难缠的部分便是海滩障碍物。一旦他们通过了,便发现所有三个滩头的敌军抵抗是星星落落——有些地方很猛烈,有些地方很轻微,有些甚至没有抵抗。金滩滩头的西半段,汉普郡团第1营(1st Hampshire Regiment)大部分士兵在水深1到2米不等的地方涉水上岸,全团差点在这里就被全灭。刚从汹涌的海水中挣扎着上了岸,就被猛烈的迫击炮火与交织的机枪火网逮个正着。射击火力来自德军能征善战的352师把守的据点——勒阿梅尔。倾泻而来的火力,使得士兵一个个倒下去。查尔斯·威尔逊(Charles Wilson)二等兵听见一个令人吃惊的声音说:"兄弟们,我不行了!"威尔逊转头去看这个人,他有着一副难以置信的奇怪表情,没再多说一个字就滑进海水底下。威尔逊以前也在海里挨过机枪的扫射,只不过那一次是在敦刻尔克撤退,去的是另一个方向罢了。乔治·斯特内尔(George Stunell)二等兵也看到四周的人倒下去。他遇到一辆布伦式轻型装甲车,停在0.9米多深的海水中不动,发动机还在响,只是"驾驶兵僵在方向盘后面,吓得不敢把车子开上岸"。斯特内尔把驾驶兵往旁边推开,在机关枪子弹四面纷飞中,把车开上去。他办到了这一点觉得很快乐,这时他忽然一个倒栽葱摔在地上,一发枪弹刚好打中他军服口袋里的铁盒香烟。子弹冲力奇大无比,几分钟以后,他发现肋骨与后背的伤口都在淌血。那发子弹干净利落地穿过了香烟盒与他的身体。

汉普郡团第1营几乎花了8个钟头才把勒阿梅尔的守军打垮。到了D日结束，这一团的伤亡人数差不多有200人。奇怪的是，于该团两翼登陆的部队，除开障碍物以外，几乎没遭遇什么麻烦。虽然也有伤亡，但却远比预料的少得多了。在汉普郡团左翼的是多塞特团第1营（1st Dorset Regiment），他们花了40分钟就离开海滩。再过去便是格林霍华兹团（Green Howards），他们登陆又快又果断，向内陆推进，把头一个目标拿下来，还不到一个小时。该团的斯坦利·霍利斯（Stanley Hollis）连军士长是一名杀手，到现在为止，累计打死90名德军。他涉水上岸立刻单枪匹马攻下了一座机枪碉堡。镇定沉着的霍利斯，从这时开始，用手榴弹和斯登冲锋枪，又杀了2名德军，俘获了20名。D日结束以前，他还会再击毙10人。

勒阿梅尔右方的海滩却异常安静，静得让一些人感到失望。杰弗里·里奇（Geoffrey Leach）医护兵眼见部队与车辆涌上滩头，发现啥事也没有，"可供医护兵做的，唯有帮忙卸弹药"。对陆战队员洛弗尔来说，这次登陆就像"在国内举行的登陆演习而已"。他的部队——皇家陆战队第47突击队，迅速前进离开滩头，避免与任何敌人接触，向西进攻，作一次11.3公里的强行军，去与贝桑港附近的美军会师。他们预料大约在中午时分，就可以见到从奥马哈滩头登陆的头一批美国佬。

不过，事情的发展不会是如此顺利——不像在奥马哈滩头依然被顽强的德军352师火力牵制住的美军，英军与加军轻松击溃德军716师，以及强迫征召的俄国与波兰组成的"志愿军"。此外，英军对两栖登陆坦克以及一大群鲁布·戈德堡机械装甲车辆作了最大可能的运用。有些像是链枷坦克，用链条抽击车身前方的地面以引爆地雷；其他的还有载有小型桥材或一大卷钢带，摊开时便可以在松软的泥土地面铺出一条临时道路。还有一型装甲车更载运了一大捆可以充当越过反坦克墙垫脚石或者用来填满反坦克壕的原木。这些新发明，加上长时间对海滩的轰击，使登陆的英军部队得到了额外保护。

但是有的英联邦的部队依然遭遇到一些德军据点的坚强抵抗。加拿大第3步兵师在朱诺滩头的另一边奋战，突破一行行的机枪碉堡与壕沟，攻击改装成工事的房屋，在库尔瑟勒进行巷战，最终才宣告突破向内陆推进。那里所有的抵抗，都在2小时内肃清。在很多地方，肃清的工作都是很快就能完成。二等水兵爱德华·阿什沃思（Edward Ashworth）所在的坦克登陆艇，把部队和坦克送到了库尔瑟勒的海滩。他看见远处的沙丘后方有加军押解着6名德军俘虏，阿什沃思（Edward Ashworth）以为这是去弄一顶德军钢盔作纪念品的机会。他跑上海滩到了沙丘后，发现这6名德军"躺成一堆"。他不死心还是要弄一顶钢盔，便俯身在一具尸体上，这才发现"这个人的脖子被割开了——他们每一个人的咽喉全遭割断"。阿什沃思"转身离开，作呕得要死，也没有拿钢盔"。

德·莱西中士也在库尔瑟勒地区俘获了12名德国兵，他们似乎急切要走出战壕，两只手高高举在头上。莱西站着瞪了他们一阵子，他有个弟弟战死在北非。然后他对在现场的一名英军士兵说："看管好这些超级笨蛋，就看好他们。把他们带走，不要再让我看到。"

他走开去替自己泡一杯茶以浇灭怒火，正当他把水壶放在加热燃罐煮水时，一个"乳臭未干"的年轻军官，走过来并很严厉地说："喂，听着，上士，现在还不是泡茶的时候。"莱西抬头看他，带着他在陆军服役21年的耐性回答道："长官，现在我们并不是在扮演假日的军旅游戏——这是真实的战争。你要不要5分钟后再回来，好好喝上一杯茶呢？"该名军官照办了。

一辆加拿大坦克在宾海库尔瑟勒的海滩上行驶，它拖着弹药雪橇。这种雪橇被谢尔曼、丘吉尔、克伦威尔甚至半人马坦克冷漠地拖着。它在登陆行动中被广泛使用。

诺曼底登陆期间被盟军摧毁的德军阵地。

纵然战事还正在库尔瑟勒地区进行，人员、火炮、坦克、车辆与补给依然持续涌上岸，向内陆的进军控制得很顺畅而有效率。滩头指挥官科林·莫德（Colin Maud）上尉，不准朱诺滩头上有闲人。大多数的人就像约翰·贝农（John Beynon）海军中尉一般，看见这个魁梧奇伟、满面胡须的军官，仪表堂堂却声若轰雷的外貌时都吓了一跳。他遇到每一个新来乍到的人，都是同样一句话："我是这场盛会接待委员会的主席，所以呢，快给我走！"没有几个人想和这位剑滩滩头的管理人抬杠。贝农还记得，他一只手拿根短棍，一只手紧紧牵住一条形貌凶狠的德国牧羊犬，其效用就如同他所希望的那样。国际新闻社（International News Service）记者约瑟夫·威利库姆（Joseph Willicombe）记得曾与这位滩头指挥官争辩却徒劳无功的经过。威利库姆随加军的第一波次登陆，曾被答应说，他将会被准许使用滩头指挥官的双向无线电，向指挥舰发出 25 个字的电文，再转发到美国去。显然，所有人都懒得去通知莫德。他冷冰冰瞪着威利库姆咆哮道："我的小老弟，这里可是在打点小仗呀。"威利库姆承认，滩头指挥官说得有理[①]。几米之外，就有一堆 15 具加军尸体躺在粗糙的滨草上，他们冲上岸时踩到了德军地雷。

加军在整个朱诺滩头都有牺牲。在英军攻占的三个滩头中，他们是最为血淋淋的。汹涌的大海耽搁了登陆，滩头东半部有很多像剃

[①] 剑滩滩头的记者都没有通信管道，一直到合众社（United Press）的克拉克（Ronaid Clark）上岸，带了两箱的传信鸽。记者们立刻写出简讯，放进鸽脚上的胶囊里，把鸽子放走。不幸的是这些鸽子负荷太重，大多数都掉到地上。有几只鸽子，在上空兜了一圈，然后向德军阵线飞去。路透社的林奇站在海滩上，手握拳头对着鸽群挥舞，破口大骂："卖国贼！他妈的卖国贼！"威利康说，有 4 只鸽子为了"证明忠心耿耿"，真的在几个小时内，飞到了伦敦的新闻部。

刀般锐利的暗礁，加上障碍物的阻碍，造成了登陆艇的毁坏。更糟的是，空军的轰炸与海军对岸射击都失效，没有打垮海岸上的防线，或根本没有打中，而有些地段部队登陆时毫无坦克的保护。在贝尔尼埃（Bernieeres）与滨海圣欧班的另一边，加军第8步兵旅，以及皇家陆战队第48突击队的士兵，上岸时都遭遇了猛烈火力。抢滩时有一个步兵连几乎折损了一半。滨海圣欧班的德军炮兵火力尤为密集，成为滩头其中最为恐怖的时刻。有一辆坦克为完成掩护任务，疯狂地在滩头横冲直撞要驶离火线，还在尸体与濒死伤兵身上碾过。突击队队长弗伦德上尉，从沙丘上回头一看，见到了这辆坦克乱冲，他不顾德军炮弹的爆炸，向后跑回沙滩，用尽平生力气大喊道："他们是我的弟兄！"气得要死的弗伦德，用指挥杖敲打坦克的舱盖。可是坦克还是往前冲，弗伦德拔除手榴弹的插销，把坦克的一条履带炸断。直到大惊失色的坦克乘员打开顶盖，才知道发生了什么事情。

虽然作战拖久而十分痛苦，加军和突击队还是在不到30分钟内，离开贝尔尼埃与滨海圣欧班之间的滩头向内陆前进。后续来到的各波次部队，没有遇到什么困难，1小时后滩头就显得十分平静。防空气球营的约翰·墨菲（John Murphy）空军二等兵发现，"最坏的敌人竟是沙虱，每一次海浪一来，都会让我们发疯"。在滩头后面进行的巷战，使部队忙了2个小时，但朱诺滩头的这一段，也像西边的那一半滩头，现在都已经掌控了。

第48突击队队员，从滨海圣欧班杀出一条血路，转向东边沿着海岸前进。他们有一项特别艰巨的使命。朱诺滩头离剑滩滩头有11.3公里远，为了填补这两个滩头的空隙，第48突击队正向剑滩滩头强行军。另外第41突击队则在剑滩滩头边缘的滨海利翁（Lion-sur-Mer）登陆，上岸后转向西前进。预定这两支部队会在几个小时以后会师，地点大致在这两个滩头中间的地方。计划虽然如此，可是突击队上岸后几乎立刻就遇到麻烦。在朱诺滩头以东1.6公里的朗格吕讷，第48突击队发现这一带地区遍筑工事，每一幢房屋就是一个据点。再加上地雷、有刺铁丝网和反坦克墙——有些墙高1.8米，厚1.5米——把街道都封死了。从这些阵地，德军以猛烈的火力迎接登陆的盟军，第48突击队因为没有坦克与炮兵支持，就被挡死了。

9.7公里外的剑滩滩头，第41突击队经过艰困的登陆后转向西，直往滨海利翁推进。法国人告诉他们那里的德军已经撤走。这项信息似乎很正确——直到突击队员行进到滨海利翁边缘为止。在这里，炮火打垮了3辆支援的坦克。狙击兵与机枪火力，来自那些已经改成地堡、看似无害的别墅。迫击炮弹在突击队员头上如雨而下。也像第48突击队一样，第41突击队也被挡住了。

此时的盟军统帅部虽然还没有人知悉，然而，登陆区却有一个宽达9.7公里的大缺口——隆美尔的坦克如果行进得够快，就能从这处缺口开始，沿着海岸向两侧进攻，把上岸的英军席卷一空。

滨海利翁是剑滩滩头少数几处棘手的地点之一。在英军攻占的三个滩头中，原本预计剑滩滩头的防线最为严密，部队在听取任务提示时，都被告知伤亡士兵比率会很高。英军南兰开夏郡团第1营（1st South Lancashire Regiment）的约翰·盖尔（John Gale）二等兵，"冷酷地被告知，他们第一波次登陆的人，或许会被全灭"。突击队对这种情况甚至描绘得更恐怖，深深贯注进他们心中的指示是："不管发生了什么情况，我们都要前进，因为那里不会有伤员后送……不会后退。"据第4突击队的詹姆斯·科利（James Colley）下士与斯坦利·斯图尔德（Stanley Steward）二等兵回忆，预料他们"会在滩头上全军覆灭"。从他们所知，伤亡率将"高达84%"。而先于步兵

214 最长的一天

隶属于第3师的皇家海军陆战队突击队从诺曼底海岸的宝剑海滩向内陆移动。

奥马哈滩头的伤兵，正在海堤下掩蔽，等候转运。

第三部 D日登陆

登陆的两栖坦克士兵所得到的警告是，"即便你们上得了岸，也会有60%的伤亡"。两栖坦克的驾驶兵克里斯托弗·史密斯（Christopher Smith）二等兵，认为自己活下去的机会很小，谣言使得伤亡率更来到了90%。史密斯则真信不疑，他的部队离开英国时，很多人见到在戈斯波特海滩（Gosport Beach）上，正装设帆布围篱，"据说竖起这些帆布围篱，就是为了要清理运回来的尸体"。

有段时候，眼看着最坏的情况也许就要成真了。有些地段，第一波次的部队遭到了机关枪与迫击炮的猛烈攻击。距离剑滩滩头中途的威斯特拉姆，从海水边到沙滩，躺满了已死与待死的英军东约克郡团第2营（2nd East York Regiment）士兵。虽然没人知道从登陆艇血淋淋的抢滩中死伤了多少人，但该团似乎可能是D日头几分钟中死伤最惨的部队，共有200人伤亡。后续波次登陆的部队，眼见到这些一堆堆扭曲的身穿咔叽布军装的"物体"而大为震撼，似乎证实了他们最惧怕的状况。有些人见到"尸体就像木材般堆集起来"，有"150多具尸体"。第4突击队的约翰·梅森（John Mason）二等兵，在H时后半小时上岸，惊惶于"在一堆堆的步兵尸体中跑过，他们就像是保龄球般被人给轰倒的"。洛瓦特爵士突击队的弗雷德里克·米尔斯（Frederick Mears）下士，"看见东约克郡团的士兵一堆堆躺着而大惊失色……可能是他们还来不及散开来所致"。他一个劲冲上沙滩，决心要使世界短跑冠军"杰西·欧文斯（Jesse Owens）看起来慢得像乌龟"。他记得曾愤世嫉俗地想到，"他们下次就会知道要怎么做了"。

虽然死伤惨重，但滩头的战斗很短暂[1]，除开最初的损失外。剑滩滩头的登陆部队前进迅速，没有遇到什么像样的抵抗。登陆极其成功，使得在第一波次后几分钟上岸的很多士兵大感惊讶，他们仅仅遭遇到狙击兵的射击。士兵见到海滩硝烟笼罩、医护兵在救治伤兵、扫雷坦克引爆了许多地雷、海岸线上狼藉起火的坦克与车辆，以及偶尔几发炮弹炸开掀起的海沙四射。但没有一处地方是他们所预估的大屠杀。

对这些紧张的士兵来说，原本料到滩头会是一场浩劫，结果却不如想象的那样。

在剑滩滩头的许多地方，甚至有着度假的气氛。沿着海边，到处都有一小批一小批欣喜的法国人，向部队挥手大叫："英国万岁！"皇家陆战队的通信兵莱斯利·福特（Leslie Ford）注意到一个法国人"甚至就在海滩上，向一批居民对眼前的战斗作现场讲解"。

福特认为这些人疯了，因为海滩和岸边依然埋有许多地雷，偶尔还有德军的射击。这种情形到处可见。法国人前来拥抱士兵，似乎对周遭的危险浑然不觉。哈里·诺菲尔德（Harry Norfield）下士和机枪手罗纳德·艾伦（Ronald Allen）二等兵都大为吃惊，只见"一个人全身盛装，佩戴壮观的勋徽奖章，头戴一顶闪闪发光的铜盔，寻路向海滩走来"。原来此人就是库尔瑟勒村村长，那是一处再往内陆约 1.6 公

---

[1] 对于剑滩滩头战斗的性质，一向都有很多分歧。东约克郡团官兵，不同意他们自己的团史所说，那就像是"训练表演，只不过更容易一点"。第 4 突击队官兵宣称，他们在 H 时后 30 分钟登陆，发现东约克郡团还在海边。根据登陆剑滩滩头的第 8 步兵旅旅长克斯准将说，第 4 突击队登陆时，东约克郡团已离开了滩头。据估计，第 4 突击队上岸时，折损了 30 人。克斯说，在海滩的西半边，"除了个别的狙击兵以外，我军制伏了德军 85% 的抵抗"。第 1 兰开夏郡团官兵在此处登陆，伤亡轻微，很快就向内陆进军。

6月7日，第7装甲师第22装甲旅伦敦郡第四民兵团的一辆克伦威尔 Mk V 坦克，带领一队装甲和软皮车辆从诺曼底黄金海滩向内陆进发。

里的小村庄。他决定亲身前来，对登陆部队作官方迎接。

有些德军对迎接盟军的热情，似乎与法国人是不相伯仲的。战斗工兵亨利·詹宁斯（Henry Jennings）刚一上岸，就遇到了一批杂牌的德军——大部分都是俄国与波兰的"志愿兵"——急于要投降。皇家炮兵的杰拉尔德·艾弗·德斯蒙德·诺顿（Gerald Ivor Desmond Norton）上尉，却遇上最为意想不到的事情，他见到"4名德军，手提皮箱都装好了，好像他们出来等第一班便车离开法国"。

英、加军队离开了混乱的剑滩、朱诺与金滩滩头，蜂拥向内陆进军。行进十分有条理也很有效率，而且还展现出庄严感。部队打进市镇村落时英勇的例子比比皆是。有些人还记得皇家陆战队一名突击队少校，两只手都受伤了还督促队内士兵，对着他们大叫："弟兄们，往内陆攻，这场派对可别让老德占了先机。"还有人记得，负伤的人在等候医护兵赶来时那种充满自信的高兴和十足的信心。有些伤兵在部队经过时挥手，还有些人喊："弟兄们，柏林见！"机枪手艾伦绝不会忘记，一名士兵腹部受了重伤却靠在墙上，冷静地看书。

现在进军速度最重要。登陆金滩滩头的部队，正向内陆大约11公里处的巴约前进；朱诺滩头的加军，则向16公里外的巴约-卡昂公路，以及卡尔皮凯机场进兵；而离开剑滩滩头的英军，则向卡昂前进，他们很有信心可以拿下这个目标。甚至连一些记者，像伦敦《每日邮报》（Daily Mail）的诺埃尔·蒙克斯（Noel Monks）后来回忆，他们被告知，记者会将在"下午4点钟在卡昂的X点举行"。洛瓦特爵士的突击队员，毫不浪费时间大步离开剑滩滩头，他们要去7公里外接防，把苦战据守奥恩河与卡昂运河上各处桥梁的盖尔将军第6空降师换下来。洛瓦特曾经答应过盖尔，"日正当中"时就会赶到。在行军纵队领头的是一辆坦克，洛瓦特的风笛手米林在车后行进，吹奏

第三部　D日登陆　219

着《边境上的蓝绒帽》(Blue Bonnets over the Border)。

对10名英国人来说D日结束了。他们是X-20号和X-23号袖珍潜艇的艇员。在剑滩滩头的外海,昂纳上尉的X-23号潜艇穿过不断向海岸驶去的一波波登陆艇。在波涛汹涌的大海中,艇身上平坦的上层结构,几乎被海水覆盖得看不见,能见到的仅是它的识别旗在风中刷刷摆动。一艘坦克登陆艇的艇长查尔斯·威尔逊"大吃一惊,几乎掉到艇外",只见"两面显然没有旗杆的大旗",穿越海水持续对着他驶过来。X-23潜艇通过后,威尔逊忍不住怀疑,"一艘袖珍潜艇要在登陆作战中搞什么"?

X-23号潜艇驶向运输舰区,找寻它的拖船。那是一艘拖网渔船,有一个满不错的船名"前锋号"(En Avant)。"弃卒作战"结束,昂纳上尉和四名艇员回家了。

由他们标示滩头而登上岸的部队,正向法国进军。每一个人都很乐观。大西洋壁垒被突破了,现在的大问题就是,德军要多快才能搞清楚是怎么一回事。

3

贝希特斯加登的清晨显得安静。天气已暖乎乎、闷热起来了,云却低挂在四周的山头上。在贝希特斯加登希特勒堡垒似的山居官邸,一切都静悄悄的。元首还在酣睡。对于几公里以外的最高统帅部,这只是一个寻常得不得了的早晨。最高统帅部作战厅长约德尔上将,6点钟便起了床,已经吃过了他习以为常的简便早餐(一杯咖啡、一颗水煮蛋和一片烤面包)。这时,在他那小小的隔音办公室里,正好有时间阅读昨夜送来的各项报告。

从意大利传来的消息依然很糟。24小时以前,罗马已经失陷。阿尔贝特·凯塞林（Albert Kesselring）空军元帅的部队在撤退中受到盟军紧紧的压迫。约德尔认为,凯塞林使麾下部队脱离接触,后退到北方的新阵地以前,也许盟军就能突破了。约尔德关切意大利境内德军会受到威胁而崩溃,便下令副厅长瓦尔特·瓦尔利蒙特（Walter Warlimont）炮兵上将出差到意大利的凯塞林司令部去,亲自查明一下状况。瓦尔利蒙特要在这天天黑时启程。

苏联方面没有什么动静。虽然正式说来约德尔的权力范围并不包括东线战场,很久以前他曾安插自己去"辅佐"元首指挥东线作战。现在,任何时候苏军都可能开始夏季攻势。3,200公里长的阵线上,德军有200个师——150多万人——正静静等待这次攻势的到来。可是今天早晨,苏联方面还是平平静静。约德尔的副官送上几份伦德施泰特总部来的报告,是关于盟军在诺曼底发动攻击的报告。约德尔并不认为情况严重,至少还没有到那种程度吧。当前,他最关心的是意大利。

在几公里外的施特鲁布（Strub）的营房里,约德尔的副厅长瓦尔利蒙特将军,自从凌晨4点钟以后,便仔细地了解诺曼底的战况。他接到了西线总司令部的电传报告,要求动用担任预备队的装甲师——装甲教导师和第12党卫装甲师——他在电话中,与伦德施泰特的参谋长布鲁门特里特上将讨论过。这时瓦尔利蒙特便打电话给约德尔。

"布鲁门特里特已经打电话来询问关于装甲师预备队的事,"瓦尔利蒙特报告说,"西线总司令部要求立刻在登陆地区动用它们。"

瓦尔利蒙特回忆,约德尔沉默了一阵子,心里琢磨着一个问题。"你有十分把握,这就是主攻方向吗？"约德尔问道,在瓦尔利蒙特答话之前,他又说:"根据我接到的报告,这可能是佯攻……欺敌计划的一部分。现在西线总司令部有的是预备队呀……西线总司令部应该致力于以现有的兵力,将攻击给摆平……我认为现在还不是动用最高统帅部预备队的时候……我们一定要等一等,等情况清楚再说。"

瓦尔利蒙特知道在这一点上,争执没有什么用,哪怕他晓得诺曼底的登陆,情况远比约德尔所认为的要严重得多,他说:"厅长,以诺曼底的情况来看,我要不要按照计划去意大利?"约德尔说:"是呀,是呀,我看不出为什么不要去。"然后他就把电话挂断了。

瓦尔利蒙特把电话放下,转身对着陆军作战处长霍斯特·特罗伊施·冯·布特拉尔-布兰登费尔斯(Horst Treusch von Buttlar-Brandenfels)少将,把约德尔的决定告诉他:"我同情布鲁门特里特,就我所了解,这个决定绝对与预先的计划恰恰相反。"

对于希特勒掌控装甲师的命令在字面上的意义,约德尔是如此地解读的,瓦尔利蒙特心里是感到"震惊"的。的确,这两个装甲师是最高统帅部的预备队,因此它们受希特勒的直接指挥。但是瓦尔利蒙特也跟伦德施泰特一样,向来都了解"一旦盟军攻击,不论是否佯攻,装甲师的控制权便立即解除——事实上是自动解除"。对瓦尔利蒙特来说,这看来是唯一合乎逻辑的行动;当事人在现场、正在击退登陆,就应该把一切他认为恰当的武力投入进去,而这个人凑巧就是德国最后一位"黑骑士"——备受尊崇的战略家伦德施泰特。约德尔原可以解除对这支武力的管制,但他不想冒险。一如瓦尔利蒙特后来的回忆:"约德尔以为,那也会是希特勒的决定。"瓦尔利蒙特觉得,约德尔的态度分明就是"领导层指挥混乱"的一项例证。但却没有一个人和约德尔争论。瓦尔利蒙特打电话给西线总司令部的布鲁门特里特,要解除对装甲师的管制,就要全靠一个反复无常与喜好突发奇想的人了，这个人便是约德尔认定的用兵天才——希特勒。

预料到会有这种情况，而期盼和希特勒就此进行讨论的将官，现在距离贝希特斯加登还有2小时不到的车程。隆美尔元帅在乌姆尔的赫林根老家，似乎在当前的混乱局势之中，他的存在竟完全被人给忘记了。根据B集团军群有条不紊的"作战日志"，此时的隆美尔甚至还没有收到盟军关于诺曼底登陆的消息。

巴黎郊外的西线总司令部，约德尔的决定造成震惊与怀疑。作战处长齐默尔曼上校，记得伦德施泰特"愤怒得火焰腾腾，满面通红，气得说话都语无伦次了"。齐默尔曼也无法置信。前一天晚上，齐默尔曼打电话给最高统帅部，通知作战厅的值日官汉斯·约亨·弗里德尔（Hans Jochen Friedel）少校，西线总司令部已下令这两个装甲师提升戒备。他清楚记得"这个调动没有造成什么异议"。这时他又打电话给最高统帅部，与陆军作战处长布兰登费尔斯少将通话，得到的却是漠然置之——后者从约德尔那里得到了指示，布兰登费尔斯气愤且大肆咆哮："这两个师在最高统帅部直接管制之下！没有我们事先批准，你们没有权下令它们戒备——你们要立刻制止这两个装甲师——元首没下决心以前，绝不可动！"齐默尔曼还想要辩解，布兰登费尔斯一句话就把他顶回去："照我说的办！"

下一步就要靠伦德施泰特了。他以元帅之尊，可以直接与希特勒通话，很可能这两个装甲师也许会立刻解除管制。不过，在D日这一天，不论是当时或任何时候，伦德施泰特都没有打电话给希特勒，哪怕在登陆时军情万分紧急，也不能迫使贵族身份的伦德施泰特去恳求

第三部　D日登陆　223

这个他惯常提及的"波希米亚下士"[①]。

可是他的军官却不断打电话催促最高统帅部,极力想改变这项决定却徒劳无功。他们打电话给瓦尔利蒙特、布兰登费尔斯,甚至打给希特勒的副官施蒙特少将。这场奇怪、远距离的斗争,竟进行了好几个小时。齐默尔曼如此作出总结:"那时我们警告说,如果西线总司令部得不到这两个装甲师,敌人在诺曼底的登陆就会成功,便会有无法预见的后果。"他们却干脆告诉我们,你们没有资格作裁决——再说,敌人的登陆根本会在另一个截然不同的地方发生[②]。希特勒在他那一群马屁精将领的小圈子护卫下,在愚蠢、幻想世界里的贝希特斯加登,继续酣然大睡下去。

在拉罗什吉永隆美尔的集团军司令部里,参谋长施派德尔中将到这时为止,对约德尔的决定还一无所知。他还有这种印象,担任预备队的两个装甲师已经奉令行动,现在已在路上了。同时,施派德尔也知道,第21装甲师也正进入卡昂以南的集结区。虽然装甲师的坦克调动还要点时间,但师内部分的侦察部队与装甲步兵已与敌人接战了。所以,在集团军司令部里,充满着确定感的乐观气氛。莱奥德加德·弗赖贝格(Leodegard Freyberg)上校还记得,"一般的印象是,在这一天结束时盟军会被赶下海"。隆美尔的海军副官鲁格海军中将,也同样感到欢愉,不过他注意到一件特别的事情:拉罗什富科公爵与

[①] 根据布朗登费说,希特勒十分清楚伦德施泰特看不起他,"只要这位元帅一犯嘀咕,"希特勒一度说过,"一切事情都好办了。"

[②] 希特勒笃定,"真正的"登陆会在加莱地区,他将扎尔穆特的第15集团军守在那一带的阵地一直到7月24日。然而到那时已经太晚了。讽刺的是,希特勒似乎是原先最早且唯一认为,登陆行动会在诺曼底发生的人。布鲁门特里特将军说:"我还清楚记得,4月份某天约德尔打来一通电话,说'元首有确切的情报,在诺曼底登陆并非不可能'。"

公爵夫人的管家,悄悄走过古堡,把各墙上的天价壁毯都取了下来。

在第7集团军司令部,似乎有更多的乐观理由,该集团军已经与盟军交战。对参谋们来说,看上去352师已经将在维耶维尔与库尔瑟勒之间——奥马哈滩头——登陆的部队赶下海了。

之所以有这种想法,是在俯瞰海滩碉堡中的一名军官埃内特·戈特(Ernet Goth)上校,终于可以通过他的上级弗里茨·齐格尔曼(Fritz Ziegelmann)中校传达一份令人鼓舞的作战进展报告。集团军司令部认为这个报告很重要,便一字不漏地记录下来。"在海水的边缘,"这位观测员说,"敌人正在海岸区障碍物的后面力求掩蔽,大量的摩托化车辆——其中包括10辆坦克——都停在海滩上熊熊燃烧。障碍爆破班已经放弃了他们的行动,登陆艇的下卸作业也停止了……登陆艇持续驶向距离更远的海上,我军作战阵地与炮兵火力十分准确,造成了敌军可观的伤亡。很多受伤与阵亡的人就躺在海滩上……"①

这可是第7集团军司令部第一次接到的好消息,精神振奋到这种程度,以至于第15集团军司令扎尔穆特将军,建议把第346步兵师派过来援助第7集团军时,却遭到第7集团军趾高气扬地拒绝,告诉他:"本集团军并不需要贵军兵力。"

即便人人都很有信心,第7集团军参谋长彭泽尔将军,却依然力图把战况的实际情形拼凑起来。由于缺乏通信,要拼凑出全貌很困

---

① 这项报告的时间,大致在8点与9点之间,直接报告给352师的作战科长齐格曼中校,打电话的是戈特上校。他指挥佩西角一带的工事。这些工事是在俯瞰奥马哈滩头的维耶维尔的尾端。报告营造出欢欣鼓舞的效应,据齐格曼在战后所写的记述,他认为自己在对付一支"战力较差的敌军"。之后的报告甚至更加乐观,到了11点钟,352师师长克莱斯将军,非常相信他已经把奥马哈滩头一扫而空,以至于他可以把师预备队调动,加强该师位于英军责任区的右翼。

第三部　D日登陆　225

难。有线电话线与电缆都被法国抵抗运动、盟军伞兵割断，或者被空军轰炸与海军炮轰炸毁了。彭泽尔向隆美尔的集团军司令部报告说："我现在打的这一仗，征服者威廉一定也打过——只能光靠眼睛和耳朵探索敌人动态。"实际上，彭泽尔并不真正知道他的通信糟糕到了什么程度，他以为仅仅只有伞兵降落在瑟堡半岛，这时他还不知道，海上的登陆已在瑟堡半岛东岸——犹他滩头实施。

彭泽尔要界定这次攻击确实的地域很难，他只确实了解一件事——对诺曼底的突击便是主攻，并不断向隆美尔与伦德施泰特司令部指出这一点，可是他依然还是少数。一如 B 集团军群与西线总司令部在晨报中所宣称的，

"这是一次大规模的佯攻或主攻，目前言之过早"。这些将领继续在找寻"重点"所在，而在诺曼底海岸，任何一名小兵都可以告诉他们，主攻的重点在什么地方。

****

离开剑滩滩头 800 米处，德军约瑟夫·黑格尔（Josef Heager）二等兵正晕头转向且全身发抖，他找到了自己机关枪的扳机，又开始射击起来。他四周的土地似乎全都爆炸开来，噪音震耳欲聋，他的头嗡嗡咆哮。这名 18 岁的机枪手害怕得作呕。他打得很好，自从剑滩滩头后面 716 师的防线失守以后，他就协助掩护本连的撤退，他打死了多少英国佬，连他自己也不知道。他被敌军抢滩上了海岸，并逐一把他们都给撂倒的过程给深深吸引住了。他过去时常在琢磨，打死敌人会是什么感觉？他曾和朋友胡夫、扎克斯勒和克卢格（"Ferdi" Klug）谈过很多次，现在黑格尔自己发现：这非常容易。胡夫的命不够长，

未能发现这是多么容易——他们往后跑时,胡夫被打死了。黑格尔留下了他,他躺在树篱内,嘴巴张得大大的,额头上有了一个大洞。黑格尔不知道扎克斯勒在什么地方,克卢格依然在他身边。一发霰弹爆炸,使他半瞎,血从脸上的伤口涌了出来。现在黑格尔了解,他们全遭打死只是时间的问题而已。他和19个人——全连剩下来的人——在一个小碉堡前面的壕沟里。他们遭受四面八方的射击,机关枪、迫击炮,还有步枪的火力——他们已遭敌人包围了。他们要么投降,不然就是被打死。人人都知道这一点——除了那位在碉堡里用机枪射击的上尉连长,他不让他们进去,还不停地喊叫:"我们一定要守下去,我们一定要守下去!"

这是黑格尔一生中最糟糕的时刻,他已经不知道自己在对什么射击。每当炮轰一停,他就自动扣起了扳机,并感受到机枪在射击。这给予他勇气继续射击,然后炮轰又来了,每个人又都对着连长喊:"让我们进去!让我们进去!"

或许是坦克使连长改变了主意,他们都听到了坦克的呼呼声和铿锵声,一共有两辆。一辆停在一块田地以外,另外一辆慢吞吞地前进,从一道树篱中冲出来。它们经过在附近草地上对战斗毫不关心、只在啃草的3头乳牛,这时碉堡里的人看见这辆坦克的大炮缓缓降低,准备近距离对他们射击。就在这一刹那间,坦克忽然令人难以置信地爆炸开来,壕沟中的一名火箭筒手,把他最后一发貌似球根形的火箭弹发射出去,直接命中坦克。黑格尔和他的朋友克卢格都震住了,都不知道这事如何发生的,只见那辆熊熊燃烧的坦克舱盖打开,在翻滚的黑烟中,一名坦克兵拼命想爬出车身来。他厉声惨叫,衣服都着了火,才爬出舱盖一半就垮了,尸身倒垂在坦克的一侧。黑格尔对克卢格说:"希望老天爷赐我们一种比较好的死法。"

第二辆坦克小心地待在火箭筒射程以外开始射击。连长终于下令每一个人都进碉堡里去,黑格尔便和其他残存的人跟跟跄跄进了碉堡——进入了另一个新梦魇。这处碉堡只不过是一间起居室大小,却塞满了死人和奄奄一息的士兵,碉堡中一共有30多人挤在一起,他们都没法坐下来或者转身。里面又热又黑,而且还有可怕的噪音。伤兵在呻吟,大家用好几种不同的语言在说话——很多是波兰人和苏联人。其间,连长根本不理会伤兵喊叫"投降!投降",还是从那个唯一的射击口射出他的机枪。

瞬间都静了下来,碉堡中的黑格尔和这些快呛死的人,听见有人在外面嚷嚷:"好了,赫尔曼——你们最好出来吧!"连长气呼呼又开起枪来。几分钟以后,他们又听到同一个人的声音:"德国佬,你们最好就放弃。"

由于连长的机枪射击后排出恶心的硝烟味,恶臭且闷人的空气,让大家都咳嗽起来。每当连长停止射击再装上子弹时,外面那个声音便要求他们投降。最后,外面有人用德语喊话,黑格尔一直都记得,有一个受伤的德兵,显然在用他自己仅认识的两个英文单词来响应:"哈啰,弟兄们!哈啰,弟兄们!"

外面的射击停止了,黑格尔觉得几乎每一个人马上就意识到会有什么事情要发生了。在他们碉堡的圆钢顶上有一个小小的窥视孔,黑格尔和几个人把其中一个人高高举起,让他看看发生了什么情况。这位仁兄突然大叫:"火焰喷射器!他们把一具火焰喷射器送到前面来了!"

黑格尔知道火焰没法接近他们,因为进入碉堡内的金属通风管,建构在交错的建筑物内。可是热度却能要了他们的命,没多久他们就听到火焰喷射器"呼"的一声。这时空气进入碉堡的唯一途径,便是那个狭窄的射击口。而且，连长还在那里以及碉堡顶的窥视孔用他的机枪继续扫射。

温度渐渐越来越高，一些人恐慌起来，他们抓爬推挤，疯狂大叫着："我们要出去！"他们都竭力趴倒在地上，在别人的腿下往门口钻去，不过由于四周散布受伤的士兵，多到连碉堡的门都到不了。每一个人都在求连长投降。连长却仍在射击，甚至连从射击口回一下头都不回，空气越来越污浊了。

"大家听我的口令，我们一起来呼吸。"一名中尉叫道，"吸气……呼气！吸气……呼气！"黑格尔眼见通风管的管体从浅红变成深红，然后又成了白热。"吸气……呼气……吸气……呼气……"中尉在喊，那名伤兵也在叫："哈啰，弟兄们！哈啰，弟兄们！"在碉堡的角落有一部无线电，黑格尔听见通信兵一再呼叫："呼叫，菠菜！呼叫，菠菜！"

"连长！"那名中尉叫道，"受伤的人要呛死了——我们一定要投降！"

连长咆哮道："办不到，我们要杀开一条生路出去！清点人数和武器！"

"不行！不行！"碉堡中每一个角落的人都在叫。

克卢格对黑格尔说："除开连长以外，你是唯一有机枪的人，听我说的没错，那个疯子要第一个派出去的就是你。"

这时，很多人作出反抗，把步枪的枪机退下来往地上扔，大喊："我不会去的。"黑格尔告诉克卢格，他把机枪的闭锁杆抽出来扔掉了。

一些人由于高温而垮了，膝盖打弯，脑袋垂下，他们还维持着半直立的姿势，没有倒在地面上。年轻的中尉继续恳求连长，可是没有

英军迎着敌军登陆。海滩位置不清,但很可能是金滩。注意左边受伤的士兵倒在水中,边上还有其他中弹倒下的人,但是右边的部队却仍沿着海滩镇定前进。这是D日最写实的照片中的一张,因为它展示了每个登陆老兵都知道的事实——要么在某个地方突然倒下死去,要么在另一个地方暂时享受虚假的安全感。没有哪个地方是真正安全的。

用。没有人能到碉堡门边去，因为门旁边就是射击孔，连长就跟他的机枪在射击孔那里。

突然连长停止射击，转头向通信兵说："联络上没有？"通信兵回答说："报告连长，什么都没有。"这时连长才看看四周，就像头一次见到这个碉堡里这么拥挤似的。他似乎茫然失措，然后把机枪往地下一扔，死了这条心，说："开门吧！"

黑格尔看见有人把一块撕下来的白布放在步枪上，从射孔伸了出去。外面有一个声音说了："好吧，德国佬，出来吧——一次出来一个！"

士兵喘着气，被光线照得睁不开眼，从焦黑的掩体中摇摇晃晃走了出来。如果他们把武器和钢盔丢得不够快，站在壕沟两边的英军，就对着他们身后的地上开枪。德军走到壕沟的尽头，英军把他们的皮带、鞋带、上衣割开，把裤裆上的纽扣割掉，然后命令他们趴在一片田地里。

黑格尔和克卢格双手高高举起，跑出壕沟。在割克卢格皮带时，一名英国军官对他说："德国佬，两个星期后，我们就会在柏林见到你们的好朋友了。"克卢格血流满面，榴弹破片使得伤口鼓鼓的他，却想着开开玩笑，说："到那时候，我们就在英国了。"他的意思是指进了战俘营，可是英国人误会了，一声怒吼："把这些人带到海滩去！"这些德军俘虏便提着裤子整队出发，经过那辆还在燃烧的坦克，以及在草地里依旧静静吃草的奶牛。

15分钟以后，黑格尔和其他人都在海中的障碍物区工作，把地雷卸下来。克卢格对黑格尔说："我敢赌你从来没想过，你把这些东西安

第三部　D日登陆　231

装起来时,有一天还要再把它们取下来。"①

****

阿洛伊修斯·达姆斯基(Aloysius Damski)二等兵根本没有心思打仗,他是被征召进了716师的波兰人。好久以前他就下定决心,如果反攻一旦来临,他就要跑到最近一艘登陆艇的跳板去投降。不过他没有这样的机会。英军登陆时,以极为猛烈的舰炮轰击与坦克射击作掩护,使得金滩滩头西缘附近一处阵地中的德军炮兵连连长,立刻下令后撤。达姆斯基知道往前跑准死无疑——不是死在背后的德军手上,就是死在正前进的英军手里。在撤退的混乱中,他开小差往特拉西村(Tracy)逃去。他曾经在那里借住过一个法国老太太的家。他认为如果待在那里,村庄被盟军占领,他就可以投降了。

正当他越过田野找路时,遇到了一名骑在马上的强悍德国国防军士官,在中士前面走着的是一名二等兵,是苏联人。中士俯视着达姆斯基,满面笑容地说:"好了,你老兄一个人想到什么地方去呀?"他们彼此对望了一阵,达姆斯基知道,这名中士已经猜到了他一定是开小差。这时士官依然一脸笑嘻嘻,说:"我想么,你最好跟我们一起走。"达姆斯基一点都不意外。他们出发了,达姆斯基想到自己的运气从来都不好就觉得痛苦,这一回更是没有什么改进。

---

① 本人无法找到那位一心要据守碉堡的狂热连长,不过黑格尔认定他是古德拉(Gundlach),年轻中尉军官是路克(Lutke)。这天晚些时候,黑格尔找到了失踪的朋友沙克勒——也在障碍物区工作。当天晚上,他们被押解到英国。6天以后,黑格尔和其他150名德军战俘在纽约上岸,取道送进加拿大的战俘营。

16公里外大致在卡昂附近，机动无线电监听单位的威廉·福格特（Wilhelm Voigt）二等兵，也在琢磨着该如何投降。福格特在芝加哥住了17年，但他从没有拿到归化表。1939年，他太太回德国去探亲，由于妈妈生病被迫待在那里。到了1940年，福格特不听朋友劝告，决定把妻子从德国带回美国。此时由于没法通过正常途径到达战时的德国，他就采取迂回曲折的方式，越过太平洋到日本，然后到海参崴，乘坐西伯利亚铁路到莫斯科，他从那里到波兰再进入德国。这一趟差不多耗了4个月——越过边界，福格特就出不来了，夫妻两人双双被困在德国。而现在，却是四年来头一回，耳机中能听到美国人的说话声。他计划了好几个小时，见到头一批美国兵他该怎么说，他要跑上前去大叫："喂，各位啊，我是芝加哥人啊！"可是他的单位却在大后方，他几乎整整环绕世界一周，就为了要回芝加哥去——而现在他所能做的，却是坐在卡车里听着那些只不过几公里外的声音[①]，对他来说，那就是家乡。

****

奥马哈滩头后方，德军普卢斯卡特少校躺在一条浅沟中喘气，他几乎不成人形了，钢盔丢失了，军服撕得破破烂烂，一脸的伤痕、血迹斑斑。在他离开圣奥诺里讷的碉堡回自己营部的路上，足足耗了一个半小时。他在熊熊燃烧、处处弹坑的无人地带里爬行。盟军几十架战斗机，在悬崖的后面来来回回飞行，对着地面任何移动的东西加以

[①] 福格特根本没有回去美国，作者出版本书前一直留在德国，在泛美航空公司上班。

扫射，而海军对这片地区的炮轰也从未间断。他的指挥车就在他身后不远，成了一堆起火的扭曲残骸。起火的树篱与草地，冒起了滚滚黑烟。到处都是的壕沟里，填满了死去的士兵尸体，不是被炮弹炸死，就是遭机枪扫射身亡。起先他想跑起来，却被飞机攻击，再三对他扫射。这时普卢斯卡特匍匐前进，他计算自己才移动了 1.6 公里，到埃特雷昂的营部，依然还有 4.8 公里。他痛苦地移动，看见前面有一座农舍，便决定当他爬到与它平行的地方时，就要从沟里冲刺最后的 18 米，求农舍里的人给他点水喝。

正当他靠近时，大为惊讶地见到两名法国女人镇静地坐在敞开的大门内，仿佛炮轰、扫射都不会伤到她们似的。她们看到他，一个女人恶毒地哈哈笑着，叫道："很可怕啊，是不是？"普卢斯卡特爬着经过，耳朵里依然回荡着那个笑声。从那时起，他恨法国人，恨诺曼人，恨整个窝囊该死的战争。

****

德军第 6 伞兵团的安东·温施（Anton Wuensch）下士，看见一顶降落伞高高挂在树枝上，伞是蓝色，下面摆动着一个很大的帆布袋。远处这时正有步枪与机枪的射击，可是温施和他的迫击炮班，到现在为止也没见着敌人的影子。他们已经行军 3 个小时，这时已经到了卡朗唐北方的一处小树林，大约在犹他滩头西南方 16 公里的地方。

里希特（Richter）一等兵望着这顶降落伞说："这是老美的，或许里面是弹药。"文特弗里茨·"弗里多林"·文特（Fritz "Friedolin" Wendt）二等兵却认为里面也许有吃的，他说："老天，我快饿死了。"温施吩咐他们待在沟里，自己匍匐前进过去。那也许是个陷阱，他们要去把袋子拿下来时,也许会遭遇伏袭;或许,那也可能是诡雷。

温施小心翼翼搜索前面,对一切都很满意以后,便在树干上捆了两枚手榴弹,把插销抽出,树与树上的伞袋,轰然倒了下来。温施等了一阵,但显然这下爆炸并没有引起什么动静,便挥手让迫击炮班的人进来,他叫道:"咱们瞧瞧,老美送的是啥。"

文特抽出刀子跑上去,把伞袋割开,高兴极了。"哦,我的天啊,"他叫道,"是吃的!吃的!"

在接下来的半小时,这7名强悍的伞兵,可有了他们的好时光。伞袋中有菠萝和橘子汁罐头,有一盒盒的巧克力和香烟,还有种类繁多的食物,是他们已经多年没见过的。文特可塞饱了五脏庙,甚至把雀巢咖啡粉往嘴里倒,试着用炼乳把它们冲下去。"我不知道这是啥,"他说,"不过味道棒极了。"

最后不理会文特的抗议,温施决定他们最好"动身去找仗打"。他们肚子撑得鼓鼓,口袋里满满的,全都是所能带走的香烟。温施和迫击炮班里的人出了树林,排成单行往远处的枪声走去。几分钟以后,战争就找上他们,温施的一名士兵倒了下来,一枪贯穿了太阳穴。

"狙击手!"温施一声大叫,每一个人都卧倒在地掩蔽,子弹就在他们附近呼啸而过。

"快看!"一名士兵叫道,指着右边远处一堆树丛,"我确实看到那家伙在上面。"

温施拿出望远镜,把焦点调整对正树梢,开始仔细搜索。他觉得看见树上的枝丫微微动弹,但却没有十分把握。过了好久,他把望远镜稳稳把住,这时才见到树叶又在动,他举起步枪说:"现在我们就来看看这家伙是真人还是假货了!"说毕,便开了一枪。

第三部　D日登陆　235

起先温施以为没打中，因为他眼见那名狙击兵从树上爬下来。温施又再度瞄准，这一回选定树干上的一个点，那里没有枝丫和树叶。

"好小子，"他大声说，"这一回我可要收拾你了。"他看见狙击兵的两条腿出现，然后出现躯干，温施开枪了，一枪跟着一枪。狙击兵极其缓慢地向后倒，从树上跌了下来。温施的士兵都欢呼起来，大家跑到尸体前去。他们站在那里，看着他们头一次见到的美国伞兵。温施回忆说："他有黑色的头发，极其英俊也极年轻，嘴巴旁边流出一点点血来。"

里希特一等兵搜索死人的口袋，找到一个皮夹，里面有两张照片和一封信。温施还记得，一张照片"看出这名士兵站在一位女士旁边，我们都认定也许是他太太"。另外一张照片"则是这个年轻人与这位女士和一家人坐在走廊上，看起来是他的家庭"。里希特把照片和信放进自己口袋里。

温施问道："你要那些做什么？"

里希特说："我想在战后把这些东西寄到信封上的地址去。"

温施认为他疯了。"我们也许会被老美俘获，"他说，"如果他们在你身上发现这些东西……"他的食指在喉咙上横过。"把它交给医护兵，"温施说，"我们走吧。"

士兵先后离开，温施还待了一下，凝望着这个死去的美国兵软趴趴躺着，"就像一只被车碾过的狗"。他急忙追上自己的那个班。

****

几公里外，一辆德军的参谋车，车上的黑白红三色小旗飘扬，沿着一条乡道疾驶，驰向皮科维尔（Picauville）。上面坐了第91空降师师长法利中将，还有他的副官与驾驶兵，他们在这辆贺希车上待了已经差不多7个小时了。他在深夜1点钟之前，出发到雷恩市参加兵棋推演，大约在3点到4点钟之间，不断的隆隆飞机声，以及远处炸弹的爆炸声，使得关切战况的法利中将吩咐驾驶员折返。

就在他们距离师部只有几公里远的皮科维尔北面时，机关枪子弹在车前面劈过。挡风玻璃被打得粉碎，坐在驾驶兵旁的副官，就在座位上瘫倒下去。汽车左摆右摇、轮胎尖叫，然后一个旋回，撞进了一堵矮墙。车门砰然飞开，这个冲击力把驾驶兵和法利都摔出车外，法利的枪滑落在他前面，他在公路地面上爬行去拿他的配枪。驾驶兵大为震惊，见到几个美国兵朝车子跑过来，法利大喊道："别开枪！别开枪！"却继续向配枪爬过去，一声枪响，法利就全身瘫痪在路上，一只手依然伸向那把枪。

82空降师的马尔科姆·布兰南（Malcolm Brannen）中尉看着这个死人，然后俯身拿起他的军官帽，帽衬上有写着"法利"。这个德国人穿一身灰绿色制服，军裤边缝上红条到底，军常服肩上有窄窄的金肩章，衣领的红领章上有金线绣的橡树叶，脖子上一条黑缎带挂着一枚铁十字勋章。布兰南没把握，不过看起来他好像是击毙了一名德军将领。

****

在里尔附近的机场，联队长普里中校和沃达尔奇克下士，向那仅有的两架FW-190战斗机跑过去。

德国空军和战斗机司令部打电话来。"普里勒，"那名作战官说，"登陆已经开始了，你们最好起飞到那里去。"

普里勒这一下子可爆炸了。"现在你们又改了！你们这些他妈的蠢货！仅仅只有两架飞机，你们要我干什么？我那几个中队调到哪里去了？你们能把他们叫回来吗？"

作战官依然十分的冷静。"普里勒，"他安慰道，"我们还不十分清楚你那几个中队身在何处，不过我们要把他们调到巴黎-兰斯地区的皮奥克斯（Piox）机场，要你的地勤人员马上到那里去。同时，你们最好飞到登陆区，普里勒，祝你好运。"

普里勒压住怒气，安静下来问道："请你说一下，登陆区在什么地方呀？"

作战官不慌不忙地说："诺曼底，普里勒，就在卡昂北方。"

普里勒耗掉了最宝贵的一小时时间去安排派遣地勤人员。这时他和沃达尔奇克准备好了——德国空军对这次登陆进行了唯一的一次日间攻击[1]。

就在他们要上飞机以前，普里勒走到僚机旁。"现在听我说，"他说，"只有我们两架飞机了，我们经不起再分散了。看在老天分上，我怎么做你就怎么做，跟着我后面飞，我做什么动作你就做什么动作。"他们在一起飞行已经有很长一段时间了，普里勒觉得一定要把情况说得清楚一点。"只有我们单独进去了，"他说，"我不认为我们能回得来。"

他们在上午9点钟起飞（对普里勒来说，是上午8点），紧紧贴近地面向西飞行。正飞过阿布维尔（Abbeville）时，就见到了在他们头上的盟军战斗机群。普里勒注意到，盟机并没有像往常一样排成紧

---

[1] 在一些记载，有8架Ju-88轰炸机在登陆初期攻击滩头。6月7日到8日晚间，有轰炸机飞过滩头堡。但除了普里勒的战斗机攻击外，我找不到任何在D日上午的其他空袭记录。

美国士兵登陆犹他海滩,并越过德军为减缓盟军前进而设置的铁丝网。他们得到谢尔曼坦克的支援。

犹他海滩上的德国战俘被关在铁丝网内。请注意中间附近的一群非裔美国士兵,谢尔曼坦克(侧面带有"德尔菲亚"名称)在他们身后,USS LCT-855 搁浅在坦克后面的海滩上。

第三部　D日登陆　239

密队形,他记得当时在想:"只要我多几架飞机,他们就成了活靶了。"他们飞到勒阿弗尔时,普里勒爬升进云掩护。飞了几分钟后出云,在他们下面便是一支雄伟的舰队——成百上千艘大大小小、各式各样的舰艇,无穷无尽地伸展开来,似乎一直越过了海峡。一批批的登陆艇载了部队,正不断地向岸上驶去,普里勒可以见到在滩头上以及后面爆炸冒起的白色烟团。部队使得滩头都成了黑色,坦克和各种各样的装备,狼藉散布在海岸线上。普里勒一个转弯进云层,想考虑一下该怎么办,敌人的飞机太多了,海外的战列舰也这么多,滩头上这么多人,他想到自己在被击落以前,只有一次飞掠滩头的机会。

现在无线电静默已经不需要了,普里勒几乎以轻松的口气对着通话器说:"真壮观!真壮观!"他接着说,"这儿每一样东西都有——到处都是,听我的没错,这就是敌人的反攻。"然后对着沃达尔奇克说:"我们要进去了!祝你好运!"

他们以每小时644公里以上的速度,对着英军滩头冲下来,进入高度不到45.7米。普里勒根本没有时间瞄准,按住驾驶杆上的击发钮,就感受到机枪在震动。他们在滩头盟军的头顶上掠过,见到许多人抬头仰望,都是十分惊骇的表情。

在剑滩滩头,法军突击队指挥官基弗,见到普里勒和沃达尔奇克两架飞机飞来便卧倒掩蔽。6名德军战俘想趁机逃跑,基弗手下队员立刻就把他们干掉。在朱诺滩头上,加拿大第8步兵旅的罗伯特·罗格(Robert Rogge)二等兵,听到了飞机的尖啸声,看见两架飞机"来得好低,低得我可以清楚看见飞行员的脸孔"。他像所有人那样卧倒,但大为惊奇地看到一个人"沉着地站起来,用斯登冲锋枪射击"。奥马哈滩头东缘,美国海军的威廉·艾斯曼(William Eisemann)中尉,倒抽了一口冷气,只见两架FW-190战斗机,枪声哒哒哒直扑下来,

"不到15米高,在阻塞气球群中间闪掠而过"。英军"邓巴"号扫雷舰上,司炉中士罗伯特·道伊见到舰队中每一门高炮都在对着普里勒和沃达尔奇克招呼过去。两架德机却毫无损伤地在炮火中飞过,向内陆一个转弯,一溜烟进了云层。"德机也好,不是德机也好,"道伊万难相信地说,"你们真走运,也真有种!"

4

沿着诺曼底海岸,登陆部队都在猛扑上陆。对卡在这场血战当中的法国人来说,这真是一团乱、狂喜与可怕交集的时刻。圣梅尔埃格利斯附近,现在炮弹如雨而下。82空降师士兵却见到法国农夫还沉着地在田里干活,就像啥事都没有发生一样,不时有个种地的农夫倒了下去,不是伤就是死。在镇上,伞兵见到当地理发店,把店门前的德文招牌"Friseur"拆下来,换上英文的"Barber"字样。

几公里外,在滨海小村拉马德林,加藏热尔十分悲痛难受。因为他的咖啡店和商店屋顶被炸掉了,炮轰时他还受了伤,而美军第4步兵师的士兵,还把他和另外7个法国人押解到犹他滩头去。

"你们要把我老公送到哪里去?"太太问负责押解的年轻中尉。

"太太,要送去讯问。"军官以十分纯正的法语回答,"我们不能和他在这儿谈,我们要把他跟其他男人全送到英国去。"

加藏热尔太太简直不敢相信耳朵听到的话。"送到英国去!"她大叫起来,"为什么?他做了什么不对的事?"

年轻军官有些不好意思,耐着性子说明,他只是奉令行事。

"如果我老公在轰炸中送命怎么办?"加藏热尔太太泪流满面

地问。

"太太，那种事有90%的概率不会发生啦。"他说。

加藏热尔吻别了太太便被押走。他对这种事完全没概念——从来也搞不懂。两个星期以后他会回到诺曼底，美军俘虏他的笨拙理由，说这"完全是个错误"。

在格朗康迈的法国抵抗运动首领马里翁，心中十分沮丧。他可以见到左面犹他滩头、右面奥马哈滩头的舰队，知道盟军已经在登陆了。在他看来，似乎盟军把格朗康迈给忘掉了似的。一整个早晨，他都在等候英军人马入镇，可是却期待落空。可是他太太指给他看一艘驱逐舰缓缓地在朝小镇的另一头移动后，却开心了起来。

"那门炮，"马里翁叫道，"我告诉过他们那门炮！"

几天以前他通知伦敦，有一门小炮安装在海堤上，它放列的位置仅仅只能对左面射击，左方就是现在的犹他滩头。这时马里翁十分确信他发出去的电文已经被收到了，因为他见到驱逐舰小心进入这门炮死角所在的位置后，便展开射击。每当驱逐舰发射一次，马里翁就满眼泪水跳上跳下。"他们得到消息了！"他叫道，"他们得到消息了！"这艘驱逐舰——或许是"赫恩登"号——一发又一发的炮弹把这门炮轰掉了。突然，炮弹击中岸炮的弹药，发生了猛烈的一声爆炸。"精彩！"兴奋的马里翁大喊大叫，"棒极了！"

大约24公里外的巴约，奥马哈滩头地区的法国抵抗运动情报组长梅卡德尔和太太马德莱娜站在起居室的窗边。他强忍着泪水，这真是一段难过的时间，经过恐怖的4年，驻扎在镇上的德军主力似乎正在撤走，他听得见远处的炮声，知道一定正在进行猛烈的激战。这时他有一种强烈的冲动，要把抵抗运动的斗士组织起来，把其余的纳粹撵走。可是无线电广播警告过他们少安毋躁，一定不能起事。这很困

诺曼底战役期间法国抵抗运动和美国第 82 空降师的成员。

美国士兵在卡朗唐街巡逻。

难,不过梅卡德尔已经学会了等待。他告诉太太:"我们马上就会自由了。"

巴约的居民似乎都有同样的感觉。虽然德军发了布告,命令居民待在屋内,居民还是相当公然地聚集在教堂庭院中,听神父对反攻的现场讲解。神父站在教堂尖顶钟塔的高处,可以清楚见到海滩。他用两只手拢在嘴边,对着下面群众大声喊叫。

在教堂院子,经由神父的传播知道了盟军登陆消息的其中一人,便是19岁的幼儿园老师安妮·玛丽·布勒克斯(Anne Marie Broeckx)。她后来会在登陆的美军中,找到她的未来夫婿。早上7点钟,她镇定地骑自行车到爸爸位于库尔瑟勒的农场去,那是在奥马哈滩头的后方。她使劲踩车,经过德军的机关枪阵地,看到了整队向海岸前进的德军。有些德军向她挥手,还有一个警告她要小心,可是却没有人阻止她。她见到飞机在扫射,德军即卧倒掩蔽;可是安妮·玛丽,她的长发在风中飘扬、蓝裙鼓起,继续向前进。她觉得非常安全,心中从没有想过,自己的生命会发生任何危险。

这时距库尔瑟勒不到1.6公里了。公路上寂静无人,烟云向内陆飘来,到处都起了火。她见到了几家农舍的残骸,安妮·玛丽顿时觉得害怕起来,拼命踩车前进。等她骑到库尔瑟勒的十字路口,人已经十分惊慌。雷鸣的炮声在她四周翻滚,这一带看上去荒凉得出奇、不见人影。爸爸的农场就在滩头与库尔瑟勒的中间。安妮·玛丽决定,扛起自行车,步行穿过田野。她走上一处小山坡见到了农舍——依然还在,剩下的这一段路她就开始跑了。

起先安妮·玛丽以为农舍里没有人了,因为看不见有什么动静。她一面叫爸爸妈妈,一面冲进小小的院子里,房子的窗户都炸掉了,屋顶也有一部分不见踪影,大门上开了一个大洞。忽然破裂的大门开了，爸妈站在门口，她伸开双手搂住他们。

"女儿啊！"爸爸说，"这是法国的大日子啊！"安妮·玛丽不禁泪流满面。

800米外，19岁的利奥·埃鲁（Leo Heroux）一等兵，正在恐怖的奥马哈滩头为自己的命挣扎，他后来娶了安妮·玛丽[①]。

盟军的攻击正在诺曼底猛烈展开的同时，此区一名抵抗运动的高级人员正在巴黎郊外的火车上火冒三丈。诺曼底地区的军事情报组副组长吉勒，搭上一列开往巴黎的火车，在车上已待了超过12个小时。这趟行程似乎了无止境，列车在晚上慢慢爬行，逢站必停。讽刺的是，这位情报首领是从车上行李员那里听到消息的。但他一丁点也不知道反攻是在诺曼底的什么地方发生，他等不及要回到卡昂去。他心中真是痛苦无比，经过这么多年的工作后，在所有的时日里，上级偏偏挑了这一天命令他到巴黎去。更糟的是，他没有办法下车，下一站就是巴黎了。

可是在卡昂，他的未婚妻雅尼娜·布瓦塔尔，听到这项消息以后就忙碌起来。早上7点钟，她把自己匿藏的两名皇家空军飞行员叫醒。"我们一定要快！"她告诉他们，"我带你们到加夫吕村（Gavrus）的农舍去，离这里有12公里远。"

听到要去的目的地，这两个英国人吃了一惊，自由离他们只有短短的16公里远了，然而他们却要往内陆走，加夫吕村在卡昂的西南方。这两名英国人中的一位，是洛夫茨（Lofts）空军中校，认为他们

[①] 安妮玛丽是少数不住在美国的战争新娘之一。后来，她和赫洛斯住在6月8日他们头一次邂逅的地方，也就是奥马哈滩头后方靠近科勒维尔的布勒克斯家农场，他们有3个子女，而赫洛斯经营驾驶训练班。

第三部　D日登陆　245

应该冒一次险,到北面去与英军部队会合。

"要忍耐一下,"雅尼娜说,"从这儿到海岸,到处都是德军,等待一下会比较安全。"

7点钟过去不久,他们三人便骑自行车出发了,两个英国人穿着农人粗糙的衣服。这一趟并不平静,虽然他们几次被德军巡逻队拦阻,他们的假证件却禁得起考验,德军放他们通行。到了加夫吕村,雅尼娜的责任已尽——两名飞行员离回国更近一步了。雅尼娜很想和他们再走远一点,但她一定得回卡昂去,等待下一批遭击落的盟军飞行员。他们会经由潜逃的管道前来,而她也知道解放的时刻近了。挥手道别后,她跳上自行车就骑走了。

在卡昂监狱里,勒舍瓦利耶太太心里有数,由于自己营救盟军飞行员而将被处决。但在狱室门下塞进早餐盒时,她听到了轻轻传来的消息。"希望,希望,"那声音说,"英国人已经登陆了。"她开始祈祷,不知道关在邻近狱室的丈夫路易斯听到了这个消息没有。整夜都听到爆炸声,但她以为那是习以为常的盟军飞机轰炸呢。现在有了一线希望,也许他们还来得及获救吧。

突然,勒舍瓦利耶太太听见走廊中的骚动声,她蹲在狱门底下的门缝边静听,只听见叱责的德语:"出来!出来!"叫了又叫,然后便是脚步的踉跄声,各狱室门关上的砰然声,接着一片沉寂。几分钟以后,她听见监狱外面的地方,响起了连绵不断的机枪射击声。

担任监狱警卫的德国盖世太保开始恐慌。反攻的消息一传到,他们在几分钟内,就在狱院中架设了两挺机关枪,把男犯人10人一批带出来,靠着高墙加以处决。这些被挑出来枪毙的人,罪名各自不同,有的属实、有的虚假。居伊·德圣波尔(Guy de Saint Pol)和勒内·洛斯利耶(Rene Loslier),农夫;皮埃尔·奥迪热(Pierre

Audige），牙医；莫里塞·普里莫（Maurice Primault），商店助理；安托万·德图谢（Antoine de Touchet）上校，退休军官；安托莱·勒列夫尔（Antole Lelieevre），镇公所秘书；乔治·托米纳（Georges Thomine），渔民；皮埃尔·梅诺谢（Pierre Menochet），警员；莫里斯·迪塔克（Maurice Dutacq）、阿希尔·布特瓦（Achille Boutrois）、约瑟夫·皮克诺（Joseph Picquenot）父子，都是铁路工人；还有阿尔贝·阿纳（Albert Anne）、德西雷·勒米埃（Deesire Lemieere）、罗歇·韦亚（Roger Veillat）、罗贝尔·布拉尔（Robert Boulard）……总共92人，其中仅仅只有40人是法国抵抗运动成员。这一天，开始了伟大解放的这一天，这些人未能等到获释，一无听证，二无审判，就被屠杀了，其中就有勒舍瓦利耶的先生路易斯。

枪声持续了一个小时，勒舍瓦利耶太太在自己的狱室里，心中想着不知道出了什么事情。

5

在英国，这时正是上午9点30分。艾森豪威尔将军整夜都在拖车里踱步，等待各项报告进来。他想以惯常的办法——看看西部小说放松心情，可是并不成功。第一批电文开始送达，它们都零零碎碎的，不过消息不错，麾下的空军与海军将领，对攻击的进展极为满意。部队已经在所有滩头登陆，"霸王行动"进行得很顺利。虽然立足点还很浅，但他现在已不需要发布24小时前他悄悄写好的声明了。一旦部队登陆的意图失败，他这么写着："我军为寻求符合要求的滩头堡，而在瑟堡至勒阿弗尔之间登陆。但登陆失败了，本人已撤出部队。本人于此时此地发动攻击的决心,是基于所得的最佳情报而决定。我地面部队、空军及海军恪尽职责,英勇奉献,力尽所能。因此次行动引起的任何责难或错失,均责在本人。"

艾森豪威尔既已确定所属部队已在各滩头登陆上岸,便下令发布另外一项截然不同的声明。上午9点33分,他的新闻官欧内斯特·杜普伊(Ernest Dupuy)上校,向全世界广播这项消息。"在艾森豪威尔将军指挥下,"他说,"盟国海军部队,经由强大空军支持,盟国地面部队今晨已在法国北部海岸登陆。"

这正是全世界一直在等待的一刻——而现在已经来临,人人都有如释重负、兴奋、焦急的怪异综合感。"终于,"伦敦《泰晤士报》在D日这天的社论上写道,"紧张感顿时被打破了。"

大多数英国人在上班时间听到了这个消息。一些军工厂里,消息经由广播系统公告,男女工人都从车床往后退一步,同唱《天佑吾王》。乡村教堂打开了大门。在上班的火车车厢上,完全不认识的人都在彼此交谈。在城市的大街小巷,老百姓走到美军士兵前握手。小批的人,群聚在角落里,抬头仰望以前从没见过的庞大机群飞过。

内奥米·科尔斯·昂纳(Naomi Coles Honour)海军上尉,X-23袖珍潜水艇艇长昂纳上尉的太太,听到登陆的消息,立刻就知道先生在什么地方了。不久后,海军总部一位作战官打电话给她说:"昂纳很好,不过你绝对猜不到他在做什么。"这一点内奥米以后可以听到所有的经过。现在最重要的,便是他安然无恙。

英军"斯奇拉"号巡洋舰上那位18岁二等水兵诺思伍德的妈妈好兴奋,跑到对街邻居家告诉斯珀吉翁太太(Mrs. Spurdgeon)说:"我孩子一定在那里。"斯珀吉翁太太也不甘示弱,她确定她也有"一个亲戚在'厌战'号战列舰上"。(除开略微细节不同以外,类似的谈话遍及全英国。)

二等兵盖尔在第一波次登上剑滩滩头。他的太太格雷丝·盖尔（Grace Gale）听到新闻快讯时，正在替3个孩子中最小的一个洗澡。她想忍住眼泪可却办不到，她十分确定自己的丈夫人在法国。"挚爱的上帝，"她呢喃道，"带他回来啊。"然后吩咐女儿伊夫琳（Evelyn）把收音机关了，她说："我们不要让爸爸因为担心而泄气。"

多塞特郡的布里德波特（Bridport），在有着宛如教堂般气息的西敏斯特银行（Westminster Bank）里，奥黛丽·达克沃思（Audrey Duckworth）正在很努力地工作，以至于没有留意到有关登陆的新闻，直到当天稍晚才知道消息。她新婚才5天的美国丈夫，第1步兵师的埃德蒙·达克沃思中尉（Edmund Duckworth），一登上奥马哈滩头便阵亡了。

摩根爵士中将在前往朴次茅斯市艾森豪威尔总部途中，听到英国广播公司预告听众，准备收听特别新闻。他便吩咐驾驶兵把车停下，把收音机的音量调大——然后，这位原始登陆计划起草人，听到了发动反攻的消息。

对美国的大部分地区来说，这项报道在午夜时分来到，东海岸为凌晨3点33分，而西海岸则是深夜0点33分。大部分的人都还在睡梦中，但头一批听到D日消息的，便是那些成千上万值夜班的工作人员。男男女女辛苦生产出这次登陆作战中正在使用的火炮、坦克、舰艇和飞机。在各地这些连日生产的军工厂中，工作都暂时停顿下来，人人都在作短暂、庄严的默哀。布鲁克林造船厂，在刺眼的泛光灯照耀下，数以百计的男女工人跪在几艘部分完工的自由轮甲板上，开始念《主祷文》。

跨越整个美国，昏沉的市镇与乡村，灯光亮了、收音机打开了，

第三部　D日登陆　249

安静的街道一下子全是声音。人们唤醒邻居，把这个消息告诉他们。好多人打电话给亲友，以至电话交换机都接不通。在堪萨斯州的科菲维尔（Coffeyville），人们穿着睡衣，跪在门廊祷告。在一列行驶在华盛顿与纽约之间的火车上，牧师被要求举行实时的布道。乔治亚州的玛丽埃塔（Marietta），人们在凌晨4点钟涌进了教堂。费城的自由钟响了，而在历史上负有盛名的弗吉尼亚——29步兵师的家乡——全州的教堂在夜间敲响，就像当年美国宣布革命时那样。弗吉尼亚州的贝德福德（Bedford）是一个人口只有3,800人的小镇，这项消息具有特别的意义。这里差不多家家户户都有儿子、兄弟、男友或者丈夫在29步兵师。当时贝德福德镇的居民还不知道，他们的男儿全都在奥马哈滩头登陆。第116步兵团中来自贝德福德镇的就有46人，但是能再度还乡的仅仅只有23人。

妇女辅助队的洛伊丝·霍夫曼少尉（Lois Hoffman），是美国"科里"号驱逐舰舰长的太太，当时正在弗吉尼亚州诺福克（Norfolk）海军基地当班，听到了D日的消息。她时时经由作战室里的朋友，追踪那艘驱逐舰的动态，这次消息对她个人并没有太大意义。她以为先生还在北大西洋为一个武器装备舰队护航。

新闻首次发布时，旧金山的露西尔·舒尔茨太太（Mrs. Lucille M. Schultz）正在米雷堡（Fort Miley）的荣民医院值夜班，她是一位护士。她很想待在收音机边，希望听到关于82空降师的消息。她猜测该师参加了这次的作战，但又怕收音机也许会刺激了她的心脏病病人——一位第一次世界大战的老兵。他要听收音机的报道，他说："但愿我也在那里。""你已经打过你的战争了。"舒尔茨护士说完便把收音机关了。

她坐在黑暗中，悄悄垂泪，为自己21岁的伞兵儿子阿瑟——在

505 团中，或更为人知的"荷兰佬"——一遍又一遍地念着《玫瑰经》。

罗斯福将军的夫人在长岛家中睡得正酣。大约在凌晨 3 点钟，她醒了过来却没法再睡得着，就打开收音机——正好赶上 D 日的官方正式报道。她知道丈夫的性格，他一定会在战事最激烈的地方。她并不知道自己或许是全美国唯一的女性，先生在犹他滩头，儿子——第 1 师步兵 25 岁的昆廷·罗斯福（Quentin Roosevelt）上尉——在奥马哈滩头。她坐在床上闭上眼睛，念一段家中熟悉又源远流长的祷告词："啊，上帝求你在今天支持我们……直到黑影变长，夜晚降临。"

奥地利接近克雷姆斯（Krems）的第 17B 战俘营，得到这项消息的战俘们欣喜若狂。美国陆军航空队的士兵，用自制的小型水晶石收音机，收到了使人欢喜的新闻。这种收音机，小到能放进一个牙刷筒内，还有些可伪装成铅笔一样。一年多以前在德境遭击落的詹姆斯·兰（James Lang）上士，无法相信这报道是真的。战俘营中的"新闻监听委员会"，试图警告营内的 4,000 名战俘，不要过度乐观。"可别希望太高，"他们警告说，"让我们有点时间来查证。"可是各个营房之间，战俘们已秘密动手工作——画出诺曼底海岸的地图，他们打算在地图上标示盟国大军的胜利进军路线。

关于登陆的消息，此时战俘们所知道的远比德国老百姓多。当时走在街上的人都没听说官方消息。讽刺的是，由于柏林广播电台抨击艾森豪威尔的公告达 3 小时，倒成为第一个宣布盟军登陆的机构。自 6 点 30 分起，德国人就一直对心怀疑云的外部世界，不断地播放新闻。这些短波广播，德国民间是收听不到的。但依然有成千上万的人，从其他来源，知道了登陆的消息。尽管收听外国广播被严禁，而且会受罚坐牢，但有些德国人还是收听瑞士、瑞典或者西班牙的广播电台。消息传播得很快，很多听到消息的人都很怀疑，但也有许多

第4步兵师师长雷蒙德·奥斯卡·巴顿少将（照片右侧）正在其首个战地指挥所开会，大约300米外就是犹他海滩。在他的左边戴着羊毛帽的就是副师长小西奥多·罗斯福准将，他是第一批登陆者之一。

人，尤其是有丈夫驻守诺曼底的女性，知道消息之后非常关切，其中一位便是普卢斯卡特太太。

她原来想和绍尔（Frau Sauer），也是军官的太太，下午去看电影。但一听到盟军在诺曼底登陆的小道消息后，情绪变得异常激动，立即打电话给绍尔，取消了电影约会。她说："我一定要晓得我先生出了什么事，也许我再也见不到他了。"

绍尔是个鲁莽且普鲁士性格非常鲜明的女人。"你可不能这样子，"她立刻回嘴说，"你应该相信元首，要像个好军官太太的样子。"

普卢斯卡特太太叫道："我再也不要和你说话了！"砰然一声就把电话挂断了。

****

在贝希特斯加登，几乎那些围绕着希特勒的人，在确认收听到盟军的正式公告之前，都不敢斗胆告知他这项消息。大约在上午10点钟（德国时间9点钟）左右，希特勒的海军副官普特卡默少将，打电话到约德尔办公室要最新的报告，他得到的答复是："有众多确定的迹象显示，正发生大规模的登陆行动。"普特卡默和手下参谋就眼前所能搜集到的资料，很快绘制了一幅地图。这时，元首副官施蒙特少将便把希特勒唤醒。希特勒走出寝室时，身上还穿着睡袍，静静聆听侍从武官的报告，然后派人把最高统帅部参谋总长凯特尔元帅以及约德尔都找来。他们到达时，希特勒已经着好装等待——而且很激动。

据普特卡默回忆，会议过程"令人不安"。情报资料很缺乏，希特勒根据已知的消息，认为这并不是主攻，反反复复一再说个不停。这场会只开了几分钟，一下子就结束了。约德尔后来回忆，那时希特勒突然对着他和凯特尔咆哮如雷:"说吧,这究竟是不是主攻?"然后脚后跟一转,就离开了会议室。

伦德施泰特所急需的——解除统帅部对那两个装甲师的管制,甚至连提都没有提到。

10点15分,在赫林根市隆美尔元帅的家中,电话响了。打电话来的是B集团军群参谋长施派德尔,打电话来的目的是对盟军登陆作第一次完整简报[1]。隆美尔听了大为震惊。

隆美尔一生最天赋异禀的精明直觉告诉他,这一回并不是一次"迪耶普式"的登陆了,他知道自己一直在等待的这一天来了——是他所说过的"最长的一日"。他在电话中耐心地听,直到施派德尔报告完了然后才开口说话,声音很沉着而且丝毫没有情感冲动:"我真糊涂!我真糊涂!"

他挂上电话的时候,隆美尔夫人只见"这通电话使他改变……变得极为紧张"。在接下来的45分钟,他向住在斯特拉斯堡(Strasbourg)的副官朗上尉家中,打了两次电话,每一次隆美尔告诉朗要返回拉罗什吉永的时间都不同。这件事使得朗担心起来,这么没有决断,完全不像元帅本人。"在电话中,他的声音沮丧得可怖,"朗回忆说,"这一点也完全不像他。"离开的时间终于确定,隆美尔告诉

---

[1] 施派德尔将军告诉我,他在著作《1944年反攻:隆美尔与诺曼底战役》(Invasion 1944: Rommel and the Normandy Campaign)一书中也这么说,"大约在早晨6点钟左右,通过私人电话找上隆美尔"。但是施派德尔把时间点搞错了。举例来说,他的书说隆美尔元帅在6月5日离开了B集团军群司令部的拉罗什吉永。而朗上尉、滕佩尔霍夫上校所说,以及B集团军群作战日志中所记载的,都是6月4日。在D日的作战日志中只提到隆美尔在10:15时打了一通电话。整段文字记录为:施派德尔以电话向隆美尔汇报情势,B集团军群司令今日返部。

副官："我们1点整，在弗罗伊登施塔特（Freudenstadt）出发。"朗挂上电话，他判断隆美尔把出发时间后延是为了要晋见希特勒。他却不知道在贝希特斯加登，除了希特勒的副官施蒙特少将以外，没有半个人知道隆美尔人在德国。

6

在犹他滩头，卡车、坦克、半履带装甲车与吉普车的咆哮声，几乎淹没了德军88毫米高射炮偶尔射来一发炮弹的啸叫声。这是胜利的噪音，美军第4步兵师正向内陆推进，比任何人所预料到的还要快。

在二号堤道，也就是从滩头向内陆进出唯一开放的堤道，两个人站在那里，指挥这人车行动的洪流。这两人都是将官，在道路一边站着的是第4步兵师师长巴滕少将，在另一边的则是一脸稚气的副师长罗斯福准将。第12步兵团的约翰逊少校上岸来，只见罗斯福"在这条灰尘满满的路上走来走去，拄着手杖、抽着烟斗，几乎就像在时报广场那么镇定沉着"。罗斯福一眼瞄到了约翰逊，便喊叫道："嗨，约翰尼！在路上好好地干，你表现得很好啊！今天是打猎的好日子，不是吗？"这是罗斯福大获全胜的时刻，是他决定把第4步兵师从原先计划的登陆点移动了1,830米，若在原定地点上岸，结果很可能会损失惨重。而现在他眼看着车辆兵员的长长行列向内陆推进，个人感到

一艘遭炮弹直接命中的登陆艇，在奥马哈滩头外爆炸起火。

一拨拨的突击登陆艇从"奥古斯塔"号重巡洋舰旁经过。

无比的满足[①]。

不过巴滕和罗斯福，尽管表面上不在乎，却都有同样的担忧，除非部队、车辆的进军交通得以保持通畅，否则德军来一次果断的逆袭，就可能把第 4 步兵师给阻挡住。两位将军一而再、再而三地解除交通阻塞，熄火的卡车被毫不留情地推到路边去，到处都是熊熊燃烧的车辆，那都是德军炮轰的牺牲品，对前进是一种威胁。美军利用装甲推土机，把它们推到泛滥区，部队也正在这些地区踩着烂泥向内陆前进。大约在上午 11 点，巴滕得到了好消息，1.6 公里外的三号堤道也打通了，为了减少交通压力，巴滕立刻让坦克向这处新开放的通道隆隆驶去。第 4 步兵师在进军了，急忙与正遭受重压的伞兵会合。

两单位会合时的景象是有些平淡无奇的——孤立的人们在没有预料到的地方彼此相遇，其结果通常都充满滑稽与感性。101 空降师的默兰诺下士，也许是头一个遇见第 4 步兵师部队的伞兵。他和其他两名伞兵，降落在原定的那个犹他滩头上的障碍物之间。他们从海岸边挣扎来到这里几乎奋战了 3.2 公里路。默兰诺又困又脏、又筋疲力竭，遇见第 4 步兵师的士兵时，他盯着他们许久，然后气冲冲地问道："你们这些家伙都到什么鬼地方去了？"

101 空降师的托马斯·布拉夫（Thomas Bruff）中士，瞧见第 4 步兵师的一名侦察兵从普帕维尔（Pouppeville）附近的堤道上下来，"扛着的那把步枪就像是松鼠猎枪一样"。侦察兵看着疲惫的布拉夫问道："哪里有仗打？"布拉夫落下来的地点，离降落区有 13 公里远，在师

[①] 罗斯福准将由于在犹他滩头的表现，而获得国会荣誉勋章。7月12日，艾森豪威尔将军批准，派罗斯福出任第 90 步兵师师长。罗斯福却根本不知道这项任命。同一天傍晚，他因心脏病逝世。

长泰勒将军指挥下,他们这一小批人整整作战了一晚。他对着这名士兵恶狠狠地说:"从这里往后走,任何地方都会有,走下去吧,老弟,你就会找到。"

奥杜维尔拉于贝尔(Audouville-la-Hubert)附近,101空降师的托马斯·马尔维(Thomas Mulvey)上尉,沿着一条泥土路向海岸急进。忽然,"在68.6米外,在树丛边缘出现一名带枪的士兵"。两个人都卧倒掩蔽,他们小心冒出身来,步枪在握,小心翼翼地在沉默中彼此瞪视。对方要马尔维抛掉步枪,两手高举走出来,马尔维也建议那个陌生人同样照办。"我们来来回回交涉了好几次,谁都不让步。"最后,马尔维看出对方是一个美国大兵便站了起来,两个人就在路中间见了面,彼此握手,还拍了拍背。

圣玛丽迪蒙的糕饼店老板卡尔德隆,看见几名伞兵在教堂高高的尖顶上,挥动一面巨大的橘色识别板。没有多久便有长长的一列士兵,成单行纵队从路上走来。当第4步兵师的士兵通过时,卡尔德隆把小儿子高高举在肩膀上,这小孩前一天得了扁桃体炎,还没有完全康复,可是卡尔德隆不想让儿子错过眼前的景象。忽然他哭了起来,一名大块头的美国大兵对着他笑了笑,用法语叫道:"法国万岁!"卡尔德隆也报以微笑,点点头,竟说不出话来。

第4步兵师离开了犹他滩头,向内陆涌进。他们在D日的损伤很轻微,死伤197人,其中60人在海上阵亡。接下来的几个星期,第4步兵师前面还有可怕的战斗,不过这一天可是他们的日子。到了黄昏时,22,000名士兵与1,800辆车都会上岸,他们和伞兵一起,已经确保了法国境内美军的第一处重要滩头堡。

****

士兵以一厘米再一厘米的方式,在血腥奥马哈残忍地打出进军的通道。从海上看过去,滩头所显现的是令人难以置信的荒凉与毁灭。情况极其严重,到了中午,"奥古斯塔"号巡洋舰上的布莱德雷将军,开始计划将部队撤退,把后续登陆兵力,分散到犹他和英军的三处滩头去。正当布莱德雷还为这个问题苦苦思量的时候,奥马哈滩头上陷入混乱的士兵已经在动手了。

"绿D"与"白D"两处滩头,现年51岁的顽固将领——诺曼·丹尼尔·科塔(Norman Daniel Cota)准将,在猛烈的炮火下,大踏步走来走去,一只手挥舞着一把四五式手枪,一边对上岸的部队大声斥责,要他们赶快离开海滩。士兵沿着海滨沙石堆、海堤、峭壁底下的滨草丛,肩并肩地蹲在一起,偷偷张望着将军,不敢相信这汉子直挺挺站立还能活着。

一批突击兵卧倒在维耶维尔出口附近。"突击兵,带路!"科塔喊道。士兵开始站起身来,在底下的海滩上,有一辆没人开的推土机,车上载了黄色炸药,那正是可以用来炸垮维耶维尔出口处反坦克墙的东西。"谁开那辆车的?"他咆哮如雷,却没有人应声,士兵似乎被横扫滩头、毫无慈悲心的火力给吓呆了。科塔开始大发雷霆,怒吼道:"就没有一个人有种敢开他妈的那辆车吗?"

一个红头发的士兵慢慢从沙子中站了起来,他极为从容走到科塔跟前,说:"我来开。"

科塔拍了拍他的背。"这才是好汉,"将军说,"现在,我们离开海滩吧。"他头也不回地往前走,在他后面的士兵也纷纷动了起来。

这就是一种榜样。科塔准将是第29步兵师副师长,差不多一到

D+1 日，美国陆军第 2 步兵师的部队在法国诺曼底奥马哈海滩洼地上行进。他们正在经过德国碉堡，该碉堡保卫着到滨海圣洛朗的道路。

达滩头他就树立了典范。他负责第29步兵师作战区的右半部，第116步兵团团长查尔斯·德雷珀·威廉·坎汉（Charles Draper William Canham）上校则指挥左半部。坎汉手腕受了伤，缠着一块染血的手巾，来来回回在尸体、奄奄一息与备受震惊的士兵中走动。

他挥手要一批批的人向前进。"他们要在这里把我们宰了！"他说，"我们向内陆去把他们宰了！"查尔斯·弗格森（Charles Ferguson）一等兵抬头看着他在旁边经过，大为惊讶地问道："这个婊子养的究竟是谁？"然后他和别的人都站了起来，朝峭壁前进。

在奥马哈滩头第1步兵师那一半的地区，这些历经过西西里岛与萨勒诺登陆的老兵，摆脱震撼后的速度要快得多。雷蒙德·斯特罗伊尼（Raymond Strojny）上士集合了手下的士兵，领着他们通过雷区到了峭壁上，他用火箭筒打垮一座机枪碉堡，"他只是有那么一点的疯狂"。91米外，菲利普·斯特赖奇克（Philip Streczyk）中士也受够了被火力牵制，有些士兵还记得，他差不多是用军靴踢着士兵离开沙滩。上到布了雷的岬角，他在有刺铁丝网中打开了一条通路。没有多久，爱德华·沃曾斯基（Edward Wozenski）上尉在一条走下峭壁的小径上，遇到了斯特赖奇克，看见他一脚踩在一枚泰勒重型反坦克地雷上可吓坏了。斯特赖奇克却平静地说："连长，我踩在上面它不会炸，也不会往上飞。"

第16步兵团团长乔治·阿瑟·泰勒（George Arthur Taylor）上校，在第1步兵师的作战区走来走去，根本不理会沙滩上火炮与机枪的射击。"只有两种人待在海滩上，"他大喊着道，"已经死掉的和即将要死的人。好了，让我们离开这个鬼地方吧。"

到处都有强悍的领袖，其中有士兵也有将领，他们都会指引出方向，把士兵带出海滩。一旦开了头，部队就不会再停顿下来了。小威廉·威德菲尔德（William Wiedefeld, Jr.）技术军士长跨过十几个朋友的尸体，板着脸孔穿过雷区，攀上了高地。唐纳德·安德森（Donald Anderson）少尉照料一名伤兵——他后颈中了一枪，子弹从他嘴里穿出去——安德森发现他"有足够的勇气站起身来，就在那时候起，我从菜鸟成了一名老兵"。第2突击兵营的比尔·考特尼（Bill Courtney）中士攀上了山头，对着下面的士兵喊叫道："到顶上来，这批婊子养的都被肃清了！"马上有一排机枪子弹打到他左面，考特尼一个转身扔出几枚手榴弹，又对着下面大叫道："来呀，来呀，这批婊子养的，现在真的肃清掉了！"

正当部队开始前进，第一批登陆艇冲过障碍物，抢滩登陆以后，其他登陆艇艇长看见他们办得到也就跟着做。有几艘驱逐舰，为了支持部队的前进而驶近海岸，冒着搁浅的危险，以近距离对着峭壁一带的敌军重要据点射击。工兵在弹幕的掩护下，开始完成早在七个小时以前就该开始的爆破工作。沿着奥马哈滩头，各处的死结都一一打开了。

一旦士兵发现可以前进了，他们的畏惧感与挫折感就为强烈的愤怒所压倒了。在维耶维尔的峭壁高点附近，突击兵营的一等兵卡尔·威斯特（Carl Weast）和他的连长小乔治·惠廷顿（George Whittington, Jr）上尉，发现了一处由3名德军据守的机枪阵地。威斯特和连长两个人小心包抄，一名德军突然转身看见了两个老美，便用德语大叫道："求饶（Bitte）！求饶！求饶！"惠廷顿开火，把3名德军都打死了，他转向威斯特说："我不晓得'久绕'是什么意思。"

部队脱离了恐怖的奥马哈滩头，向内陆推进。下午1点30分，布莱德雷将军接到了以下电文："红E""绿E"及"红F"滩头先前遭牵制的部队，正向海滩后方各高地前进。"

到这一天结束,第1步兵师与步29师的士兵,已深入到内陆1.6公里远。

奥马哈滩头的代价,据估计:死亡、负伤与失踪的士兵人数达2,500人。

7

普卢斯卡特少校回到埃特雷昂的营部时,已经是凌晨1点钟。当他站在大门时,一点也不像同僚所认识的样子。普卢斯卡特就像中风般抖个不停,嘴里只说着:"白兰地!白兰地!"等到酒拿来,他两只手抖得更厉害,甚至无法控制,几乎没法把酒倒进玻璃杯里。

营里一名军官说:"报告营长,美军已经登陆了。"普卢斯卡特狠狠瞪他一眼,挥手要他走开。营部参谋围绕在他身边,他们心中有一个最迫切的问题。他们向普卢斯卡特报告,各炮连的弹药马上就低于安全存量了。他们报告说,已把情况向团部报告过,而团长奥克尔上校说,补给的弹药已在路上了,可是到现在还没有半发炮弹运到。普卢斯卡特便打电话给奥克尔。

"老普吗?"电话线那一头是奥克尔的声音,"你人还活着啊?"普卢斯卡特不理这句问话,单刀直入地问:"弹药是怎么回事?"

"已经上路了呀。"奥克尔说。

团长的若无其事,让普卢斯卡特气疯了。"什么时候上的路?"他叫道,"什么时候会到这里?你们这些人似乎不晓得这里是什么情形。"

10分钟以后,有电话找普卢斯卡特。"坏消息,"奥克尔告诉他,

1944年6月，运输车辆正在贝努维尔的卡昂运河桥上行驶。这座桥被重新命名为飞马桥，以纪念英国空降部队标志上的神话中的飞马。

"我刚得知弹药车队已遭敌军歼灭,会在今天入夜以后才能运送物资到你那里了。"

普卢斯卡特倒不觉得意外,他从个人痛苦的经验中学到,没有一样东西能在公路上移动;他也知道手下几门火炮眼前的射击速率,在入夜以前就会把弹药打光。问题是:会是哪一样先到他的炮阵地——是弹药?还是美军?普卢斯卡特下令各连准备肉搏战。然后他在别墅中漫无目地踱步,他突然有一种孤立的无力感,巴不得想知道自己的那只狼狗哈拉斯在什么地方。

8

在 D 日打头一仗的英军士兵,到这时还一直把守着他们的战利品——越过奥恩河与卡昂运河上的几座桥梁,已经有超过 13 个小时了。虽然霍华德少校的滑降步兵在破晓时分,已得到了英军第 6 空降师的伞兵增援,但在德军猛烈的迫击炮火与轻武器的射击下,人数渐渐减少。霍华德的部队已经阻止了德军好几次小规模的试探性逆袭。目前,占领桥梁两边原德军阵地的英军,又累又急,急切盼望着海上登陆部队前来会师。

卡昂运河桥口附近的散兵坑里,二等兵比尔·格雷又看看手表。洛瓦特爵士的突击队几乎落后预定时间有一个半小时了,他不知道海滩上来的支持部队出了什么事。格雷并不认为在海滩上的作战,会比守桥的作战更糟。他几乎不敢把头抬起来,在他看来德军狙击手的枪法越来越准确了。

在射击暂歇的片刻,格雷的朋友二等兵约翰·威尔克斯(John

Wilkes）躺在他旁边突然说："你知道吗？我想我听见了风笛！"格雷瞪着他，讥笑说："你疯了。"几秒钟以后，威尔克斯又转向他，坚定不移地说："我的确听到了风笛呀。"这时，格雷也听到了。

就在公路上，洛瓦特爵士的突击队到达了。他们头戴绿扁帽，一个个趾高气扬。米林在纵队前面领头行进，他的风笛演奏着《边境上的蓝绒帽》。双方的射击突然都停止了，大家对于眼前的景象目不转睛。不过震撼并没维持很久，突击队领头过桥后德军又开始射击起来。米林回忆说："由于风笛的鸣声，我没法听得很清楚。我没挨枪，纯粹是运气。"桥过了一半，米林转身看了看洛瓦特爵士。"他还是大踏步一路走来，仿佛他是在自家庭园中散步一样。"米林回忆道，"他给了我一个手势，继续向前。"

伞兵不顾德军的猛烈射击，都冲出来迎接突击队。洛瓦特道歉说"迟到了几分钟"。对疲惫至极的第6空降师伞兵来说，这真是兴奋的时刻。虽然英军主力要到达伞兵据守防线的最远处还要好几个小时，但第一批增援部队总算已经到达了。红扁帽的伞兵和绿扁帽的突击队碰到一起时，精神上突然有了一种可以体会到的爽快感，19岁的格雷觉得"自己年轻了好几岁"。

9

现在，在希特勒的第三帝国生死存亡的这一天，隆美尔正拼命急驶返回诺曼底。而在登陆战线上他麾下的各级指挥官，正拼命要阻止猛扑前来的盟军攻击，事情的成败全靠装甲师了。德军第21装甲师正好就在英军三处滩头的后方。第12党卫装甲师和装甲教导师，却依然由希特勒在后方掌控。

隆美尔元帅注视在车前展开的公路白色标线，并敦促司机往前。"快！快！快！"他说。丹尼尔把油门踩到了底，座车咆哮向前飞驶。他们在2小时前离开弗罗伊登施塔特后，隆美尔便没有说过一句话。副官朗上尉坐在后座，他从没见过元帅这般抑郁过。朗想要谈谈登陆的事，可是隆美尔却没有意愿说话。忽然间，隆美尔转过身来看着朗。"我一直都是对的，"他说，"一直以来都是。"然后又盯着前路。

德军第21装甲师没法通过卡昂。该师坦克团团长布罗尼科夫斯基上校，开着他的"水桶"指挥车在车队前后走动。卡昂已成了一堆废墟，在早些时候市区遭到轰炸，而轰炸机又炸得彻底，大街小巷堆满了断瓦残垣。在布罗尼科夫斯基看来，"市区中的每一个市民都在移动，试着要离开"。公路上挤满了骑自行车的民众，对装甲师来说这毫无指望可以通过。布罗尼科夫斯基决定全团后退，从市区旁边绕道。他知道这得花上好几个小时，可是却没有别的办法可想。而且，当他通过以后，原定支持他的步兵团又在什么地方？

德军第21装甲师192装甲步兵团，19岁的二等兵瓦尔特·赫尔梅斯（Walter Hermes）从没有这么快乐过，这真是光荣，竟由他领先攻击英军！赫尔梅斯跨坐在摩托车上，在先锋连领头行进。他们正向海岸前进，很快就会赶上坦克，然后第21装甲师就会把英军赶下海，人人都这么说。在他附近的摩托车上，都是他的朋友：特茨拉夫（Tetzlaw）、马图施（Mattusch）和沙尔德（Schard）。他们全都预料，应该在此之前更早就会遇到英军的攻击，可却没发生一点事。奇怪的是，他们到现在还没赶上坦克。不过赫尔梅斯猜想，他们一定在前面的什么地方，或许正在向海岸攻击了。赫尔梅斯快乐地骑着摩托车向前进，引导着团内的先锋连，进入这一处13公里宽的缺口，这是处

第三部　D日登陆　267

于英军朱诺与金滩两个滩头之间。英军突击队还没有填上缺口。这处缺口可供德军装甲师扩展，把英军两处滩头切割，威胁到盟军整体登陆作战——对这处缺口的存在，布罗尼科夫斯基上校却一无所知。

在巴黎的西线总司令部，伦德施泰特元帅的参谋长布鲁门特里特上将，打电话到隆美尔的 B 集团军群司令部，找参谋长施派德尔。B 集团军群的作战日志上只记录布鲁门特里特说了一句。"最高统帅部，已经准予使用第 12 党卫装甲师及装甲教导师。"时间是下午 3 点 40 分。两位参谋长都知道这已经为时过晚了。希特勒和他的高级将领，把这两个装甲师压了足足 10 个多小时，在这生死存亡的一天内没有一个师能有希望到达登陆区。第 12 党卫装甲师，要一直到 6 月 7 日上午才能抵达滩头；而业已被盟军空军继续不断攻击，几乎全灭的装甲教导师，6 月 9 日之前根本到不了。现在，能使盟军的反攻失败的唯一机会，就全在第 21 装甲师身上了。

****

快到下午 6 点钟，隆美尔的座车停在兰斯，副官朗上尉到市区警备司令部，打了一通电话到拉罗什吉永。隆美尔花了 15 分钟打电话，静听参谋长的简报。隆美尔从办公室出来时，朗便意识到消息一定不妙。他们继续开车前进，车中默然无声。过了一阵子以后，隆美尔戴了手套的拳头，打在另一只手掌心里，痛苦地说："我亲爱的好对手——蒙哥马利！"又过了一阵子，他说："天啊！如果第 21 装甲师办得到，我们也许能在 3 天内把他们赶回去。"

****

在卡昂北方，布罗尼科夫斯基下达了攻击令，他派出 35 辆坦克，由威廉·冯·戈特贝格（Wilhelm von Gottberg）少校指挥，先行攻占距海岸 6.4 公里远的佩里耶（Périers）各高地。布罗尼科夫斯基自己则率领 24 辆坦克，想攻占 3.2 公里外比耶维尔（Biéville）的一座山头。

第 21 装甲师师长福伊希廷格尔将军，以及 84 军军长马克斯将军，都来看这次攻击的出发。马克斯走到布罗尼科夫斯基前说："布朗，德国的未来完全在你肩上了，如果你不把英军赶下海，我们的战争就失败了。"

布罗尼科夫斯基举手敬礼回答道："报告军长，我会力尽所能去做。"

他们向前推进，坦克成扇形散开时，第 716 步兵师师长威廉·里希特中将拦下了布罗尼科夫斯基，师长"因悲伤过度而呆住"，他泪流满面地告诉布罗尼科夫斯基："我的部队都损失了，整个师完了。"

布罗尼科夫斯基问："师长，我该怎么办？我们会竭尽全力救援。"他掏出地图给里希特看："师长，他们的位置在什么地方，请您指示一下好吗？"

里希特摇摇头。"我不知道，"他说，"我不知道。"

****

隆美尔在专车前座转了上半身向朗说："现在我希望没有地中海方面的第二场登陆。"他停了一会儿，若有所思地说："朗，你知道吗？

如果现在我是盟军统帅，我能在 14 天内结束这场战争。"他又转身回去，看着前面的道路。朗看着他受苦，却无法帮忙。专车在夜色中继续咆哮疾驶。

****

布罗尼科夫斯基的坦克队，隆隆驶上比耶维尔的高地。到现在为止，还没有遭遇敌人的抵抗。他的 4 号坦克队中的第一辆快到高地顶上时，远处的炮声狞然齐发。他说不出是遇到英军坦克射击，或是来自德军的反坦克炮，但炮火既凶猛又准确，似乎从五六处地方一起射击。突然，领先的坦克一弹未发就爆炸开来，随即又有两辆坦克驶上前去用坦克炮轰击，但英军炮手似乎不受影响。布罗尼科夫斯基开始明白为什么了，他的坦克比不过人家，英军的火炮似乎射程更远，把布罗尼科夫斯基的坦克一辆又一辆给打垮，不到 15 分钟，他就折损了 6 辆坦克。他从没见过这种射击，可又无计可施，他终止攻击，下令后退。

****

二等兵瓦尔特·赫尔梅斯搞不懂坦克在什么地方。第 192 团的先锋连，已经抵达了滨海吕克（Luc-sur-Mer）的海岸，但却没有德军装甲师的踪影，也没有英军的迹象，他有点失望。可是登陆艇队的景色，却补偿了他的失望。海岸外，赫尔梅斯的左边和右边，只见有成百上千艘的舰船与小艇来来往往，1.6 公里外则是各种各样的战列舰。"真漂亮，"他对朋友希哈德说，"真像在阅兵。"

由 C-47 牵引的霍萨滑翔机飞过犹他海滩，滑翔机为第 82 空降师提供了增援。这使我们能够将照片的日期定为 1944 年 6 月 7 日（执行这些任务的日期）。在前景中，我们可以看到 3 名宪兵，他们的头盔上有白色或黄色条纹，其中包括一名士官（后面有白色水平线）的头盔。

诺曼底登陆日，雪佛兰团的维克托·德布卢瓦下士蹲伏在朱诺海滩询问两名被加拿大军队俘虏的德国战俘。其他囚犯也坐在反坦克墙边。

第三部　D 日登陆　271

赫尔梅斯就和几个朋友在草地上躺了下来，掏出香烟来抽，似乎什么事都不会发生，也没有人对他们下命令。

****

英军已在比耶维尔高地占领了阵地，他们挡住了戈特贝格上尉的35辆坦克，甚至在德军装甲部队还没进入射程之前就挡住了。就那么几分钟，戈特贝格就损失了10辆坦克。由于命令的耽搁，以及想在卡昂绕道而浪费时间，使得英军有了大好机会，在战略性高地上充分巩固了阵地。戈特贝格臭骂他能想得起来的每一个人，他把部队向后撤，撤到勒比赛（Lebissey）附近的树林边缘。他命令士兵为坦克掘壕，埋下车身只露出炮塔。他十分确定，英军会在几小时内冲向卡昂。

可是出于戈特贝格的意料之外，时间过去了却没有攻击发生。然后，过了晚上9点钟不久，他眼前出现了奇景。天空中飞机的隆隆声愈来愈大，衬着依然明亮的太阳，他见到远处一大批滑翔机，从海岸飞越而来，一共有好几十架，稳定地编成队形跟在拖曳机的后面。正当他看着时，滑翔机脱离拖曳机，转弯侧滑，飕飕地往下降，降落在他与海岸中间视线不及的地方，戈特贝格气得咒骂起来。

布罗尼科夫斯基也在比耶维尔，也命令手下坦克掘壕固守。正当他站在路边时，看见"德国军官各带着二三十名士兵，零零散散从前方向后走——往卡昂方向撤退"。布罗尼科夫斯基搞不懂，为什么英军不进攻。在他看来，"卡昂和这一整个地区，只要几小时就可以拿下来①"。布罗尼科夫斯基看见在这个行列的后头,有一名德军中士,两只手搂住两名体格结实的妇女辅助队队员,他们"醉得像猪一样,脸上脏脏的,摇摇摆摆的,从这面摆到那一面"。他们踉踉跄跄走过,忘掉了一切,嘴里大声唱着德国国歌《德意志之歌》。布罗尼科夫斯基看着他们走远了,不禁大声说:"这场战争失败了。"

****

隆美尔的座车悄悄驶过拉罗什吉永,道路两侧的小小房屋紧邻着道路,车辆行进速度因此慢了下来。这辆黑色的大轿车转弯离开了公路,经过16株修剪得整整齐齐的菩提树,进入了拉罗什富科公爵的城堡。车辆进入城堡门前时停了一下,朗跳出车外先跑在车前,去通知参谋长施派德尔中将,说元帅回来了。大走廊上,他听见参谋长办公室里,传来瓦格纳歌剧的旋律。房门突然一开,施派德尔走出来,音乐声也涌出室外。

朗既生气又震惊,一下子忘记自己在和一位将领说话,他劈头就问:"这种时候,你怎么还听歌剧?"

施派德尔笑着回答:"我的好朗,你不认为我放一点点音乐,是要阻挡敌人登陆吗?是不是?"

隆美尔穿着蓝灰色的野战大衣,银顶的元帅指挥杖在右手,大踏步从走廊上走来。他走进施派德尔办公室,两手交握在背后,站在那里注视地图,施派德尔把门关上,朗知道会议要进行很长一段时间,

---

① 虽然英军在D日获得最大的进展,他们却未能攻占本身的主目标——冈城。布罗尼科夫斯基和手下的坦克待在阵地里达6个多星期——直到该市终于攻下来为止。

第三部　D日登陆　273

于是便向餐厅走去。他颓然坐在一张长桌边,向传令兵要一杯咖啡。附近有一名军官正在看报告,他抬头望着朗说:"此行如何呀?"他问得倒是很愉快,朗却气冲冲瞪着他。

****

瑟堡半岛,接近圣梅尔埃格利斯镇的一处散兵坑里,美军82空降师的二等兵"荷兰佬"舒尔茨,正靠着散兵坑的一边,听到远处一座教堂钟鸣11响。他很难让眼睛睁开了,算了一下自己一直醒着的时间,到现在差不多是72小时了——自从6月4日晚上,登陆延期一天,他参加骰子赌局时算起。有意思的是,他竟花了那么大的力气,才把自己赢来的钱统统输掉——如此就不会有什么坏事发生在自己身上了。事实上,"荷兰佬"还觉得有一点难为情,整整一天他连半枪都没开过。

在奥马哈滩头的峭壁下,医护上士艾根伯格疲惫地躺在一个弹坑里,已经忘记自己处理过多少名伤员。他疲倦得要死,但是在睡着以前要做一件事,他从口袋里抽出一张皱巴巴的"胜利邮简"(V-mail)信纸,在手电筒的亮度下,坐下来写家信。他草草写上"法国某地",然后继续写:"亲爱的爸妈,现在你们已经知道登陆的事了,唔,我很好。"这名19岁的医护士停下来,他没法想出更多的字可写了。

海滩上,科塔准将注视着卡车的"猫眼"——灯火管制尾灯,听到了宪兵和滩头指挥官的斥责声,把人车都往内陆赶。到处仍然有登陆艇在燃烧,向夜空抛起血红的火焰。海浪冲击海岸,在远处什么地方,科塔还听到单一的机枪嗒嗒声。突然间他觉得非常疲倦,一辆载重车隆隆向他驶来,将军挥手要车停下。他站在踏脚板上,一只手抓住车门,回望了海滩一会儿,然后对驾驶兵说:"孩子,载我上山去吧。"

****

隆美尔总部里,朗也和别人一样,听到了坏消息:第 21 装甲师的攻击失败了。朗非常沮丧,他向元帅说:"司令,您认为我们能把他们赶回去吗?"

隆美尔耸耸肩,摊开两手说:"朗,我希望能够。直到现在为止,我几乎一向都是成功的。"然后他拍拍朗的肩膀,说:"你累坏了,你怎么不去睡觉?这么长的一天啊。"他转过身去,朗看他在走廊上走向办公室,门在他身后轻轻关上了。

外头,在两处巨大圆石的庭院里毫无动静,拉罗什吉永很安静。很快,在这个被占领得最完整的法国村落,和整个希特勒统治下的欧洲,就会得到自由。从这一天起,第三帝国的生命将只剩不到一年。在城堡大门外,延伸的大路宽敞且空荡,而红瓦屋顶的民房都关上了百叶窗。午夜,圣桑松教堂响起了报时钟声。

有关死伤数字

在盟军发动登陆行动的这 24 小时,部队出现的伤亡士兵,多年来都有各种不同的,甚至相互抵触的数字,没有一种能说得上准确。充其量,它们只是一种估计,因为登陆的性质,任何人都不可能统计出一个确切的数目。大致说来,战史专家同意,盟军伤亡总数将近万人,有些人甚至把数字定为 12,000 千人。

美军伤亡定为 6,603 人,这个数字基于美军第 1 集团军作战后报告而来,分为下列各项:阵亡,1,465 人;负伤,3,184 人;失踪,1,928 人;被俘,26 人。在这个数字中,也包括了 82 及 101 空降师的损失。先以这两个空降师来说,阵亡、负伤与失踪就达 2,499 人。

加军死伤共 946 人,其中 335 人阵亡。英军伤亡则从未公布,据判断至少有 2,500 人到 3,000 人伤亡,其中第 6 空降师阵亡、负伤与失踪人员达 650 人。

德军在 D 日这天的伤亡为多少?没有一个人能说得出来。以本人访问德军将校军官所得到的估计,从 4,000 人到 9,000 人之间。但在 6 月底,隆美尔报告 B 集团军群当月的伤亡是"将领 28 员,各级部队长 354 员,士兵约 25 万人"。

致谢

本书的主要资料来源是盟军与德军的诺曼底登陆老兵、法国抵抗运动与平民，总共超过 1,000 人。他们公开且无私地献出他们的时间，并且克服了种种不便。他们填写问卷，并且在问卷收齐、与其他老兵的证词对照之后，他们还相当乐意地提供了更多信息。他们响应了我寄去的许多信件与询问。他们给了我丰富的文献和纪念物，包括有水渍的地图、破碎的日记、行动后报告、记录、留言簿、连队名册、伤亡名单、私人信件与照片，并且还接受我的访问。我真的亏欠这些有贡献的人太多了。读者可以在之后找到协助本书的军人与法国抵抗运动人员的完整清单。据笔者所知，这份不完整的诺曼底登陆参与人员清单是世上唯一存在的此类文献。

在所有我们找到的生还者中（这个工作花了将近 3 年），有大约 700 人是在美国、加拿大、英国、法国与德国接受采访的。其中有大约 383 段描述受到本书采用。出于许多编辑上的原因（主要是因为重复），笔者无法将所有人的说法都写入书中。然而本书的架构仍是以所有参与人士所提供的信息为基础，再加上盟军与德军的行动后报告、战争日志、历史记载或其他官方记录（例如战时及战后由美国陆军后备军的塞缪尔·马歇尔〔S. L. A. Marshall〕准将执行的大量访谈，他是军方的欧洲战区历史学家）。

首先我想感谢德惠特·华莱士（DeWitt Wallace），他是《读者文摘》的编辑兼发行人，他几乎负责整本书的开销，因此也是让这本书得以付梓的人。

接下来我必须对以下的各位致上敬意：美国国防部部长泰勒上将，他直到前一阵子都还是美国陆军的参谋长；陆军新闻处处长斯托克少将（H. P. Storke）；切斯纳特上校（G. Chesnutt）、奇塞伯罗中校（John S. Cheseboro）和欧文中校（C. J. Owen），三人是陆军杂志与图书部的军官；美国海军杂志与图书部的吉姆·佩尔中校（Herber Gimpel）；美国空军新闻处的松德曼少校（J. Sunderman）与马克上尉（W. M. Mack）；美国国防部申请暨旅游部的霍乐女士（Martha Holler）；还有欧洲与其他地区的许多新闻办事处，他们都在每个过程中为我提供了协助。他们不只帮我找到了老兵，还帮我在各种地方开通了许多渠道，让我得以检视至今都还列为机密的文献，给我详细的地图，带我进出欧洲，并且安排访谈。

我也必须感谢格林菲尔德博士（Kent Roberts Greenfield）大方提供协助与合作，他直到最近都是军事历史处处长办公室的首席历史学家，同时我也要感谢他的同事：海茨少校（William F. Heitz）、威斯先生（Israel Wice）、芬克先生（Detmar Finke），以及莱勒巧先生（Charles von Luttichau），他们准许我查看官方历史与文献，同时还一直给我指导与建议。我还要在这边特别提及莱勒巧的作品，他把自己近 8 个月中的闲暇时间，都投入翻译大量德文文献和最重要的德国作战日志上。

在对本书有贡献的许多人中，我尤其想要感谢以下人士：佩蒂中士非常细心地重建了突击兵在奥克角的行动；第 1 师的库尔茨上等兵、第 4 师的吉尔林少尉和诺曼科塔准将都生动地描述了奥马哈滩头的状况；第 4 师的约翰逊少校非常仔细地整理了第一波攻击队伍所携带的装备；卡菲上校与布朗中士帮我描述了罗斯福准将在犹他滩头上的表现；巴滕少将是诺曼底登陆当天第 4 师的师长，他给了我许多指导，还借给我地图和官方文件；克斯准将手下的英国第 8 旅在剑滩滩头领军冲锋，而他则提供了详细的回忆录和文献，并且好心地试着找出英军的伤亡数字；罗斯福将军夫人给了我许多善意、有想法的建议与批评；威廉·沃顿（William Walton）是前任《时代》和《生活》杂志的记者，他是唯一与82空降师一起跳伞的战地记者。他翻箱倒柜找出了自己的旧笔记本，然后还花了两天帮我重建那场战斗的整体气氛；皇家陆战队第48突击队的弗伦德上尉和奥德沃思中尉画了朱诺滩头的画面；还有洛瓦特爵士突击队的风笛手米林，他费尽心思寻找，最后找到了当天演奏的曲目。

我还想感谢泰勒少将，他从自己繁忙的行程中抽出时间，带我逐步了解101空降师的作战，后来还帮我看过原稿的相关部分，确保描述准确。还有其他人也帮我校正过错误，并且读过两到三种不同版本的原稿，他们是摩根爵士中将，也就是原始霸王行动的策划人，还有加文准将，他是第82空降师跳伞进入诺曼底时的指挥官。我还欠以下人士一份人情：布莱德雷中将，他是当时美国第1集团军的指挥官；史密斯中将，当时是艾森豪威尔上将的参谋长；克罗克中将（J. T. Crocker），他是英国第1军的司令；还有格尔爵士上将，英国第6空降师的师长。这些人都好心地回答了我的问题，或是接受我的访问，或让我看他们的战时地图与文献。

在德国这边，我要感谢波恩政府的大方合作，以及许多军种协会帮我找到老兵、安排访谈。

在德国这边为数众多的贡献者中，我尤其感谢哈尔德上将，他是前德军参谋总长；朗上尉，他是隆美尔的幕僚；布鲁门特里特上将，伦德施泰特元帅的参谋长；施派德尔中将，隆美尔的参谋长；隆美尔夫人和她的儿子曼佛雷德；彭泽尔中将，第7军的参谋长；扎尔穆特上将，第15军的司令；第21装甲师的布罗尼科夫斯基将军；德国空军第26战斗机联队的普里勒上校；第15军的德特林中校；还有352师的普卢斯卡特少校。这些人和许许多多其他人都相当好心，愿意接受我的访谈，并花好几个小时重建战斗的不同阶段。

除了从参加诺曼底登陆的人手中取得的信息之外，在我们研究的过程中，也参考了许多优秀史学家与作家的著作。我要感谢哈里森（Gordon A. Harrison），官方编写的诺曼底登陆作战史《横渡海峡攻击》的作者，还有波格博士（Forest Pogue），美国陆军出版的《最高司令部》（The Supreme Command）的作者，这两位的著作都给了我方向，并协助我解决许多有争议的地方。他们的著作非常重要，让我能对登陆前的政治、军事局势与作战本身的细节有全面的了解。其他对我非常有帮助的图书包括：莫里森（Samuel E. Morison）所著的《入侵法国和德国》（The Invasion of France and Germany）、泰勒（Charles H. Taylor）所著的《奥马哈滩头阵地》（Omaha Beachhead）、罗本塔（R. G. Ruppenthal）所著的《犹他到瑟堡》（Utah to Cherbourg）；拉普伯特（Leonard Rapport）和诺伍德（Arthur Norwood, Jr.）合著的《与命运相会》（Rendezvous with Destiny），美国陆军后备军马歇尔准将所著的《战火英雄》（Men Against Fire），还有史塔塞上校（C. P. Stacey）所著的《加拿大军队：1939-1945》（The Canadian Army: 1939-1945）。本书附录中有一份参考书目清单。

在寻找老兵、收集研究及最终访谈的过程中，我收到了《读者文摘》、美国、加拿大、英国、法国与德国许多组织代表与编辑的协助。在纽约，弗朗西丝·沃德（Frances Ward）小姐和莎莉·罗德斯（Sally Roderts）小姐在部门编辑格特鲁德·阿伦德尔（Gertrude Arundel）的指导下处理了大量的文献、问卷和访问，并且还想办法让这些东西保持良好状况。在伦敦，琼斯·艾萨克斯（Joan Isaacs）小姐的工作也类似，同时还要做许多访谈。在加拿大战争办公室的协助之下，《读者文摘》的肖恩·麦凯（Shane McKay）和南希·维尔·巴桑特（Nancy Vail Bashant）小姐找到并访问了数十位加拿大老兵。欧洲那边的访问是最困难的，因此我必须感谢马克思·C. 施赖伯（Max C. Schreiber）提供的建议，他是《读者文摘》德文版的编辑；我也必须特别感谢《读者文摘》在巴黎的欧洲编辑办公室里的助理编辑乔治·瑞维（George Revay）、约翰·D. 帕尼察（John D. Panitza）和伊冯·富尔卡德（Yvonne Fourcade），他们花了很多心力组织、研究这个项目，并且孜孜不倦地访谈相关人士。我还要对《读者文摘》助理执行编辑霍巴特·刘易斯（Hobart Lewis）致以最真诚的感谢，因为他一开始就相信这个项目会成功，并且在长达数月的著书过程中一直和我站在一起。

我仍然欠许许多多的人一声谢谢。这边只举其中几位：乔丽·科恩（Jorry Korn）给了我不少深思熟虑的批评与编辑上的协助；多恩·拉森（Don Lassen）写了许多与第 82 空降师有关的信给我；录音电话机公司（Dictaphone Corp.）的多恩·布里斯（Don Brice），以及大卫·克尔（David Kerr）协助我进行访谈；《陆军时报》（Army Times）的约翰·维尔登（John Virden）上校、《贝德福德民主》杂志（Bedford Democrat）的肯尼斯·克劳奇（Kenneth Crouch）、泛美航空的戴夫·帕森斯（Dave Parsons）、IBM 的泰德·罗兰（Ted Rowe），还有通用动力的帕特·沙利文（Pat Sullivan），他们都透过各自所属的组织帮助我找到了诺曼底登陆的生还者；苏珊娜·克里夫斯（Suzanne Cleaves）、西奥多·H. 怀特（Theodore H. White）、彼得·施韦德（Peter Schwed）和菲利斯·杰克逊（Phyllis Jackson）都帮我仔细读了各个版本的稿子；莉莲·朗（Lillian Lang）负责秘书工作；安妮·赖特（Anne Wright）承担了归档文件、设置索引、处理来往信件，还承担了所有打字工作；还有最重要的，是我亲爱的妻子凯瑟琳（Kathryn），她收集、整理了我的研究，协助原稿的最终修改，并且做出比别人都多的贡献，因为她必须经历整个写书的过程。

C. R.

D日登场人物战后的生活

以下名单是对本书撰写提供协助的朋友，前面都是D日当时的职务。战后的职业也许会有改动，这里以个人提供数据的当时为准。本名单收录了美国、英国、加拿大、法国、德国等参与"霸王行动"人员的资料。这些人曾参与作者的访问计划，也是本书能够完稿的基础。数据的条目内容分别是"姓名、单位、军衔、战后居住地、职业（若有）"。

美国

尼克·J. 阿卡尔多　　　　　　第4步兵师，中尉
Nick J. Accardo　　　　　　　路易斯安那州新奥尔良，整形外科医生

欧内斯特·C. 亚当斯　　　　　第1特种工兵旅，中校
Ernest C. Adams　　　　　　　美国陆军，上校

小乔纳森·E. 亚当斯　　　　　第82空降师，上尉
Jonathan E. Adams, Jr.　　　　美国陆军，中校

萨尔瓦托雷·A. 阿尔巴内塞　　第1步兵师，上士
Salvatore A. Albanese　　　　　纽约弗普朗克，工资结算员

丹佛·阿尔布雷克特　　　　　第82空降师，少尉
Denver Albrecht　　　　　　　美国陆军，一级技官

迈尔斯·L. 艾伦　　　　　　　第101空降师，一等兵
Miles L. Allen　　　　　　　　美国陆军，三级军士长

罗伯特·马里恩·艾伦　　　　第1步兵师，一等兵
Robert M. Allen　　　　　　　艾奥瓦州奥尔温，高中教师、健身教练

沃尔特·K. 艾伦　　　　　　　第467防空营，技术军士长
Walter K. Allen　　　　　　　艾奥瓦州蒙莫斯，农场主

杰克·L. 艾利森　　　　　第 237 战斗工兵营，二等兵
Jack L. Allison　　　　　西弗吉尼亚州切斯特，会计

斯坦利·H. 阿尔波　　　　第 4 步兵师，少尉
Stanley H. Alpaugh　　　美国陆军，少校

C. W. 安德森　　　　　　第 4 步兵师，一等兵
C. W. Anderson　　　　　美国陆军，中士、宪兵队长

唐纳德·C. 安德森　　　　第 29 步兵师，少尉
Donald C. Anderson　　　加利福尼亚州，通用动力公司，试飞工程师

唐纳德·D. 安德森　　　　第 4 步兵师，中士
Donald D. Anderson　　　明尼苏达州埃菲，木材产品经销商

马丁·H. 安德森　　　　　海军第 11 与第 12 两栖部队，一等水兵
Martin H. Anderson　　　美国空军，空军下士

乔尔·H. 阿佩尔　　　　　第 457 轰炸机大队，中尉
Joel H. Apel　　　　　　 美国空军，中队长

乔治·N. 阿波斯托拉　　　第 39 防空营，四级技术兵
George N. Apostolas　　 退伍军人委员会，学习顾问

小萨姆·阿普尔比　　　　 第 82 空降师，下士
Sam Appleby, Jr.　　　　密苏里州奥索卡，律师

乔伊·L. 阿莱扎　　　　　第 446 轰炸机大队，中士
Joe L. Araiza　　　　　　美国空军，空军二级军士长

罗伯特·C. 阿尔曼　　　　第 2 游骑兵营，中尉
Robert C. Arman　　　　 印第安纳州拉斐特，上尉、伤残退役

约翰·R. 阿尔梅利诺　　　第 1 步兵师，上尉
John R. Armellino　　　 新泽西州西纽约，市长

路易斯·M. 阿姆斯特朗　　第 29 步兵师，技术军士长
Louis M. Armstrong　　　弗吉尼亚州士丹顿，邮局职员

埃德加·L. 阿诺德　　　　第 2 游骑兵营，上尉
Edgar L. Arnold　　　　 美国陆军，中校

查尔斯·V. 阿塞　　　　　第 101 空降师，中士
Charles V. Asay　　　　 加利福尼亚州奥本砂矿先驱报社，铸排机操作员

卡罗尔·A. 阿什比　　　　第 29 步兵师，上士
Carroll A. Ashby　　　　弗吉尼亚州阿灵顿陆军后备中心，中尉参谋

D 日登场人物战后的生活　283

博伊斯·Q. M. 阿兹比尔 Boyce Azbill	海岸警卫队第94号步兵登陆艇，海岸警卫队二等水兵 亚利桑那州图森美国管道供应公司，分公司经理
约瑟夫·W. 贝希勒 Joseph W. Baechle	第5特种工兵旅，中士 俄亥俄州克利夫兰，会计
弗兰克·H. 巴格利 Frank H. Bagley	"赫恩登"号驱逐舰，海军上尉 威斯康星州密尔沃基汽轮机有限公司，分公司经理
哈罗德·L. 贝尔 Harold L. Baier	第7海军滩勤大队，海军少尉 马里兰州弗雷德里克，医生（生物学研究）
爱德华·A. 贝利 Edward A. Bailey	第65装甲野战炮兵营，中校 美国陆军，上校
兰德·S. 贝利 Rand S. Bailey	第1特种工兵旅，中校 退休，华盛顿特区乡村电气化管理局，兼职顾问
理查德·J. 贝克 Richard J. Baker	第344轰炸机大队，中尉 美国空军，空军少校
查尔斯·巴尔塞 Charles L Baker	第7军军部，中尉 美国陆军，少校
小萨姆·H. 鲍尔 Sam H. Ball, Jr.	第146战斗工兵营，上尉 得克萨斯州特克萨卡纳KCMC电视台，电视业务主管
亚历克斯·W. 巴伯 Alex W. Barber	第5游骑兵营，一等兵 宾夕法尼亚州约翰斯敦，脊椎推拿治疗师
乔治·R. 巴伯 George R. Barber	第1步兵师，上尉（牧师） 加利福尼亚州蒙特贝洛，牧师投资顾问
卡尔顿·W. 巴雷特 Carlton W. Barrett	第1步兵师，二等兵 美国陆军，三级军士长
雷蒙德·奥斯卡·巴顿 Raymond O. Barton	第4步兵师师长，少将 佐治亚州奥古斯塔，南方金融公司
休伯特·S. 巴斯 Hubert S. Bass	第82空降师，上尉 得克萨斯州休斯敦，少校（退役）
勒罗伊·A. 巴西特 Leroy A. Bassett	第29步兵师，二等兵 北达科他州法戈，老兵管理部，保险理赔员
詹姆斯·赫伯特·巴特 James H. Batte	第87化学迫击炮营，中校 美国陆军，上校

罗伯特·L. 比尔登 Robert L. Bearden	第 82 空降师，中士 得克萨斯州胡德堡，比尔登个人服务公司
尼尔·W. 比弗 Neal W. Beaver	第 82 空降师，少尉 俄亥俄州托莱多，成本会计师
卡尔·A. 贝克 Carl A. Beck	第 82 空降师，二等兵 纽约波基普西，国际商用机器公司，工程部件检验员
爱德华·A. 比克斯 Edward A. Beeks	第 457 防空营，一等兵 蒙大拿州斯科比，技工领班
罗伯特·O. 比尔 Robert O. Beer	"卡尔米克"号驱逐舰，海军中校 美国海军，海军上校
莫里斯·A. 贝莱尔 Maurice A. Belisle	第 1 步兵师，上尉 美国陆军，中校
盖尔·H. 贝尔蒙特 Gail H. Belmont	游骑兵，上士 美国陆军，上尉
韦恩·P. 本格尔 Wayne P. Bengel	第 101 空降师，二等兵 宾夕法尼亚州匹兹堡，丘纳德船舶有限公司，高级职员
亨利·J. 比林斯 Henry J. Billings	第 101 空降师，下士 美国陆军，一级技官
诺曼·W. 比利特 Norman W. Billiter	第 101 空降师，中士 佐治亚州本宁堡，首席降落伞检验员
西德尼·V. 宾厄姆 Sidney V. Bingham	第 29 步兵师，少校 美国陆军，上校
詹姆斯·P. 布莱克斯托克 James P. Blackstock	第 4 步兵师，上士 宾夕法尼亚州费城，眼镜商
哈罗德·惠特尔·布莱克利 Harold W. Blakeley	第 4 步兵师炮兵指挥官，准将 少将（退役）
欧内斯特·R. 布兰查德 Ernest R. Blanchard	第 82 空降师，一等兵 康涅狄格州布里斯托尔，英格拉姆钟表公司，机械师
艾伦·C. 博德特 Alan C. Bodet	第 1 步兵师，下士 密西西比州，杰克逊信托银行公司，出纳助理
威廉·S. 博伊斯 William S. Boice	第 4 步兵师，上尉（牧师） 亚利桑那州菲尼克斯，第一天主教堂，神父

D 日登场人物战后的生活

小鲁弗斯·C. 博林 Rufus C. Boling, Jr.	第4步兵师，二等兵 纽约州布鲁克林，公寓管理人
卡尔·E. 邦巴尔迪耶 Carl E. Bombardier	第2游骑兵营，一等兵 马萨诸塞州北阿宾顿，代理投资公司，拖拉机手、托运人
劳伦斯·J. 布尔 Lawrence J. Bour	第1步兵师，上尉 艾奥瓦州波卡洪特斯，民主党社论撰稿人
奥马尔·纳尔逊·布莱德雷 Omar N. Bradley	第1集团军指挥官，中将 陆军五星上将，纽约宝路华手表公司董事长
杰尔姆·N. 勃兰特 Jerome N. Brandt	第5特种工兵旅，上尉 美国陆军，中校
马尔科姆·D. 布兰南 Malcolm D. Brannen	第82空降师，中尉 佛罗里达州德兰，斯特森大学预备军官训练队，少校
S. D. 布鲁尔 S. D. Brewer	"阿肯色"号战列舰，一等水兵 亚拉巴马州哈克尔堡，邮局员工
雷蒙德·C. 布里尔 Raymond C. Briel	第1步兵师，中士 美国空军，空军二级军士长
威廉·L. 布林森 William L. Brinson	第315部队运输机大队，上尉 美国空军，空军中校
沃纳·A. 布拉夫曼 Warner A. Broughman	第101空降师，上尉 肯塔基州列克星敦，美国公共健康医院，职业教育主管
哈里·布朗 Harry Brown	第4步兵师，中士 密歇根州克劳森，验光师
詹姆斯·J. 布鲁恩 James J. Bruen	第29步兵师，中士 俄亥俄州克利夫兰，警员
托马斯·B. 布拉夫 Thomas B. Bruff	第101空降师，中士 美国陆军，上尉
约瑟夫·J. 布鲁诺 Joseph J. Bruno	"得克萨斯"号战列舰，一等水兵 宾夕法尼亚州匹兹堡，美国陆军，货运员
基思·布赖恩 Keith Bryan	第5特种工兵旅，中士 内布拉斯加州哥伦布，退伍军人服务官员
约翰·P. 巴克海特 John P. Buckheit	"赫恩登"号驱逐舰，一等水兵 宾夕法尼亚州哈里斯堡，奥姆斯特德空军基地，警卫

小沃尔特·巴克利 Walter Buckley, Jr.	"内华达"号战列舰,海军少校 美国海军,海军上校
赫伯特·J. 布法罗·博伊 Herbert J. Buffalo Boy	第 82 空降师,上士 北达科他州耶茨堡,农场保安、农场主
约翰·L. 伯克 John L. Burke	第 5 游骑兵营,下士 纽约州德尔马,A. H. 罗宾斯有限公司,销售主管
威廉·G. 伯林盖姆 William G. Burlingame	第 355 战斗机大队,中尉 美国空军,空军少校
杰拉尔德·H. 伯特 Gerald H. Burt	第 299 战斗工兵营,下士 纽约州,尼亚加拉瀑布城,管道安装工
小路易斯·A. 巴斯比 Louis A. Busby, Jr.	"卡尔米克"号驱逐舰,海军上士 "萨拉托加"号航空母舰,锅炉长
小约翰·C. 巴特勒 John C. Butler, Jr.	第 5 特种工兵旅,上尉 弗吉尼亚州阿灵顿,印第安人事务局,物业官员
约翰·C. 拜尔斯 John C. Byers	第 441 部队运输机大队,技术军士长 加利福尼亚州圣佩德罗,机械工程师
尤金·米德·卡菲 Eugene M. Caffey	第 1 特种工兵旅,上校 少将(退役),新墨西哥州拉斯克鲁塞斯, 达登·卡菲公司,律师
威廉·R. 卡拉汉 William R. Callahan	第 29 步兵师,上尉 美国陆军,少校
查尔斯·德雷珀·威廉·坎汉 Charles D. W. Canham	第 29 步兵师,上校 美国陆军,少将
布法罗·博伊·坎诺 Buffalo Boy Canoe	第 82 空降师,技术军士长 加利福尼亚州威尼斯,柔道教练
加埃塔诺·卡波比安科 Gaetano Capobianco	第 4 步兵师,一等兵 宾夕法尼亚州伊斯顿,屠夫
弗雷德·J. 卡登 Fred J. Carden	第 82 空降师,一等兵 美国陆军,空降技术员
小詹姆斯·R. 凯里 James R. Carey, Jr.	第 8 航空队,中士 艾奥瓦州奥西恩,凯里西部服务公司
约瑟夫·W. 卡洛 Joseph W. Carlo	第 288 号坦克登陆舰,医护兵 美国海军,海军中尉(牧师)

哈罗德·C. 卡尔斯特德 Harold C. Carlstead	"赫恩登"号驱逐舰,海军少尉 伊利诺伊州芝加哥,美国西北大学商学院,教师
约瑟夫·B. 卡朋特 Joseph B. Carpenter	第410轰炸机大队,陆航准尉 美国空军,空军二级军士长
约翰·B. 卡罗尔 John B. Carroll	第1步兵师,中尉 纽约,玻璃容器制造商协会,公共关系员
查尔斯·J. 卡肖 Charles J. Cascio	第312坦克登陆舰,二等水兵 纽约州恩迪科特,邮递员
李·B. 卡森 Lee B. Cason	第4步兵师,下士 美国陆军,二级军士长
托马斯·E. 卡塞尔 Thomas E. Cassel	第122-3特遣队,二等水兵 纽约消防队,上尉
理查德·D. 凯特 Richard D. Cator	第101空降师,一等兵 美国陆军,中尉
查尔斯·R. 考森 Charles R. Cawthon	第29步兵师,上尉 美国陆军,中校
唐纳德·L. 钱斯 Donald L. Chance	第5游骑兵营,上士 宾夕法尼亚州费城,耶尔-唐氏制造公司,安全工程师
查尔斯·H. 蔡斯 Charles H. Chase	第101空降师,中校 美国陆军,准将
卢修斯·P. 蔡斯 Lucius P. Chase	第6特种工兵旅,上校 威斯康星州科勒,科勒公司法律总顾问、董事
韦布·W. 切斯纳特 Webb W. Chesnut	第1步兵师,中尉 肯塔基州康伯斯威尔,生产信用协会
欧内斯特·J. 钱都斯 Ernest J. Chontos	第1步兵师,二等兵 俄亥俄州阿什塔比拉,房地产经纪人
弗兰克·恰尔佩利 Frank Ciarpelli	第1步兵师,二等兵 纽约州罗彻斯特,卫生部督察员
萨尔瓦托雷·奇里内斯 Salvatore Cirinese	第4步兵师,一等兵 佛罗里达州迈阿密,鞋匠
威廉·R. 克拉克 William R. Clark	第5特种工兵旅,上尉 宾夕法尼亚州路易斯维尔,邮政局长

威廉·J. 克莱顿 William J. Clayton	第4步兵师，上士 宾夕法尼亚州邓巴，画家
威廉·H. 克利夫兰 William H. Cleveland	第325侦察机联队，上校 美国空军，空军上校
理查德·W. 克利福德 Richard W. Clifford	第4步兵师，上尉 纽约州哈德逊福尔斯，牙医
萨姆·L. 科克伦 Sam L. Cochran	第4步兵师，技术军士长 美国陆军，上尉
弗农·C. 科菲 Vernon C. Coffey	第37战斗工兵营，二等兵 密歇根州霍顿，肉类包装冷藏公司老板
拉尔夫·S. 科夫曼 Ralph S. Coffman	第29步兵师，上士 弗吉尼亚州斯汤顿，奥古斯塔南方诸州石油合作组织卡车司机
沃伦·G. 科夫曼 Warren G. Coffman	第1步兵师，一等兵 美国陆军，上尉
马克斯·D. 科尔曼 Max D. Coleman	第5游骑兵营，一等兵 密苏里州克拉克斯顿，浸礼会牧师
约瑟夫·劳顿·柯林斯 J. Lawton Collins	第7军军长，少将 上将（退役），华盛顿特区查尔斯辉瑞公司，董事长
托马斯·E. 柯林斯 Thomas E. Collins	第93轰炸机大队，少尉 加利福尼亚州加德纳，诺斯罗普飞机公司，统计员
理查德·H. 康利 Richard H. Conley	第1步兵师，少尉 美国陆军，上尉
查尔斯·M. 康诺弗 Charles M. Conover	第1步兵师 美国陆军，中校
威廉·库克中尉 William Cook	第588号坦克登陆艇，海军少尉 美国海军，海军中校
威廉·S. 库克 William S. Cook	第2海军滩勤大队，海军下士（通信兵） 北达科他州弗拉舍，谷仓经理
小约翰·P. 库珀 John P. Cooper, Jr.	第29步兵师，上校 准将（退役），马里兰州巴尔的摩电话公司，行政主管
马歇尔·科帕斯 Marshall Copas	第101空降师，中士 美国陆军，二级军士长

D日登场人物战后的生活　289

约翰·T. 科基 John T Corky	第1步兵师，中校 美国陆军，上校
诺曼·丹尼尔·科塔 Norman D. Cota	第29步兵师，准将 少将（退役），宾夕法尼亚州，蒙哥马利公司，民防主管
小赖利·C. 库奇 Riley C. Couch, Jr.	第90步兵师，上尉 得克萨斯州哈斯克尔，农场主、牧场主
约翰·F. 考克斯 John F Cox	第434部队运输机大队，下士 纽约州宾厄姆顿，消防队中尉
詹姆斯·J. 科伊尔 James J. Coyle	第82空降师，少尉 纽约，美国烟草公司，会计
拉尔夫·O. 克劳福德 Ralph O. Crawford	第1特种工兵旅，一级技官 得克萨斯州迪利，邮局局长
弗雷德里克·J. 克里斯彭 Frederick J. Crispen	第436部队运输机大队，少尉 美国空军，空军三级军士长
赫伯特·A. 克罗斯 Herbert A. Cross	第4步兵师，少尉 田纳西州奥奈达，小学校长
拉尔夫·H. 克劳德 Ralph H. Crowder	第4步兵师，下士 弗吉尼亚州雷德福，米克玻璃店老板
托马斯·T. 克劳利 Thomas T. Crowley	第1步兵师，少校 宾夕法尼亚州匹兹堡，坩埚钢公司，分部总经理
小威廉·J. 克赖尔 William J. Cryer, Jr.	第96轰炸机大队，少尉 加利福尼亚州奥克兰，造船和维修厂， 合伙人、总经理
罗伯特·E. 坎宁安 Robt. E. Cunningham	第1步兵师，上尉 俄克拉荷马州斯蒂尔沃特，作家
约翰·B. 达伦 Johan B. Dahlen	第1步兵师，上尉（牧师） 北达科他州彻奇斯费里，路德教会牧师
托马斯·S. 达拉斯 Thomas S. Dallas	第29步兵师，少校 美国陆军，中校
保罗·A. 达纳希 Paul A. Danahy	第101空降师，少校 明尼苏达州明尼阿波利斯，制造商代表
尤金·A. 丹斯 Eugene A. Dance	第101空降师，中尉 美国陆军，少校

德里尔·M. 丹尼尔	第1步兵师，中校
Derrill M. Daniel	美国陆军，少将
本尼迪克特·J. 达希尔	第6特种工兵旅，上尉
Benedict J. Dasher	内华达州里诺，宇宙生命保险有限公司，总裁
约翰·E. 多特里	第6海军滩勤大队，海军中尉
John E. Daughtrey	佛罗里达州莱克兰，普外科医生
巴顿·A. 戴维斯	第299战斗工兵营，中士
Barton A. Davis	纽约州艾尔内拉，哈丁兄弟公司，财务主管助理
肯尼思·S. 戴维斯	"贝菲尔德"号武装运输船，海岸警卫队中校
Kenneth S. Davis	美国海岸警卫队，上校
弗朗西斯·W. 道森	第5游骑兵营，中尉
Francis W. Dawson	美国陆军，少校
罗素·J. 德贝内代托	第90步兵师，一等兵
Russell J. De Benedetto	路易斯安那州艾伦港，房地产经纪人
小艾伯特·德基亚拉	"赫恩登"号驱逐舰，海军少尉
Albert de Chiara, Jr.	新泽西州帕赛伊克，制造商代表
劳伦斯·E. 迪里	第1步兵师，上尉（牧师）
Lawrence E. Deery	罗得岛州纽波特，圣约瑟传教士
埃尔文·J. 德格南	第5军军部，少尉
Irwin J. Degnan	艾奥瓦州加腾伯格，保险代理
安东尼·J. 德马约	第82空降师，一等兵
Anthony J. DeMayo	纽约，电力建筑商
V. N. 德帕思	第29步兵师，二等兵
V. N. Depace	宾夕法尼亚州匹兹堡，税务代理
弗雷德·戴达	海岸警卫队第90号大型步兵登陆艇，一等水兵（通信兵）
Fred Derda	蒙大拿州圣路易斯，脊椎推拿治疗师
理查德·B. 德里克森	"得克萨斯"号战列舰，海军少校
Richard B. Derickson	美国海军，海军上校
J. L. 德雅尔丹	第3海军工程营，海军下士
J. L. Desjardins	马萨诸塞州莱明斯特，警察局库管
安杰洛·迪贝尼代托	第4步兵师，一等兵
Angelo Di Benedetto	纽约州布鲁克林，邮递员

D日登场人物战后的生活　　291

阿奇·L. 迪克森　　　　　　　第 434 部队运输机大队，中尉
Archie L. Dickson　　　　　　密西西比州格尔夫波特，保险代理员

小尼古拉斯·多克奇　　　　　鱼雷艇，鱼雷兵
Nicholas Dokich, Jr.　　　　　美国海军，海军下士

约翰·J. 多兰　　　　　　　　第 82 空降师，中尉
John J. Dolan　　　　　　　　马萨诸塞州波士顿，律师

托马斯·F. 多纳休　　　　　　第 82 空降师，一等兵
Thomas F Donahue　　　　　纽约州布鲁克林，A.P 茶业有限公司职员

阿德里安·R. 多斯　　　　　　第 101 空降师，一等兵
Adrian R. Doss, Sr.　　　　　美国陆军，专业上士

乔治·T. 多伊尔　　　　　　　第 90 步兵师，一等兵
George T Doyle　　　　　　　俄亥俄州帕马海茨，印刷商

诺埃尔·A. 杜布　　　　　　　第 121 战斗工兵营，中士
Noel A. Dube　　　　　　　　新罕布什尔州，皮斯空军基地，空军代表，行政助理

约翰·F. 杜里甘　　　　　　　第 1 步兵师，上尉
John F. Dulligan　　　　　　　马萨诸塞州波士顿，退伍军人管理局

爱德华·C. 邓恩　　　　　　　第 4 骑兵侦察中队，中校
Edward C. Dunn　　　　　　美国陆军，上校

唐纳德·M. 杜克特　　　　　　第 254 战斗工兵营，中士
Donald M. Duquette　　　　　美国陆军，二级军士长

哈里·A. 德怀尔　　　　　　　第 5 步兵师两栖部队，首席通信兵
Harry A. Dwyer　　　　　　　加利福尼亚州塞普尔韦达，退伍军人医院仓库保管员

杰里·W. 伊兹　　　　　　　　第 62 装甲野战炮兵营，中士
Jerry W. Eades　　　　　　　得克萨斯州阿灵顿，飞机工厂领班

查尔斯·W. 伊斯特　　　　　　第 29 步兵师，上尉
Charles W. East　　　　　　　弗吉尼亚州斯汤顿，保险业者

道尔顿·L. 伊斯特斯　　　　　第 4 步兵师，二等兵
Dalton L. Eastus　　　　　　印第安纳州，马里恩电力有限公司，抄表人

拉尔夫·P. 伊顿　　　　　　　第 82 空降师，上校
Ralph P. Eaton　　　　　　　准将（退役）

尤金·S. 埃科尔斯　　　　　　第 5 特种工兵旅，少校
Eugene S. Echols　　　　　　田纳西州孟菲斯，市政工程师

海曼·埃德尔曼 Hyman Edelman	第4步兵师,二等兵 纽约布鲁克林,酒类贩卖店店主
罗伯特·T. 艾德林 Robert T Edlin	第2游骑兵营,中尉 印第安纳州布卢明顿,环球人寿保险有限公司,保险代理主管
埃米尔·V. B. 埃德蒙 Emil V. B. Edmond	第1步兵师,上尉 美国陆军,中校
阿瑟·艾歇尔鲍姆 Arthur Eichelbaum	第29步兵师,中尉 纽约州长岛桑兹波因特,公司销售副总裁
艾尔弗雷德·艾根伯格 Alfred Eigenberg	第6特种工兵旅,上士 美国陆军,中尉
威廉·J. 艾斯曼 William J. Eisemann	火箭支援部队,海军中尉 纽约州长岛贝思佩奇,新英格兰互助人寿保险有限公司,助理
威廉·E. 埃克曼 William E. Ekman	第82空降师,中校 美国陆军,上校
约翰·叶林斯基 John Elinski	第4步兵师,一等兵 宾夕法尼亚州费城,奇宝饼干有限公司,承运商
约翰·B. 埃勒里 John B. Ellery	第1步兵师,上士 密歇根州罗亚尔奥克,韦恩州立大学,教授
罗伯特·C. 埃利奥特 Robert C. Elliott	第4步兵师,二等兵 新泽西州帕塞伊克,伤残
克劳德·G. 厄尔德 Claude G. Erd	第1步兵师,二级技官 肯塔基州列克星敦,肯塔基大学,预备军官训练队,二级军士长
利奥·F. 欧文 Leo E Erwin	第101空降师,二等兵 美国陆军,三级军士长,餐厅管事
朱利安·J. 尤厄尔 Julian J. Ewell	第101空降师,中校 美国陆军,上校
弗朗西斯·F. 费恩特 Francis, F. Fainter	第6装甲群,上校 纽约证券交易所,西弗吉尼亚州查尔斯顿,韦斯特海默公司,众议员
阿瑟·E. 范宁 Arthur E. Fanning	第319号大型步兵登陆艇,海岸警卫队中尉 宾夕法尼亚州费城,保险业务员

D日登场人物战后的生活　　293

詹姆斯·A. 范托 James A. Fanto	第6海军滩勤大队，一等水兵（报务员） 美国海军，首席报务员
小巴托·H. 法尔 H. Bartow Farr	"赫恩登"号驱逐舰，中尉 纽约，国际商用机器公司，律师
威利·T. 福尔克 Willie, T. Faulk	第409轰炸机大队，上士 美国空军，三级军士长
查尔斯·A. 弗格森 Charles A. Ferguson	第6特种工兵旅，一等兵 纽约，西方电器股份有限公司，价格专家
弗农·V. 弗格森 Vernon V. Ferguson	第452轰炸机大队，中尉 职业未知
缪塞尔·约瑟夫·费罗 Samuel Jospeh Ferro	第299战斗工兵营，一等兵 纽约州宾厄姆顿，机械师
威廉·E. 芬尼根 William E. Finnigan	第4步兵师，二等兵 纽约州，西点军校美国军事学院，人事助理
林肯·D. 菲什 Lincoln D. Fish	第1步兵师，上尉 马萨诸塞州伍斯特，纸业公司总经理
罗伯特·G. 菲茨西蒙斯 Robert G. Fitzsimmons	第2游骑兵营，中尉 纽约州尼亚加拉瀑布城，警察中尉
拉里·弗拉纳根 Larry Flanagan	第4步兵师，二等兵 宾夕法尼亚州费城，销售员
小约翰·L. 弗洛拉 John L. Flora, Jr.	第29步兵师，上尉 弗吉尼亚州罗阿诺克，联邦住宅管理局，不动产鉴定人
梅尔文·L. 弗劳尔斯 Melvin L. Flowers	第441部队运输机大队，少尉 美国空军，空军上尉
伯纳德·J. 弗林 Bernard J. Flynn	第1步兵师，少尉 明尼苏达州明尼阿波利斯，包装设计主管
塞缪尔·W. 福吉 Samuel W. Forgy	第1特种工兵旅，中校 纽约州长岛曼哈西特，卡拉贝拉贸易股份有限公司，总经理
罗琳·B. 法尔勒 Rollin B. Fowler	第435部队运输机大队，陆航准尉 美国空军，空军三级军士长
杰克·S. 福克斯 Jack S. Fox	第4步兵师，上士 美国陆军，上尉

杰克·L. 弗朗西斯 Jack L. Francis	第82空降师，下士 加利福尼亚州萨克拉门托，屋顶工
罗伯特·佛朗哥 Robert Franco	第82空降师，上尉 华盛顿里奇兰，外科医生
杰拉尔德·M. 弗伦奇 Gerald M. French	第450轰炸机大队，中尉 美国空军，空军上尉
利奥·弗雷 Leo Frey	第16号坦克登陆舰，首席机械师助理 美国海岸警卫队，一级技官
威廉·弗里德曼 William Friedman	第1步兵师，上尉 美国陆军，中校
拉尔夫·E. 弗里斯比 Ralph E. Frisby	第29步兵师，少尉 俄克拉荷马州奥克马吉，杂货店老板
小威廉·C. 弗里舍 William C. Frische, Jr.	第4步兵师，上士 俄亥俄州辛辛那提，吉布森艺术公司绘图员
霍华德·J. 弗罗曼 Howard J. Frohman	第401轰炸机大队，上士 美国空军，空军上尉
阿瑟·芬德伯克 Arthur Funderburke	第20战斗工兵营，上士 佐治亚州梅肯，可口可乐瓶装公司，销售员
埃德蒙·J. 加利亚尔迪 Edmund J. Gagliardi	第637号坦克登陆舰，海军下士 宾夕法尼亚州安布里奇，警官
埃德温·E. 加德纳 Edwin E. Gardner	第29步兵师，一等兵 堪萨斯州普莱恩维尔，邮递员
查尔斯·雷·加斯金斯 Charles Ray Gaskins	第4步兵师，下士 北卡罗来纳州埃纳波利斯，美孚石油服务中心，老板
詹姆斯·莫里斯·加文 James M. Gavin	第82空降师副师长，准将 中将（退役），马萨诸塞州韦尔斯利山，阿瑟·D. 利特尔有限公司副总裁
爱德华·M. 吉尔林 Edward M. Gearing	第29步兵师，少尉 马里兰州切维蔡斯，国家应急管理系统，审计部门助理
欧内斯特·L. 吉 Ernest L. Gee	第82空降师，技术军士长 加利福尼亚州圣何塞，使命黄色出租车公司，老板
查尔斯·亨特·格哈特 Charles H. Gerhardt	第29步兵师，少将 佛罗里达州，少将（退役）

伦纳德·汤森·杰罗 Leonard T. Gerow	第5军军长，少将 上将（退役），弗吉尼亚州彼得斯堡，银行董事
弗兰克·M. 格维西 Frank M. Gervasi	第1步兵师，上士 宾夕法尼亚州门罗维尔，工厂警卫
约瑟夫·H. 吉本斯 Joseph H. Gibbons	海军战斗爆破大队，海军少校 纽约，纽约电话公司，销售经理
乌尔里克·G. 吉本斯 Ulrich G. Gibbons	第4步兵师，中校 美国陆军，上校
梅尔文·R. 吉夫特 Melvin R. Gift	第87化学迫击炮营，二等兵 宾夕法尼亚州钱伯斯堡，调度员
约翰·吉尔胡利 John Gilhooly	第2游骑兵营，一等兵 纽约州罗斯福，A.P茶叶公司店长
迪安·迪特罗·吉尔 Dean Dethroe Gill	第4骑兵侦察中队，中士 内布拉斯加州林肯，退伍军人医院，厨师
约翰·刘易斯·吉勒特 John Lewis Gillette	海军第2滩勤大队，海军下士（通信兵） 纽约州斯科茨维尔，惠特兰奇利中央小学，教师
本尼·W. 格利森 Bennie W. Glisson	"科里"号驱逐舰，海军下士（报务员） 电传打字机操作员
默里·戈德曼 Murray Goldman	第82空降师，上士 纽约州蒙蒂塞洛，雷蒂制品有限销售主管
约瑟夫·I. 戈尔茨坦 Joseph I. Goldstein	第4步兵师，二等兵 艾奥瓦州苏城，保险业务员
罗伯特·李·古德 Robert Lee Goode	第29步兵师，中士 弗吉尼亚州贝德福德，机修工
卡尔·T. 古德蒙松 Carl T. Goodmundson	"昆西"号巡洋舰，二等水兵（通信兵） 明尼苏达州明尼阿波里斯市，大北方铁路公司，电报员
拉尔夫·E. 戈兰森 Ralph E. Goranson	第2游骑兵营，上尉 俄亥俄州代顿，埃尔顿·F. 麦克唐纳公司， 海外运营总监
弗雷德·戈登 Fred Gordon	第90步兵师，专业下士 美国陆军，专业下士
乔治·高迪 George Gowdy	第65装甲营，中尉 佛罗里达州圣彼得斯堡，渔夫

约瑟夫·J. 格雷科　　　　　　　第 299 战斗工兵营，一等兵
Joseph J. Greco　　　　　　　　纽约州锡拉丘兹，联合蕙兰有限公司，经理

卡尔·R. 格林斯坦　　　　　　　第 93 轰炸机大队，少尉
Carl R. Greenstein　　　　　　　美国空军，空军上尉

默里·格林斯坦　　　　　　　　第 95 轰炸机大队，中尉
Murray Greenstein　　　　　　　新泽西州布拉德利比奇，船长

威廉·H. 格里菲思　　　　　　　"赫恩登"号驱逐舰，海军少尉
William H. Griffiths　　　　　　美国海军，海军中校

约翰·P. 格里辛格　　　　　　　第 29 步兵师，少尉
John P. Grissinger　　　　　　　宾夕法尼亚州哈里斯堡，芝加哥互信人寿保险公司，
　　　　　　　　　　　　　　　总代理

哈罗德·M. 格罗根　　　　　　　第 4 步兵师，三级技术兵
Harold M. Grogan　　　　　　　密西西比州维克斯堡，美国邮局职员

贾德森·古德胡斯　　　　　　　第 389 轰炸机大队，中尉
Judson Gudehus　　　　　　　　俄亥俄州托莱多，托莱多光学实验室，销售员

小乔治·R. 哈克特　　　　　　　第 17 号坦克登陆艇，海军下士（通信兵）
George R. Jr. Hackett　　　　　美国海军，航信士官，海军中士

威廉·I. 哈恩　　　　　　　　　爱斯基摩人辅助船，一等水兵
William I. Hahn　　　　　　　　宾夕法尼亚州维尔克斯-巴里，煤矿经营者

巴特利·E. 黑尔　　　　　　　　第 82 空降师，少尉
Bartley E. Hale　　　　　　　　佐治亚州大学，学生

詹姆斯·W. 黑利　　　　　　　　第 4 步兵师，上尉
James W. Haley　　　　　　　　美国陆军，上校

查尔斯·G. 霍尔　　　　　　　　第 4 步兵师，二级军士长
Charles G. Hall　　　　　　　　美国空军，空军二级技官

小约翰·莱斯利·霍尔　　　　　　O 登陆编队指挥官，海军少将
John Leslie Hall, Jr.　　　　　　海军上将（退役）

小保罗·A. 哈姆林　　　　　　　第 299 战斗工兵营，二等兵
Paul A. Hamlin, Jr.　　　　　　纽约州韦斯特尔，国际商用机器公司，回收分析师

小西奥多·S. 哈姆纳　　　　　　第 82 空降师，上士
Theodore S. Hamner, Jr.　　　　亚拉巴马州塔斯卡卢萨，B. F. 古德里奇公司，楼面主管

霍华德·K. 汉森　　　　　　　　第 90 步兵师，二等兵
Howard K. Hanson　　　　　　　北达科他州阿格斯维尔，邮政局长、农场主

德尔伯特·C. 哈肯 Delbert C. Harken	第 134 号坦克登陆舰，海军下士（发动机机修工） 艾奥瓦州阿克利，代理邮政局长
乔治·S. 哈克 George S. Harker	第 5 特种工兵旅，中尉 肯塔基州诺克斯堡，心理学家
詹姆斯·C. 哈林顿 James C. Harrington	第 355 战斗机大队，中尉 美国空军，空军少校
托马斯·C. 哈里森 Thomas C. Harrison	第 4 步兵师，上尉 纽约州查巴阔，亨利·I. 克里斯托公司，销售经理
查尔斯·B. 哈里森 Charles B. Harrisson	第 1 特种工兵旅，一等兵 宾夕法尼亚州兰斯当，保险业务员
小乔纳森·H. J. 哈伍德 Jonathan H. Harwood, Jr.	第 2 游骑兵营，上尉 伤残
威廉·R. 哈斯 William R. Hass, Jr.	第 441 部队运输机大队，陆航准尉 美国空军，空军上尉
詹姆斯·J. 哈奇 James J. Hatch	第 101 空降师，上尉 美国陆军，上校
约翰·K. 哈文纳 John K. Havener	第 344 轰炸机大队，中尉 伊利诺伊州斯特林，国际收割公司，物料控制员
欧内斯特·W. 海尼 Ernest W. Haynie	第 29 步兵师，中士 弗吉尼亚州华沙，船用发动机供应商店，职员
默文·C. 希夫纳 Mervin C. Heefner	第 29 步兵师，一等兵 职业未知
弗兰克·E. 海基拉 Frank E. Heikkila	第 6 特种工兵旅，中校 宾夕法尼亚州匹兹堡，西屋电气有限公司， 客户关系部职员
克利福德·M. 亨利 Clifford M. Henley	第 4 步兵师，上尉 南卡罗来纳州萨默维尔，公路承包商
罗伯特·M. 埃农 Robert M. Hennon	第 82 空降师，上尉（牧师） 密西西比州布伦布特伍德，福音派儿童之家，部长、主管
雷蒙德·M. 赫利希 Raymond M. Herlihy	第 5 游骑兵营，中士 纽约州布朗克斯，新世纪出版社，税务代表
勒罗伊·W. 赫尔曼 LeRoy W. Hermann	第 1 步兵师，一等兵 俄亥俄州亚阿克伦，邮包运输员

厄尔斯顿·E. 赫恩 Earlston E. Hern	第146战斗工兵营，一等兵 俄克拉荷马州梅福德，铁路公司电报员
贝里尔·A. 赫伦 Beryl A. Herron	第4步兵师，一等兵 艾奥瓦州库恩拉皮兹，农场主
小赫伯特·C. 希克斯 Herbert C. Hicks, Jr.	第1步兵师，中校 美国陆军，上校
约瑟夫·A. 希克斯 Joseph A. Hicks	第531海岸工兵团，上尉 肯塔基州拉塞尔维尔，联邦肥料公司，董事长
乔尔·G. 希尔 Joel G. Hill	第102骑兵侦察中队，二级技术兵 宾夕法尼亚州卢考特，锯木厂职员
约翰·C. 霍奇森 John C. Hodgson	第5游骑兵营，中士 马里兰州银泉市，邮局工作人员
乔治·杜威·霍夫曼 George D. Hoffman	美国"科里"号，海军少校 美国海军，海军上校
阿瑟·F. 霍夫曼 Arthur R Hoffmann	第1步兵师，上尉 康涅狄格州锡姆斯伯里，景观设计
克莱德·E. 霍格 Clyde E. Hogue	第743坦克营，下士 艾奥瓦州代阿格纳尔，邮递员
哈里森·H. 霍兰德 Harrison H. Holland	第29步兵师，中尉 美国陆军手枪队，教练
小约翰·N. 霍尔曼 John N. Holman, Jr.	"霍布森"号驱逐舰，一等水兵 密西西比州梅肯，童子军外勤干事
约瑟夫·O. 胡珀 Joseph O. Hooper	第1步兵师，一等兵 美国陆军，防化部队消防员
温德尔·L. 霍普勒 Wendell L. Hoppler	第515坦克登陆舰，海军下士（舵手） 伊利诺伊州福里斯特帕克，人寿保险公司讲师
弗朗西斯·J. E. 豪思 Francis J. E. House	第90步兵师，一等兵 俄亥俄州利物浦，霍默·劳克林陶瓷公司，制陶工人
克拉伦斯·拉尔夫·许布纳 Clarence R. Huebner	第1步兵师师长，少将 中将（退役），纽约民防系统负责人
斯潘塞·J. 哈金斯 Spencer J. Huggins	第90步兵师，一等兵 美国陆军，二级军士长

梅尔文·T. 休斯 Melvin T. Hughes	第1步兵师，一等兵 印第安纳州帕托卡，亚当斯和莫罗股份公司，销售员
罗伯特·F. 亨特 Robert F. Hunter	第5特种工兵旅，少校 俄克拉荷马州塔尔萨，土木工程师
克拉伦斯·G. 于普费 Clarence G. Hupfer	第746坦克营，中校 上校（退役）
M. H. 伊姆利 M. H. Imlay	海岸警卫队第10大型步兵登陆艇艇长，上尉 少将（退役）
马克·H. 因芬格 Mark H. Infinger	第5特种工兵旅，上士 美国陆军，三级军士长
约翰·T. 欧文 John T. Irwin	第1步兵师，一等兵 美国陆军，中士（退役），邮局职员
杰克·R. 艾萨克斯 Jack R. Isaacs	第82空降师，中尉 堪萨斯州科菲维尔，药剂师
唐纳德·I. 杰克韦 Donald I. Jakeway	第82空降师，一等兵 俄亥俄州约翰斯敦，赖斯石油公司，簿记员
弗朗西斯·W. 詹姆斯 Francis W. James	第87化学迫击炮营，一等兵 伊利诺伊州温内特卡，警官
小乔治·D. 詹姆斯 George D. James, Jr.	第67战术侦察大队，中尉 纽约州尤马蒂拉，保险业务员
斯坦利·W. 扬奇克 Stanley W. Jancik	第538号坦克登陆舰，一等水兵 内布拉斯加州林肯，胜家缝纫机公司，销售员
哈罗德·G. 詹曾 Harold G. Janzen	第87化学迫击炮营，下士 伊利诺伊州埃尔姆赫斯特，电版技师
罗伯特·C. 贾维斯 Robert C. Jarvis	第743坦克营，下士 纽约布鲁克林，美孚石油公司，司泵工
米尔顿·A. 朱伊特 Milton A. Jewet	第299战斗工兵营，少校 上校，纽约州纽约，公共运输局发电厂，经理
范彻·B. 约翰逊 Fancher B. Johnson	第5军军部，二等兵 加利福尼亚州金斯堡，加利福尼亚包装公司，计时员
盖尔登·F. 约翰逊 Gerden F. Johnson	第4步兵师，少校 纽约州斯克内克塔迪，会计

奥里斯·H. 约翰逊 Orris H. Johnson	第 70 坦克营，中士 北达科他州利兹市，咖啡店老板
艾伦·E. 琼斯 Allen F. Jones	第 4 步兵师，一等兵 美国陆军，三级军士长
德尔伯特·F. 琼斯 Delbert F. Jones	第 101 空降师，一等兵 宾夕法尼亚州埃文代尔，蘑菇种植者
德斯蒙德·D. 琼斯 Desmond D. Jones	第 101 空降师，一等兵 宾夕法尼亚州格林里奇，太阳石油公司，冶金巡视员
唐纳德·N. 琼斯 Donald N. Jones	第 4 步兵师，一等兵 俄亥俄州加的斯，墓地主管
亨利·W. 琼斯 Henry W. Jones	第 743 坦克营，中尉 犹他州锡达城，牧场主
雷蒙德·E. 琼斯 Raymond E. Jones	第 401 轰炸机中队，中尉 路易斯安那州莱克查尔斯，石油化工股份有限公司，技工
斯坦森·R. 琼斯 Stanson R. Jones	第 1 步兵师，中士 美国陆军，中尉
哈罗德·L. 乔丹 Harold L. Jordan	第 457 防空营，一等兵 印第安纳州印第安纳波利斯，工具模具学徒
休伯特·H. 乔丹 Hubert H. Jordan	第 82 空降师，一级军士长 美国陆军，二级军士长
詹姆斯·H. 乔丹 James H. Jordan	第 1 步兵师，二等兵 宾夕法尼亚州匹兹堡，维修员
威廉·S. 约瑟夫 William S. Joseph	第 1 步兵师，中尉 加利福尼亚州圣何塞，油漆承包商
乔纳森·S. 乔伊纳 Jonathan S. Joyner	第 101 空降师，中士 俄克拉荷马州劳顿，邮局工作人员
布鲁斯·P. 朱迪 Bruce R Judy	第 319 号大型步兵登陆艇，海岸警卫队一等水兵（厨师） 华盛顿州柯克兰，布鲁斯·朱迪餐饮服务
伯特伦·卡利施 Bertram Kalisch	第 1 集团军通信部队，中校 美国陆军，上校
保罗·卡纳瑞克 Paul Kanarek	第 29 步兵师，中士 加利福尼亚州南盖特，美国钢铁有限公司，流程分析师

塞缪尔·A. 卡佩尔 A. Samuel Karper	第 4 步兵师，三级技术兵 纽约，法官助理
约瑟夫·考夫曼 Joseph Kaufman	第 743 坦克营，下士 纽约州蒙西，会计
弗朗西斯·X. 基申 Francis X. Keashen	第 29 步兵师，二等兵 宾夕法尼亚州费城，退伍军人管理局医疗事业部
威廉·S. 凯克 William S. Keck	第 5 特种工兵旅，技术军士长 美国陆军，一级军士长
约翰·W. 凯勒 John W. Keller	第 82 空降师，二等兵 纽约州锡克利夫，制模工人
约翰·J. 凯利 John J. Kelly	第 1 步兵师，上尉 纽约州奥尔巴尼，律师
蒂莫西·G. 凯利 Timothy G. Kelly	第 81 海军工程营，首席电机士官 纽约州阿米蒂维尔，电话公司职员
哈罗德·T. 肯尼迪 Harold T. Kennedy	第 437 部队运输机大队，陆航准尉 美国空军，空军三级军士长
乔治·F. 克希纳 George F. Kerchner	第 2 游骑兵营，少尉 马里兰州巴尔的摩，连锁餐厅主管
罗伯特·E. 凯斯勒 Robert E. Kesler	第 29 步兵师，上士 弗吉尼亚州罗阿诺克，诺福克和西部铁路公司，职员
查尔斯·W. 基德 Charles W. Kidd	第 87 化学迫击炮营，少尉 阿拉斯加州锡特卡，锡特卡第一银行，执行副总裁
诺伯特·L. 基弗 Norbert L. Kiefer	第 1 步兵师，中士 罗得岛州普罗维登斯，贝罗斯手表公司，销售代表
乔治·金迪格 George Kindig	第 4 步兵师，一等兵 印第安纳州布鲁克，伤残
威廉·M. 金 Wm. M. King	第 741 坦克营，上尉 纽约州波茨坦，克拉克森技术学院学生活动主任
哈里·W. 金纳德 Harry W. O. Kinnard	第 101 空降师，中校 美国陆军，上校
普伦蒂斯·麦克劳德·金尼 Prentis McLeod Kinney	第 37 战斗工兵营，上尉 南卡罗来纳州本尼茨维尔，医生

| 艾伦·古德里奇·柯克 | 西部海军特混舰队指挥官，少将 |
| Alan Goodrich Kirk | 上将（退役） |

| 内森·克兰 | 第323轰炸机大队，上士 |
| Nathan Kline | 宾夕法尼亚州艾伦敦，克兰汽车修理公司，合伙人 |

| 格伦·C.克洛特 | 第112战斗工兵营，上士 |
| Glenn C. Kloth | 俄亥俄州克利夫兰，木匠 |

| 奈尔斯·H.克瑙斯 | 第1步兵师，一等兵 |
| Niles H. Knauss | 宾夕法尼亚州艾伦敦，发电机产品操作测试员 |

| 威尔伯特·J.凯斯特 | 第1步兵师，一等兵 |
| Wilbert J. Koester | 伊利诺伊州沃齐卡，农场主 |

| 沃尔特·J.科洛季 | 第447轰炸机大队，上尉 |
| Walter J. Kolody | 美国空军，少校 |

| 约瑟夫·C.科鲁德尔 | 第387轰炸机大队，上士 |
| Joseph G. Koluder | 质量监督员 |

| 刘易斯·富尔默·库恩 | 第4步兵师，上尉（牧师） |
| Lewis Fulmer Koon | 弗吉尼亚州伍德斯托克，谢南多厄县公立小学，职员 |

| 保罗·C.克拉夫特 | 第1步兵师，二等兵 |
| Paul C. Kraft | 密西西比州，邮局职员、农场主 |

| 西格弗里德·F.克拉策 | 第4步兵师，上士 |
| Siegfried F. Kratzel | 宾夕法尼亚州帕默尔敦，邮局职员 |

| 爱德华·克劳斯 | 第82空降师，中校 |
| Edward Krause | 上校（退役） |

| 克拉伦斯·E.克劳斯尼克 | 第299战斗工兵营，中士 |
| Clarence E. Krausnick | 纽约州锡拉丘兹，木匠 |

| 亨利·S.克日扎诺夫斯基 | 第1步兵师，上士 |
| Henry S. Krzyzanowski | 美国陆军，三级军士长 |

| 哈里·S.库奇帕克 | 第29步兵师，一等兵 |
| Harry S. Kucipak | 纽约州塔珀莱克，电工 |

| 利兰·B.库尔 | 特种工兵旅指挥部，上校 |
| Leland B. Kuhre | 得克萨斯州圣安东尼奥，作家、教师 |

| 迈克尔·库尔茨 | 第1步兵师，下士 |
| Michael Kurtz | 宾夕法尼亚州新塞勒姆，煤矿工人 |

约瑟夫·R. 莱西 Joseph R. Lacy	第 2 和第 5 游骑兵营，中尉（牧师） 康涅狄格州哈特福特，教堂神父
爱德华·拉格拉萨 Edward Lagrassa	第 4 步兵师，一等兵 纽约州布鲁克林，电动印刷机操作工、白酒推销员
肯尼思·W. 拉马尔 Kenneth W. Lamar	第 27 号坦克登陆舰，海岸警卫队一等水兵（轮机兵） 美国海岸警卫队，轮机长
阿美里科·拉纳罗 Americo Lanaro	第 87 化学迫击炮营，三级技术兵 康涅狄格州斯特拉特福，画家
詹姆斯·H. 兰 James H. Lang	第 12 轰炸机大队，上士 美国空军，空军二级军士长
查尔斯·H. 兰利 Charles H. Langley	"内华达"号战列舰，海军下士 佐治亚州洛根维尔，乡村邮递员
小西奥多·E. 拉普雷萨 Theodore E. Lapres, Jr.	第 2 游骑兵营，中尉 新泽西州马盖特城，律师
唐纳德·D. 拉森 Donald D. Lassen	第 82 空降师，二等兵 伊利诺伊州加维，优胜化工厂，生产主任
小罗伯特·W. 劳 Robert W. Law, Jr.	第 82 空降师，中尉 南卡罗来纳州毕晓普维尔，保险业务员
约翰·劳顿三世 John III Lawton	第 5 军军属炮兵，下士 加利福尼亚州菲尔莫尔，保险业务员
肯尼思·E. 莱 Kenneth E. Lay	第 4 步兵师，少校 美国陆军，上校
小詹姆斯·E. 利里 James E. Jr. Leary	第 29 步兵师，中尉 马萨诸塞州波士顿，约翰·汉考克互助保险公司 人寿分部，律师、经理
约瑟夫·L. 勒布朗 Joseph L. LeBlanc	第 29 步兵师，上士 马萨诸塞州林恩，社会工作者
劳伦斯·C. 利弗 Lawrence C. Leever	第 6 特种工兵旅，海军中校 海军少将，亚利桑那州菲尼克斯，民防副部长
亨利·E. 费勒布尔 Henry E. LeFebvre	第 82 空降师，中尉 美国陆军，少校
小劳伦斯·J. 莱热尔 Lawrence, J. Legere, Jr.	第 101 空降师，少校 美国陆军，中校

克米特·R. 莱斯特 Kermit R. Leister	第29步兵师，一等兵 宾夕法尼亚州费城，宾夕法尼亚铁路公司，列车员
伦纳德·R. 莱皮西耶 Leonard R. Lepicier	第29步兵师，中尉 美国陆军，少校
弗兰克·L. 利利曼 Frank L. Lillyman	第101空降师，上尉 美国陆军，中校
罗伊·E. 林德奎斯特 Roy E. Lindquist	第82空降师，上校 美国陆军，少将
赫舍尔·E. 林 Herschel E. Linn	237战斗工兵营，中校 美国陆军，中校
戈登·A. 利特菲尔德 Gordon A. Littlefield	"贝菲尔德"号武装运输船，海军中校 海军少将（退役）
弗兰克·亨利·利茨勒 Frank Henry Litzler	第4步兵师，一等兵 得克萨斯州斯维尼，牧场主
肯尼思·P. 洛德 Kenneth P. Lord	第1步兵师，少校 纽约州宾厄姆顿，平安人寿保险公司，总裁助理
詹姆斯·S. 勒基特 James S. Luckett	第4步兵师，中校 美国陆军，上校
梅尔文·C. 伦德 Melvin C. Lund	第29步兵师，一等兵 北达科他州法戈，码头货运室领班
爱德华·S. 卢瑟 Edward S. Luther	第5游骑兵营，上尉 缅因州波特兰，休斯·博迪公司，副总裁兼销售经理
亚历山大·G. 麦克法迪恩 Alexander G. MacFadyen	"赫恩登"号驱逐舰，中尉 北卡罗来纳州夏洛特，联合黄铜公司
威廉·M. 麦克 William M. Mack	第437部队运输机，陆航准尉 美国空军，上尉
多梅尼克·L. 马格罗 Domenick L. Magro	第4步兵师，中士 纽约州布法罗，伯利恒钢铁公司，铸造师
阿瑟·A. 马罗尼 Arthur A. Maloney	第82空降师，中校 美国陆军，上校
劳伦斯·S. 曼 Lawrence S. Mann	第6特种工兵旅，上尉 伊利诺伊州芝加哥，芝加哥医学院，外科助理教授

雷·A. 曼 第 4 步兵师，一等兵
Ray A. Mann 宾夕法尼亚州劳雷尔代尔，饲料粉碎机操作工

哈里森·A. 马布尔 第 299 战斗工兵营，中士
Harrison A. Marble 纽约州锡拉丘兹，承包商

威廉·M. 马斯登 第 4 步兵师，中尉
William M. Marsden 弗吉尼亚州里士满，民防协调员

伦纳德·S. 马歇尔 第 834 陆航工兵营，上尉
Leonard S. Marshall 美国空军，空军中校

奥托·马斯尼 第 2 游骑兵营，上尉
Otto Masny 威斯康星州马尼托沃克，油品公司，销售员

查尔斯·W. 梅森 第 82 空降师，一级军士长
Charles W. Mason 北卡罗来纳州费耶特维尔，《空降兵季刊》编辑

约翰·P. 马修斯 第 1 步兵师，上士
John P. Matthews 纽约州亨普斯特德，火灾报警和交通信号系统，监察员

艾伯特·马扎 第 4 步兵师，中士
Albert Mazza 宾夕法尼亚州卡本代尔，警官

杰尔姆·J. 麦凯布 第 48 战斗机大队，少校
Jerome J. McCabe 美国空军，空军上校

詹姆斯·W. 麦凯恩 第 5 特种工兵旅，少尉
James W. McCain 美国陆军，一级军士长

霍比·H. 麦考尔 第 90 步兵师，上尉
Hobby H. McCall 得克萨斯州达拉斯，律师

克米特·R. 麦卡德尔 "奥古斯塔"号重巡洋舰，海军下士（报务员）
Kermit R. McCardle 肯塔基州路易斯维尔，壳牌石油公司，集散站领班

托马斯·J. 麦克林 第 82 空降师，少尉
Thomas J. McClean 纽约，警官

威廉·D. 麦克林托克 第 741 坦克营，技术军士长
William D. McClintock 加利福尼亚州好莱坞，伤残

里吉斯·F. 麦克洛斯基 第 2 游骑兵营，中士
Regis F. McCloskey 美国陆军，三级军士长

保罗·O. 麦考密克 第 1 步兵师，一等兵
Paul O. McCormick 马里兰州巴尔的摩，汽车修理工

戈登·D. 麦克唐纳 Gordon D. McDonald	第 29 步兵师,一级军士长 弗吉尼亚州罗阿诺克,美国纤维胶公司,货运领班
阿特伍德·M. 麦克利耶 Atwood M. McElyea	第 1 步兵师,少尉 北卡罗来纳州坎德勒,兼职销售员、夏令营主管
小丹尼尔·B. 麦基尔沃伊 Daniel B. McIlvoy, Jr.	第 82 空降师,少校 肯塔基州鲍灵格林,儿科医生
约瑟夫·R. 麦金托什 Joseph R. McIntosh	第 29 步兵师,上尉 马里兰州巴尔的摩,商业法律专家
詹姆斯·B. 麦基尔尼 James B. McKearney	第 101 空降师,上士 新泽西州彭索肯,空调冰箱修理工
约翰·L. 麦克奈特 John L. McKnight	第 5 特种工兵旅,少校 密西西比州维克斯堡,市政工程师
弗雷德·麦克马纳韦 Fred. McManaway	第 29 步兵师,少校 美国陆军,上校
理查德·P. 米森 Richard P. Meason	第 101 空降师,中尉 亚利桑那州菲尼克斯,律师
威廉·J. 梅多 William J. Meddaugh	第 82 空降师,中尉 纽约州海德公园,国际商用机器公司,项目经理
保罗·L. 梅代罗斯 Paul. L. Medeiros	第 2 游骑兵营,一等兵 宾夕法尼亚州费城,贾奇神父高中,生物教师
托马斯·N. 梅伦迪诺 Thomas N. Merendino	第 1 步兵师,上尉 新泽西州马盖特城,机动车检查员
爱德华·F. 默格勒 Edward E Mergler	第 5 特种工兵旅,一级技官 纽约州玻利瓦尔,律师
狄龙·H. 梅里考尔 Dillon H. Merical	第 149 战斗工兵营,下士 艾奥瓦州范米特,达拉斯郡全州银行,银行职员、副总裁
路易斯·菲利普·默兰诺 Louis P. Merlano	第 101 空降师,下士 纽约,区域销售经理
罗伯特·L. 梅里克 Robert L. Merrick	美国海岸警卫队,一等水兵 马萨诸塞州新贝德福德,消防队队长
西奥多·梅里克 Theodore Merrick	第 6 特种工兵旅,中士 伊利诺伊州帕克福里斯特,保险顾问

约翰·米库拉	"墨菲"号驱逐舰,海军下士(鱼雷兵)
John Mikula	宾夕法尼亚州福特城,记者
乔治·R. 米勒	第5游骑兵营,中尉
George R. Miller	得克萨斯州佩科斯,制酸厂股东、农场主
霍华德·G. 米勒	第101空降师,一等兵
Howard G. Miller	美国陆军,三级军士长
小威廉·L. 米尔斯	第4步兵师,中尉
William L. Mills, Jr.	北卡罗来纳州康科德,律师
沃尔特·J. 米恩	第386轰炸机大队,上士
Walter J. Milne	美国空军,空军二级军士长
保罗·R. 莫克拉德	第4步兵师,下士
Paul R. Mockrud	威斯康星州韦斯特比,退伍军人服务官
约翰·J. 莫利亚	第1步兵师,上士
John J. Moglia	美国陆军,上尉
莱斯特·I. 蒙哥马利	第1步兵师,一等兵
Lester I. Montgomery	堪萨斯州匹兹堡,加油站工人
劳埃德·B. 穆迪	第5步兵师两栖特遣队,工兵
Lloyd B. Moody	艾奥瓦州莱克维尤,五金店经营者
埃尔齐·肯普·穆尔	第1特种工兵旅,中校
Elzie K. Moore	印第安纳州卡尔弗,卡尔弗军事学院顾问、教师
克里斯托弗·J. 莫登加	第299战斗工兵营,二等兵
Christopher J. Mordenga	佛罗里达州皮尔斯堡,维修工
小伯纳德·J. 莫雷科克	第29步兵师,中士
Bernard J. Morecock, Jr.	弗吉尼亚州格伦纳伦,国民警卫队行政后勤技术员
约翰·A. 莫雷诺	"贝菲尔德"号武装运输船,海军中校
John A. Moreno	美国海军,海军上校
乔治·M. 莫罗	第1步兵师,一等兵
George M. Morrow	堪萨斯州罗斯,布里克公司职员、农场主
海厄特·W. 莫泽	第1特种工兵旅,下士
Hyatt W. Moser	美国陆军,二级技官
伯纳德·W. 莫尔顿	"赫恩登"号驱逐舰,海军中尉
Bernard W. Moulton	美国海军,中校

鲁道夫·S. 莫泽戈 Rudolph S. Mozgo	第 4 步兵师，一等兵 美国陆军，上尉
戴维·C. 米勒 David C. Mueller	第 435 部队运输机大队，上尉 美国空军，上尉
小查尔斯·马勒 Charles Muller, Jr.	第 237 战斗工兵营，下士 新泽西州纽瓦克市，A. P 茶叶公司，食杂店店员
托马斯·P. 马尔维 Thomas P. Mulvey	第 101 空降师，上尉 美国陆军，中校
罗伯特·M. 墨菲 Robert M. Murphy	第 82 空降师，二等兵 马萨诸塞州波士顿，律师
戈登·L. 内格尔 Gordon L. Nagel	第 82 空降师，一等兵 俄克拉荷马州塔尔萨，美国航空公司，高级技工
基思·E. 纳塔勒 E. Keith Natalle	第 101 空降师，下士 加利福尼亚州旧金山，教务管理员
塞缪尔·H. 内德兰德 Samuel H. Nederlander	第 518 港口营，下士 宾夕法尼亚州波蒂奇，伯利恒钢铁公司，废料检查员
弗兰克·E. 内格罗 Frank E. Negro	第 1 步兵师，中士 纽约州布鲁克林，邮局职员
阿瑟·W. 尼尔德 Arthur W. Neild	"奥古斯塔"号重巡洋舰，海军上士（机工军士） 美国海军，海军上尉
小埃米尔·纳尔逊 Emil Jr. Nelson	第 5 游骑兵营，上士 印第安纳州锡达莱克，汽车经销商，助理服务经理
格伦·C. 纳尔逊 Glen C. Nelson	第 4 步兵师，一等兵 南达科他州米尔伯勒，乡村邮递员
雷德·尼尔逊 Raider Nelson	第 82 空降师，一等兵 伊利诺伊州芝加哥，艾克塑料
安东尼·R. 尼罗 Anthony R. Nero	第 2 步兵师，二等兵 伤残，俄亥俄州克利夫兰，兼职房地产经纪人
小杰西·L. 纽科姆 Jesse L. Newcomb, Jr.	第 29 步兵师，下士 弗吉尼亚州基斯维尔，商人、农场主
罗伊·W. 尼克伦特 Roy W. Nickrent	第 101 空降师，上士 伊利诺伊州塞布鲁克，警察局长，水厂负责人

D 日登场人物战后的生活

阿诺德·诺加德 Arnold Norgaard	第29步兵师，一等兵 南达科他州阿灵顿，务农
小爱德华·朱尔斯·奥贝尔 Edward Jules Obert, Jr.	第747坦克营，一等兵 康涅狄格州米尔福德，西科尔斯基飞机公司，主管
托马斯·C. 奥康奈尔 Thomas C. O'Connell	第1步兵师，上尉 美国陆军，少校
罗宾·奥尔兹 Robin Olds	第8航空队，中尉 美国空军，空军上校
丹尼斯·G. 奥洛克林 Dennis G. O'Loughlin	第82空降师，一等兵 蒙大拿州米苏拉，建筑商
约翰·J. 奥威尔 John J. Olwell	第1步兵师，二等兵 新泽西州莱昂，退伍军人管理局，职员
迈克尔·奥马霍尼 Michael O'Mahoney	第6特种工兵旅，中士 宾夕法尼亚州默瑟，制造厂操作工
约翰·T. 奥尼尔 John T O'Neill	特种工兵特遣队指挥官，中校 美国陆军，上校
马克·奥兰迪 Mark Orlandi	第1步兵师，上士 宾夕法尼亚州史密斯波特，卡车司机
约瑟夫·K. 欧文 Joseph K. Smithport Owen	第4步兵师，上尉 弗吉尼亚州里士满，医院院长助理、副院长
托马斯·O. 欧文 Thomas O. Owen	第2轰炸机师，少尉 田纳西州纳什维尔，体育教练
威廉·D. 欧文斯 William D. Owens	第82空降师，中士 加利福尼亚州坦普尔城，办公室主任
罗伯特·O. 派斯 Robert O. Paez	"内华达"战列舰，一等水兵（号兵） 马绍尔群岛埃内韦塔克环礁，原子能委员会，电影剪辑师
埃德蒙·M. 佩奇 Edmund M. Paige	第1步兵师，下士 纽约州新罗谢尔，出口商
韦恩·E. 帕尔默 Wayne E. Palmer	第1步兵师，上士 威斯康星州奥什科什，货品计价与评估部，经理助理
唐纳德·E. 帕克 Donald E. Parker	第1步兵师，上士 伊利诺伊州史迪威，农场主

劳埃德·E. 帕奇 Lloyd E. Patch	第 101 空降师，上尉 美国陆军，中校
格伦·帕特里克 Glenn Patrick	第 4 步兵师，三级技术兵 俄亥俄州斯托克波特，推土机手
刘易斯·C. 帕蒂略 Lewis C. Patillo	第 5 军，中校 亚拉巴马州哈特塞尔，市政工程师
温德鲁·C. 佩恩 Windrew C. Payne	第 90 步兵师，中尉 得克萨斯州圣奥古斯丁，美国农业部农民之家管理处主管
本·F. 皮尔逊 Ben E Pearson	第 82 空降师，少校 佐治亚州萨凡纳，油漆公司副总裁
詹姆斯·L. 彭斯 James L. Pence	第 1 步兵师，上尉 印第安纳州埃尔克哈特，制药实验室主管
埃德温·R. 佩里 Edwin R. Perry	第 299 战斗工兵营，上尉 美国陆军，中校
约翰·J. 佩里 John J. Perry	第 5 游骑兵营，中士 美国陆军，三级军士长
西奥多·L. 彼得森 Theodore L. Peterson	第 82 空降师，中尉 密歇根州伯明翰，职业不明
威廉·L. 佩蒂 William L. Petty	第 2 游骑兵营，中士 纽约州卡梅尔，男孩营地负责人
阿奇·C. 菲利普斯 Archie C. Phillips	第 101 空降师，上士 佛罗里达州詹森比奇，花农
威廉·J. 菲利普斯 William J. Phillips	第 29 步兵师，二等兵 马里兰州海厄茨维尔，电力公司调度员
伊尔沃·皮基亚里尼 Ilvo Picchiarini	第 374 坦克登陆舰，一等水兵（机工军士） 宾夕法尼亚州贝尔弗农，钢铁公司职员
马尔文·R. 派克 Malvin R. Pike	第 4 步兵师，技术军士长 路易斯安那州贝克，埃索石油公司，电焊工
罗伯特·M. 派珀 Robert M. Piper	第 82 空降师，上尉 美国陆军，中校
沃伦·M. 普卢德 Warren M. Plude	第 1 步兵师，上士 美国陆军，二级军士长

约瑟夫·J. 波拉宁 Joseph J. Polanin	第 834 陆航工兵营，下士 宾夕法尼亚州迪金森城，烘焙食品经销商
斯坦利·波列佐埃斯 Stanley Polezoes	第 1 轰炸机师，少尉 美国空军，少校
约翰·波雷尼亚克 John Polyniak	第 29 步兵师，中士 马里兰州巴尔的摩，会计
罗密欧·F. 蓬佩 Romeo T Pompei	第 87 化学迫击炮营，中士 宾夕法尼亚州费城，建筑工
小阿莫斯·P. 波茨 Amos P. Potts, Jr.	第 2 游骑兵营，中尉 俄亥俄州拉夫兰，材料工程师
约瑟夫·C. 鲍威尔 Joseph C. Powell	第 4 步兵师，二级技官 美国陆军，四级技官
罗伯特·H. 普拉特 Robert H. Pratt	第 5 军军部，中校 威斯康星州密尔沃基，制造公司总裁
沃尔特·G. 普雷斯利 Walter G. Presley	第 101 空降师，一等兵 得克萨斯州奥德萨，电器维修商
小艾伯特·G. 普雷斯顿 Albert G. Preston, Jr.	第 1 步兵师，上尉 康涅狄格州格林威治，税务顾问
霍华德·P. 普赖斯 Howard P. Price	第 1 步兵师，中尉 国民警卫队，中士
梅纳德·J. 普里斯曼 Maynard J. Priesman	第 2 游骑兵营，技术军士长 俄亥俄州奥克港，渔业经营者
小威廉·B. 普罗沃斯特 William B. Provost, Jr.	第 492 坦克登陆舰，海军中尉 俄亥俄州牛津，预备军官训练队，海军中校
兰斯福德·B. 普鲁伊特 Lanceford B. Pruitt	第 19 号坦克登陆舰，海军少校 加利福尼亚州旧金山，海军中校（退役）
文森特·J. 普尔奇内拉 Vincent J. Pulcinella	第 1 步兵师，技术军士长 美国陆军，二级军士长
威廉·C. 珀内尔 William C. Purnell	第 29 步兵师，中校 上将（退役），马里兰州巴尔的摩，铁路副总裁兼总法律顾问
克莱·S. 珀维斯 Clay S. Purvis	第 29 步兵师，一级军士长 弗吉尼亚州夏洛茨维尔，弗吉尼亚大学，校友会经理

莱尔·B. 帕特南 Lyle B. Putnam	第 82 空降师，上尉 堪萨斯州威奇托，外科医生、全科医生
肯尼思·R. 奎因 Kenneth R. Quinn	第 1 步兵师，上士 新泽西州希尔斯代尔，银行经理
埃德森·D. 拉夫 Edson D. Raff	第 82 空降师，上校 美国陆军，上校
小帕特里克·H. 拉夫特里 Patrick H. Raftery, Jr.	第 440 部队运输机大队，少尉 路易斯安那州梅泰里，自由职业者、电梯建筑商
韦恩·W. 兰金 Wayne W. Rankin	第 29 步兵师，一等兵 宾夕法尼亚州霍姆斯城，教师
小威廉·F. 兰金斯 William F. Rankins, Jr.	第 518 港口营，二等兵 得克萨斯州休斯敦，电话公司职员
伯顿·E. 兰尼 Burton E. Ranney	第 5 游骑兵营，上士 伊利诺伊州迪凯特，电工
克努特·H. 劳德斯坦 Knut H. Raudstein	第 101 空降师，上尉 美国陆军，中校
沃伦·D. 雷伯恩 Warren D. Rayburn	第 316 部队运输机大队，中尉 美国空军，空军少校
韦斯利·J. 里德 Wesley J. Read	第 746 坦克营，下士 宾夕法尼亚州杜波依斯，火车司机
昆顿·F. 里姆斯 Quinton F. Reams	第 1 步兵师，一等兵 宾夕法尼亚州庞克瑟托尼，铁路工程师
查尔斯·D. 里德 Charles D. Reed	第 29 步兵师，上尉（牧师） 俄亥俄州特洛伊，卫理公会牧师
小拉塞尔·P. 里德 Russel P. Reeder, Jr.	第 4 步兵师，上校 上校（退役），纽约州西点，田径协会会长助理
弗朗西斯·A. 伦尼森 Francis A. Rennison	美国海军，海军上尉 纽约，房地产经纪人
约翰·J. 雷维尔 John J. Reville	第 5 游骑兵营，中尉 纽约，警官
约瑟夫·J. 里奇 Joseph J. Ricci	第 82 空降师，中士 伊利诺伊州伯索尔托，药剂师

阿尔维斯·里士满	第 82 空降师,二等兵
Alvis Richmond	弗吉尼亚州朴次茅斯,职员
马修·邦克·李奇微	第 82 空降师师长,少将
Matthew B. Ridgway	上将(退役),宾夕法尼亚州匹兹堡,梅隆学院董事长
罗伯特·J. 里克斯	第 1 步兵师,中尉
Robert J. Riekse	密歇根州奥沃索,公司部门经理
弗朗西斯·X. 赖利	第 319 大型步兵登陆艇,海岸警卫队中尉
Francis X. Riley	美国海岸警卫队,中校
伦纳德·C. 里特尔	第 3807 军需卡车连,下士
Leonard C. Ritter	伊利诺伊州芝加哥,公关人员
罗伯特·W. 罗布	第 7 军军部,中校
Robert W. Robb	纽约,广告公司副总裁
乔治·G. 罗伯茨	第 306 轰炸机大队,技术军士长
George G. Roberts	伊利诺伊州贝尔维尔,美国空军,教育顾问
米尔诺·罗伯茨	第 5 军军部,上尉
Milnor Roberts	宾夕法尼亚州匹兹堡,广告公司总裁
弗朗西斯·C. 罗伯逊	第 365 轰炸机大队,上尉
Francis C. Robertson	美国空军,空军中校
罗伯特·M. 鲁滨逊	第 82 空降师,一等兵
Robert M. Robinson	美国陆军,上尉
小查尔斯·罗比森	"格伦农"号驱逐舰,海军中尉
Charles Robison, Jr.	美国海军,海军中校
弗朗西斯·A. 罗卡	第 101 空降师,一等兵
Francis A. Rocca	马萨诸塞州皮茨菲尔德,机械师
詹姆斯·S. 罗德韦尔	第 4 步兵师,上校
James S. Rodwell	科罗拉多州丹佛,准将(退役)
托马斯·德夫·罗杰斯	第 1106 战斗工兵群,中校
T. DeF Rogers	美国陆军,上校
E. J. 罗金斯基	第 29 步兵师,上士
E. J. Roginski	宾夕法尼亚州沙莫金,斯波尔丁烘焙公司,销售经理
特诺·龙卡利奥	第 1 步兵师,少尉
Teno Roncalio	怀俄明州夏延,律师

朱利恩·P. 罗斯蒙德 St. Julien P. Rosemond	第 101 空降师，上尉 佛罗里达州迈阿密，县检察官助理
小约瑟夫·K. 罗森布拉特 Joseph K. Rosenblatt, Jr.	第 112 战斗工兵营，少尉 美国陆军，二级军士长
罗伯特·P. 罗斯 Robert P. Ross	第 37 战斗工兵营，中尉 威斯康星州沃基肖，箱包制造商
韦斯利·R. 罗斯 Wesley R. Ross	第 146 战斗工兵营，少尉 华盛顿州塔科马，西部 X 光公司，销售工程师
沃尔特·E. 罗森 Walter E. Rosson	第 389 轰炸机大队，中尉 得克萨斯州圣安东尼奥，验光师
罗伯特·E. 朗特里 Robert E. Rountree	"贝菲尔德"号武装运输船，海岸警卫队上尉 美国海岸警卫队，中校
华莱士·H. 罗沃思 Wallace H. Roworth	"约瑟夫·T. 迪克曼"号武装运输船，海军下士（报务员） 纽约州长岛加登城，工程师
阿弗雷德·鲁宾 Afred Rubin	第 24 骑兵侦察中队，中尉 伊利诺伊州内皮尔维尔，餐馆老板
詹姆斯·厄尔·鲁德尔 James E. Rudder	第 2 游骑兵营，中校 得克萨斯州，大学城，大学副校长
约翰·F. 拉格尔斯 John R Ruggles	第 4 步兵师，中校 美国陆军，准将
威廉·M. 朗格 William M. Runge	第 5 游骑兵营，上尉 艾奥瓦州达文波特，殡葬事宜承办人
克莱德·R. 罗素 Clyde R. Russell	第 82 空降师，上尉 美国陆军，中校
小约翰·E. 罗素 John E. Russell, Jr.	第 1 步兵师，中士 宾夕法尼亚州新肯辛顿，钢铁公司人事部雇员
约瑟夫·D. 罗素 Joseph D. Russell	第 299 战斗工兵营，二等兵 印第安纳州穆尔斯希尔，电话公司雇员
肯尼思·罗素 Kenneth Russell	第 82 空降师，一等兵 纽约，银行官员
罗伯特·W. 赖亚尔斯 Robert W. Ryals	第 101 空降师，二级技术兵 美国陆军，一级技术兵

托马斯·F. 瑞安 Thomas E Ryan	第 2 游骑兵营，上士 伊利诺伊州芝加哥，警官
查尔斯·E. 萨蒙 Charles E. Sammon	第 82 空降师，中尉 职业不明
弗朗西斯·L. 桑普森 Francis L. Sampson	第 101 空降师，上尉（牧师） 美国陆军，中校（牧师）
格斯·L. 桑德斯 Gus L. Sanders	第 82 空降师，少尉 阿肯色州斯普林代尔，信用局职员
查尔斯·J. 圣塔尔谢罗 William H. Sands	第 29 步兵师，准将 弗吉尼亚州诺福克，律师
威廉·H. 桑德斯 Charles J. Santarsiero	第 101 空降师，中尉 职业不明
霍默·J. 萨克逊 Homer J. Saxion	第 4 步兵师，一等兵 宾夕法尼亚州贝尔丰特，泰坦金属制造公司，挤压机操作员
尼克·A. 斯卡拉 Nick A. Scala	第 4 步兵师，技术军士长 宾夕法尼亚州比弗，西屋电气公司工程服务部，雇员
小查尔斯·F. 沙尔芬斯坦 Charles E Scharfenstein, Jr.	第 87 号大型步兵登陆艇，海岸警卫队上尉 美国海岸警卫队，中校
詹姆斯·H. 谢克特 James H. Schechter	第 38 侦察中队，下士 明尼苏达州圣克劳德，采石钻孔工
厄尔·W. 施密德 Earl W. Schmid	第 101 空降师，少尉 北卡罗来纳州费耶特维尔，保险业务员
马克斯·施奈德 Max Schneider	第 5 游骑兵营，中校 美国陆军，上校（已故）
朱利叶斯·舍恩伯格 Julius Schoenberg	第 453 轰炸机大队，技术军士长 纽约，邮递员
丹·D. 绍普 Dan D. Schopp	第 5 游骑兵营，下士 美国空军，空军三级军士长
小伦纳德·T. 施罗德 Leonard T. Schroeder, Jr.	第 4 步兵师，上尉 美国陆军，中校
阿瑟·B. 舒尔茨 Arthur B. Schultz	第 82 空降师，二等兵 美国陆军，安全官员

利奥·H. 施韦特 Leo H. Schweiter	第 101 空降师，上尉 美国陆军，中校
阿瑟·R. 斯科特 Arthur R. Scott	"赫恩登"号驱逐舰，海军中尉 加利福尼亚州阿卡迪亚，销售员
哈罗德·A. 斯科特 Harold A. Scott	第 4042 军需卡车连，上士 宾夕法尼亚州伊登，邮政人员
莱斯利·J. 斯科特 Leslie J. Scott	第 1 步兵师，上士 美国陆军，一级军士长
理查德·E. 斯克林肖 Richard E. Scrimshaw	第 15 驱逐舰中队，海军下士（帆缆士） 华盛顿特区，航空机械员
欧文·W. 西利 Irvin W. Seelye	第 82 空降师，一等兵 伊利诺伊州克里特，教师
约翰·塞蒂内里 John Settineri	第 1 步兵师，上尉 纽约州詹姆斯维尔，医生
托马斯·J. 尚利 Thomas J. Shanley	第 82 空降师，中校 美国陆军，上校
小赫伯特·A. 谢尔曼 Herbert A. Sherman, Jr.	第 1 步兵师，一等兵 康涅狄格州南诺沃克，销售员
埃尔默·G. 辛德尔 Elmer G. Shindle	第 29 步兵师，二级技术兵 宾夕法尼亚州兰开斯特，塑料制品厂工人
威廉·J. 休梅克 William J. Shoemaker	第 37 战斗工兵营，二等兵 加利福尼亚州圣安娜，机修工
小约瑟夫·H. 肖伦伯格 Joseph H. Shollenberger, Jr.	第 90 步兵师，少尉 美国陆军，少校
克拉伦斯·A. 舒普 Clarence A. Shoop	第 7 侦察群指挥官，中校 少将（退役），加利福尼亚州卡尔弗城，休斯飞机公司副总裁
戴尔·L. 舒普 Dale L. Shoop	第 1 战斗工兵营，二等兵 宾夕法尼亚州钱伯斯堡，政府军火检验员
保罗·R. 肖特 Paul R. Shorter	第 1 步兵师，中士 美国陆军，三级军士长
希伦·S. 沙姆韦 Hyrum S. Shumway	第 1 步兵师，少尉 怀俄明州夏延，国家教育部聋盲部主任

戴维·E. 席尔瓦 David E. Silva	第 29 步兵师，二等兵 俄亥俄州阿克伦，神父
弗朗西斯·L. 西梅奥内 Francis L. Simeone	第 29 步兵师，二等兵 康涅狄格州罗基尔，保险业者
斯坦利·R. 西蒙斯 Stanley R. Simmons	两栖部队，海军下士（枪炮军士） 俄亥俄州斯旺顿，采石厂工人
詹姆斯·D. 辛克 James D. Sink	第 29 步兵师，上尉 弗吉尼亚州罗阿诺克，交通工程与通信主管
罗伯特·弗雷德里克·辛克 Robert R Sink	第 101 空降师，上校 美国陆军，少将
罗伯特·N. 斯卡格斯 Robert N. Skaggs	第 741 坦克营，中校 上校（退役），佛罗里达州劳德代尔，海运销售
尤金·N. 斯莱皮 Eugene N. Slappey	第 29 步兵师，上校 弗吉尼亚州利斯堡，上校（退役）
爱德华·S. 斯莱奇二世 Edward S. II Sledge	第 741 坦克营，中尉 亚拉巴马州莫比尔，银行副总裁
卡罗尔·B. 史密斯 Carroll B. Smith	第 29 步兵师，上尉 美国陆军，中校
查尔斯·H. 史密斯 Charles H. Smith	"卡尔米克"号驱逐舰，中尉 伊利诺伊州埃文斯顿，广告商
弗兰克·R. 史密斯 Frank R. Smith	第 4 步兵师，一等兵 威斯康星州沃帕卡，退伍军人服务官员
富兰克林·M. 史密斯 Franklin M. Smith	第 4 步兵师，下士 宾夕法尼亚州费城，电器批发商
戈登·K. 史密斯 Gordon K. Smith	第 82 空降师，少校 美国陆军，中校
哈罗德·H. 史密斯 Harold H. Smith	第 4 步兵师，少校 弗吉尼亚州怀特奥克，律师
约瑟夫·R. 史密斯 Joseph R. Smith	第 81 化学迫击炮营，下士 得克萨斯州伊格尔帕斯，科学教师
欧文·史密斯 Owen Smith	第 5 特种工兵旅，二等兵 加利福尼亚州洛杉矶，邮局职员

拉夫尔·R. 史密斯 Ralph R. Smith	第 101 空降师,二等兵 佛罗里达州圣彼得斯堡,邮局职员
雷蒙德·史密斯 Raymond Smith	第 101 空降师,二等兵 肯塔基州怀茨堡,玻璃公司老板
威尔伯特·L. 史密斯 Wilbert L. Smith	第 29 步兵师,一等兵 艾奥瓦州伍德伯恩,农场主
杰克·A. 斯奈德 Jack A. Snyder	第 5 游骑兵营,中尉 美国陆军,中校
阿曼·J. 索里罗 Arman J. Sorriero	第 4 步兵师,一等兵 宾夕法尼亚州费城,商业广告艺术家
约翰·M. 斯波尔丁 John M. Spalding	第 1 步兵师,少尉 肯塔基州欧文斯伯勒,州际百货公司,部门经理
林登·斯潘塞 Lyndon Spencer	"贝菲尔德"号武装运输船,海岸警卫队上校 中将(退役),俄亥俄州克利夫兰,北美大湖运输协会主席
詹姆斯·C. 施皮尔斯 James C. Spiers	第 82 空降师,二等兵 密西西比州皮卡尤恩,牧场主
阿瑟·D. 斯皮策 Arthur D. Picaqune Spitzer	第 29 步兵师,下士 弗吉尼亚州斯汤顿,杜邦公司,雇员
阿奇博尔德·A. 斯普劳尔 Archibald A. Sproul	第 29 步兵师,少校 W. J. 佩里公司执行副总裁
约翰·马文·斯蒂尔 John M. Steele	第 82 空降师,二等兵 南卡罗来纳州哈茨维尔,造价工程师
赫尔曼·E. 斯坦 Herman E. Stein	第 2 游骑兵营,三级技术兵 纽约州阿兹利,钣金工
拉尔夫·斯坦霍夫 Ralph Steinhoff	第 467 防空营,下士 伊利诺伊州芝加哥,屠夫
威廉·斯蒂芬森 William Stephenson	"赫恩登"号驱逐舰,海军上尉 新墨西哥州圣达菲,律师
罗伊·O. 史蒂文斯 Roy O. Stevens	第 29 步兵师,技术军士长 弗吉尼亚州贝德福德,退税部雇员
威廉·J. 史蒂维森 William J. Stivison	第 2 游骑兵营,上士 宾夕法尼亚州荷马城,邮局局长

D 日登场人物战后的生活　319

罗伯特·L. 斯特雷耶 Robert L. Strayer	第 101 空降师，中校 宾夕法尼亚州斯普林菲尔德，保险业
托乌斯·F. 斯特里特 Thomas E Street	第 16 号坦克登陆舰，海岸警卫队上士 新泽西州里弗埃奇，邮局工人
雷蒙德·F. 斯特罗伊尼 Raymond E Strojny	第 1 步兵师，上士 美国陆军，专业上士
达拉斯·M. 斯塔尔茨 Dallas M. Stults	第 1 步兵师，一等兵 田纳西州蒙特雷，煤矿工人
利奥·A. 斯顿博 Leo A. Stumbaugh	第 1 步兵师，少尉 美国陆军，上尉
休伯特·N. 斯特迪文特 Hubert N. Sturdivant	第 492 轰炸机大队，中校 美国空军，上校
弗雷德·P. 沙利文 Fred P. Sullivan	第 4 步兵师，中尉 密西西比州威诺纳，密西西比化学公司，销售员
理查德·P. 沙利文 Richard P. Sullivan	第 5 游骑兵营，少校 马萨诸塞州多切斯特，工程师
罗伯特·B. 斯沃托什 Robert B. Swatosh	第 4 步兵师，少校 美国陆军，中校
威廉·F. 斯威尼 William E Sweeney	海岸警卫队后备舰队，海军下士（枪炮军士） 罗得岛州东普罗维登斯，电话公司雇员
埃尔莫尔·J. 斯温森 J. Elmore Swenson	第 29 步兵师，少校 美国陆军，中校
小罗伯特·P. 塔布 Robert P. Tabb, Jr.	第 237 战斗工兵营，上尉 美国陆军，上校
小约翰·H. 泰特 John H. Tait, Jr.	第 349 大型步兵登陆艇，美国海岸警卫队上士（药剂师） 亚利桑那州坦佩，索尔特河谷用户协会，职员
杰克·托勒迪 Jack Tallerday	第 82 空降师，中尉 美国陆军，中校
本杰明·B. 塔利 Benjamin B. Talley	第 5 军军部，上校 准将（退役），纽约，建筑公司副总裁
贝利尔·F. 泰勒 Beryl E Taylor	第 388 坦克登陆舰，一等水兵 美国海军，潜水教练

查尔斯·A. 泰勒 Charles A. Taylor	坦克登陆艇两栖单位,海军少尉 加利福尼亚州帕洛阿尔托,斯坦福大学, 体育运动中心主管助理
爱德华·G. 泰勒 Edward G. Taylor	第331坦克登陆舰,海军少尉 美国海岸警卫队,少校
阿夫顿·H. 泰勒 H. Afton Taylor	第1特种工兵旅,少尉 密苏里州独立城,贺曼贺卡公司
艾拉·D. 泰勒 Ira D. Taylor	第4步兵师,技术军士长 美国陆军,上尉
马克斯韦尔·达文波特·泰勒 Maxwell D. Taylor	第101空降师,少将(师长) 上将、参谋长联席会议主席(退役), 墨西哥光能公司主席
威廉·R. 泰勒 William R. Taylor	美国海军通信联络官,海军少尉 弗吉尼亚州南希尔,建筑材料零售商
本杰明·E. 特林达 Benjamin E. Telinda	第1步兵师,上士 明尼苏达州圣保罗,芝加哥大西部铁路公司, 机车司炉工
乔尔·F. 托马森 Joel R Thomason	第4步兵师,中校 美国陆军,上校
小埃格伯特·W. 汤普森 Egbert, W. Thompson, Jr.	第4步兵师,中尉 弗吉尼亚州贝德福德,农民管理局,县主管
梅尔文·汤普森 Melvin Thompson	第5特种工兵旅,二等兵 新泽西州亚德维尔,技工
保罗·W. 汤普森 Paul W. Thompson	第6特种工兵旅,上校 准将(退役),纽约普莱森特维尔, 《读者文摘国际版》经理
埃弗里·J. 桑希尔 Avery J. Thornhill	第5游骑兵营,中士 美国陆军,二级技官
罗伯特·D. 特雷森 Robert D. Trathen	第87化学迫击炮营,上尉 中校(退役),亚拉巴马州麦克莱伦堡, 美国陆军防化部队,计划和培训参谋长副官
威廉·H. 特里戈宁 Wm. H. Tregoning	第4分遣队,海岸警卫队中尉 佐治亚州伊斯特波因特,费尔班克斯·莫尔斯有限公司, 服务部经理

D日登场人物战后的生活 321

赫维·A. 特里博莱 Hervey A. Tribolet	第 4 步兵师，上校 上校（退役）
刘易斯·特拉斯蒂 Lewis Trusty	第 8 航空队，上士 美国空军，空军三级军士长
威廉·H. 塔克 William H. Tucker	第 82 空降师，一等兵 马萨诸塞州阿瑟尔，律师
文森特·J. 图米内洛 Vincent J. Tuminello	第 1 步兵师，下士 纽约州长岛马萨皮夸，砖瓦匠
本杰明·海斯·范德沃特 Benjamin H. Vandervoort	第 82 空降师，中校 华盛顿特区，上校（退役）
格伦·W. 文特斯 Glen W. Ventrease	第 82 空降师，中士 印第安纳州加里，会计
詹姆斯·H. 沃恩 James H. Vaughn	第 49 号坦克登陆舰，海军上士（发动机机工军士） 佐治亚州麦金太尔，建筑监理
威廉·E. 文特雷利 William E. Ventrelli	第 4 步兵师，中士 纽约芒特弗农，环卫局，组长
格雷迪·M. 维克里 M. Vickery Grady	第 4 步兵师，技术军士长 美国陆军，二级军士长
彼得·维斯卡尔迪 Peter Viscardi	第 4 步兵师，二等兵 纽约，出租车司机
塞拉菲诺·R. 维斯克 Serafino R. Visco	第 456 防空营，二等兵 佛罗里达州丹尼尔，邮局工人
雷蒙德·R. 沃尔波尼 Raymond R. Volponi	第 29 步兵师，中士 宾夕法尼亚州阿尔图纳，退伍军人管理医院（伤残）
赫曼·E. 冯·亨伯格 Herman E. Von Heimburg	第 11 两栖部队，海军上校 海军预备役训练司令部，海军少将
詹姆斯·梅尔文·韦德 James Melvin Wade	第 82 空降师，少尉 美国陆军，少校
莱斯特·B. 沃德姆 Lester B. Wadham	第 1 特种工兵旅，上尉 德国法兰克福，沃德姆联合投资公司
洛林·L. 沃兹沃思 Loring L. Wadsworth	第 2 游骑兵营，一等兵 马萨诸塞州诺韦尔，斯帕雷殡葬服务

克拉伦斯·D. 瓦格纳 Clarence D. Wagner	第357号坦克登陆舰，一等水兵（报务员） 美国海军，海军三级军士长
弗朗西斯·M. 沃克 Francis M. Walker	第6特种工兵旅，中士 美国陆军，二级军士长
查尔斯·A. 沃尔 Charles A. Wall	特种工兵旅群，中校 纽约，联合音乐出版公司，总裁
赫曼·V. 沃尔 Herman V Wall	第165照相连，上尉 洛杉矶州立大学基金会，摄影导演
戴尔·E. 华莱士 Dale E. Wallace	第1332号潜艇，二等水兵 密西西比州杰克逊，首府烟草公司，销售员
理查德·J. 沃尔什 Richard J. Walsh	第452轰炸机大队，中士 美国空军，空军中士
查尔斯·R. 沃德 Charles R. Ward	第29步兵师，下士 俄亥俄州阿什特比拉，州酒类管理局，调查员
威廉·R. 华盛顿 Wm. R. Washington	第1步兵师，少校 美国陆军，中校
卡尔·F. 韦斯特 Carl F. Weast	第5游骑兵营，一等兵 俄亥俄州阿莱恩斯，巴布科克和威尔科克斯公司，机械工
马里昂·D. 韦瑟利 Marion D. Weatherly	第237战斗工兵营，下士 特拉华州劳雷尔，伤残退伍军人
路易斯·温特劳布 Louis Weintraub	战地摄影师，下士 第1步兵师，纽约，路易斯·温特劳布联合公司， 公共关系员
约翰·C. 韦尔伯恩 John C. Welborn	第4步兵师，中校 上校，美国陆军装甲委员会，主席
马尔科姆·R. 维勒 Malcolm R. Weller	第29步兵师，少校 二级技官，美国陆军
赫尔曼·C. 韦尔纳 Herman C. Wellner	第37战斗工兵营，下士 威斯康星州博斯科贝尔，泥瓦匠
伍德罗·J. 韦尔施 Woodrow J. Welsch	第29步兵师，下士 宾夕法尼亚州匹兹堡，建筑工程师
雷蒙德·J. 沃兹 Raymond J. Wertz	第5特种工兵旅，下士 威斯康星州巴西特，个体经营者

托马斯·J. 惠兰 Thomas J. Whelan	第 101 空降师，下士 纽约州长岛史密斯敦，百货店采购员
约翰·F. 怀特 John R White	第 29 步兵师，少尉 弗吉尼亚州罗阿诺克，退伍军人管理局，假肢专家
莫里斯·C. 怀特 Maurice C. White	第 101 空降师，中士 美国陆军，二级技官
小威廉·詹姆斯·威德菲尔德 William J. Wiedefeld, Jr.	第 29 步兵师，技术军士长 马里兰州安纳波利斯，邮政人员
弗雷德里克·A. 威廉 Frederick A. Wilhelm	第 101 空降师，一等兵 宾夕法尼亚州匹兹堡，画家
威廉·L. 威尔霍伊特 William L. Wilhoit	第 540 号坦克登陆艇，海军少尉 密西西比州杰克逊，北美保险公司，特约代理商
小约翰·D. 威利特 John D. Willett, Jr.	第 29 步兵师，一等兵 印第安纳州罗阿诺克，通用电气公司员工
威廉·B. 威廉斯 William B. Williams	第 29 步兵师，中尉 康涅狄格州哈姆登，顶点电线公司，财务主管
杰克·L. 威廉森 Jack L. Williamson	第 101 空降师，上士 得克萨斯州泰勒，邮政人员
埃德温·J. 沃尔夫 Edwin J. Wolf	第 6 特种工兵旅，中校 马里兰州巴尔的摩，律师
卡尔·E. 沃尔夫 Karl E. Wolf	第 1 步兵师，中尉 纽约州，西点军校，法律助理教授
爱德华·乌尔夫 Edward Wolfe	第 4 步兵师，一等兵 纽约州长岛韦斯特伯里，胜家缝纫机公司，经理助理
乔治·B. 伍德 George B. Wood	第 82 空降师，上尉（牧师） 印第安纳州韦恩堡，三圣公会教堂
罗伯特·W. 伍德沃德 Robert W. Woodward	第 1 步兵师，上尉 马萨诸塞州罗克兰，纺织原料及纺织制品制造商
哈罗德·E. 沃德曼 Harold E. Wordeman	第 5 特种工兵旅，二等兵 纽约布鲁克林，退伍军人管理局医院，部分伤残、无职业
约翰·B. 沃罗茨比特 John B. Worozbyt	第 1 步兵师，一等兵 美国陆军，二级军士长

爱德华·F. 沃曾斯基 Edward E Wozenski	第1步兵师，上尉 康涅狄格州布里斯托尔，华莱士·巴恩斯公司负责人
詹姆斯·M. 怀利 James M. Wylie	第93轰炸机大队，上尉 美国空军，少校
威拉德·戈登·怀曼 Willard G. Wyman	第1步兵师副师长，准将 上将，加利福尼亚州圣安娜
道格拉斯·R. 耶茨 Douglas R. Yates	第6特种工兵旅，一等兵 怀俄明州约德，农场主
林恩·M. 耶茨 Lynn M. Yeatts	第746坦克营，少校 得克萨斯州沃思堡，商业石油运输有限公司，业务经理
华莱士·W. 扬 Wallace W. Young	第2游骑兵营，一等兵 宾夕法尼亚州比弗福尔斯，电工
威德拉·扬 Willard Young	第82空降师，中尉 美国陆军，中校
罗曼·扎列斯基 Roman Zaleski	第4步兵师，二等兵 新泽西州佩特森，铝制品铸造厂，铸造工
约翰·J. 日穆津斯基 John J. Zmudzinski	第5特种工兵旅，一等兵 印第安纳州南本德，信差
沃尔特·J. 祖什 Walter J. Zush	第1步兵师，二级技术兵 职业未知

英国

迈克尔·奥德沃思 Michael Aldorth	皇家海军陆战队第48突击队，中尉 广告从业者
罗纳德·H. D. 艾伦 Ronald H. D. Allen	第3步兵师，二等兵 出纳员
克劳德·G. 阿什欧弗 Claude G. Ashover	皇家海军，艇长 电工
爱德华·P. 阿什沃思 Edward P. Ash worth	皇家海军，二等水兵 合金铸造厂，炉工

塞西尔·阿维斯 Cecil Avis	工兵部队，二等兵 庭院美化师
安东尼·F. 巴格利 Anthony E Bagley	皇家海军，海军候补少尉 银行办事员
艾尔弗雷德·G. 贝克 Alfred G. Baker	皇家海军，二等水兵 化工厂工人
彼得·W. 鲍尔德 Peter W. Bald	工兵部队，二等兵 汽车修理厂，机修工领班
雷蒙德·W. 巴滕 Raymond W. Batten	第6空降师，二等兵 男护士
休伯特·维克多·巴克斯特 Hubert V. Baxter	第3步兵师，二等兵 印刷工
西德尼·J. T. 贝克 Sidney J. T. Beck	第50步兵师，中尉 公务员
约翰·P. 贝农 John P. Beynon	皇家海军志愿后备队，海军中尉 进口部经理
西德尼·R. 比克内尔 Sidney R. Bicknell	皇家海军（报务员） 文字编辑
威廉·H. 比德米德 William H. Bidmead	皇家海军陆战队第4突击队，二等兵 砖瓦匠
阿瑟·约翰·布莱克曼 Arthur John Blackman	皇家海军，一等水兵 船坞工程师
埃里克·F. J. 鲍利 Eric, F. J. Bowley	第50步兵师，二等兵 飞机零部件检验员
沃尔特·布雷肖 Walter Brayshaw	第50步兵师，二等兵 工人
德尼斯·S. C. 布赖尔利 Denys S. C. Brierley	皇家空军，空军上尉 纺织品制造商
约翰·S. 布鲁克斯 John S. Brookes	第50步兵师，二等兵 工人
罗伊·卡多根 Roy Cadogan	第27装甲旅，骑兵 勘测员

悉尼·F. 卡彭 第 6 空降师，二等兵
Sidney E Capon 建筑工程队长

爱德华·厄恩肖·伊登·卡斯 第 3 步兵师，准将
E. E. E. Cass 英国陆军，准将（已退役）

阿瑟·B. 奇斯曼海军 皇家海军志愿后备队，第 254 号支援登陆艇，中尉
Arthur B. Cheesman 采石场经理

杰克·切希尔 第 6 滩勤大队，中士
Jack Cheshire 印刷工

约翰·L. 克劳兹利-汤普森 第 7 装甲师，上校
John L. Cloudsley-Thompson 伦敦大学，动物学讲师

托马斯·A. W. 科尔 第 50 步兵师，二等兵
Thomas A. W. Cole 机床检查员

詹姆斯·S. F. 科利 皇家海军陆战队第 4 突击队，下士
James S. R Colley 职业未知

查尔斯·L. 柯林斯 第 6 空降师，下士
Charles L. Collins 侦缉警长

约瑟夫·A. 柯林森 第 3 步兵师，一等兵
Joseph A. Collinson 工程制图员

弗兰克·库克西 第 9 滩勤大队，下士
Frank Cooksey 飞机装配工

约翰·B. 库珀 第 597 坦克登陆艇，二等水兵
John B. Cooper 职业未知

威廉·A. 科基尔 O 登陆编队坦克登陆艇中队，通信兵
William A. Corkill 会计室高级职员

欧内斯特·J. 考利 第 7045 号坦克登陆艇，一等水兵（司炉工）
Ernest J. Cowley 维修工程师

伦纳德·H. 考克斯 第 6 空降师，下士
Leonard H. Cox 雕刻师

诺曼·V. 考克斯 皇家海军志愿后备队，海军上尉
Norman V. Cox 第 4 舰队，文职人员

珀西·E. 卡勒姆 移动无线电通信单位，中士
Percy E. Cullum 税务局官员

爱德华·B. 卡特拉克 Edward B. Cutlack	皇家海军志愿后备队，第9扫雷艇队，海军少校 东中部煤气委员会，首席辅导员
雷金纳德·G. 戴尔 Reginald G. Dale	第3步兵师，下士 自由职业者
B. 迪肯 B. Deaken	第6空降师，二等兵 鞋匠
詹姆斯·珀西瓦尔·德·莱西 James Percival deLacy	王后属加拿大来复枪团（加拿大第3步兵师），中士 旅行社职员
罗伊·P. 德弗罗 Roy P. Devereux	第6空降师，伞兵 旅行社分社经理
罗伯特·A. 道伊 Robert A. Dowie	"邓巴"号扫雷艇，一等水兵（司炉长） 汽轮机操作工
阿瑟·H. 邓恩 Arthur H. Dunn	第50步兵师，少校 退役
查尔斯·L. 埃德森 Charles L. Edgson	皇家工兵，上尉 教师
F. 埃利斯 F. Ellis	第50步兵师，二等兵 职业未知
威廉·H. 埃默里 William H. Emery	第50步兵师，二等兵 小货车司机
弗雷德里克·W. 埃米特 Frederick W. Emmett	第50步兵师，一等兵 化工工人
哈罗德·芬奇 Harold Finch	第50步兵师，二等兵 警察
伯纳德·A. 弗勒德 Bernard A. Flood	第3步兵师，工兵 邮局主管
丹尼尔·J. 弗伦德 Daniel J. Flunder	皇家海军陆战队第48突击队，上尉 邓洛普有限公司分部经理
莱斯利·W. 福特 Leslie W. Ford	第1特别勤务旅，二等兵（皇家海军陆战队通信兵） 职业未知
斯坦利·福特纳姆 Stanley Fortnam	第6空降师，驾驶员、机械师 排版工人

威廉·R. 福勒 William R. Fowler	"霍尔斯特德"号护航驱逐舰，海军上尉 广告推销员
杰弗里·R. 福克斯 Geoffrey R. Fox	第48登陆艇遣队旗舰，一等水兵 警察
休伯特·C. 福克斯 Hubert C. Fox	海军突击群，海军少校 奶农
约翰·T. J. 盖尔 John T. J. Gale	第3步兵师，二等兵 邮局工人
唐纳德·H. 加德纳 Donald H. Gardner	皇家海军陆战队第47突击队，中士 公务员
托马斯·H. 加德纳 Thomas H. Gardner	第3步兵师，少校 皮革制造厂，总经理
莱斯利·R. 吉布斯 Leslie R. Gibbs	第50步兵师，中士 钢铁厂，副工段长
唐纳德·B. 格林 Donald B. Girling	第50步兵师，少校 职业未知
乔治·W. 格卢 George W. Glew	第3步兵师，二等兵 办事员
J. G. 高夫 J. G. Gough	第3步兵师，少校 奶农
威廉·J. 格雷 William J. Gray	第6空降师，二等兵 职业未知
欧内斯特·格伦迪 Ernest Grundy	第50步兵师，上尉 医生
休·冈宁 Hugh Gunning	第3步兵师，上尉 每日新闻有限公司，稿件辛迪加经理
约翰·格威内特 John Gwinnett	第6空降师，上尉（牧师） 伦敦塔，牧师
威廉·哈蒙德 William Hammond	第79装甲师，下士 英国陆军，连军士长
汉内斯·汉内松 Hannes Hanneson	皇家陆军医疗队，上尉 第21号坦克登陆舰，内科执业医生

I. 哈迪 I. Hardie	第 50 步兵师，中尉，中校 英国陆军，现役
爱德华·R. 哈格里夫斯 Edward R. Hargreaves	第 3 步兵师，少校 副军医官
哈里·哈里斯 Harry Harris	"冒险"号布雷巡洋舰，一等水兵 矿工
罗杰·H. 哈里森 Roger H. Harrison	第 4 坦克登陆舰遣队旗舰，海军上尉 银行监督员
阿道弗斯·J. 哈维 Adolphus J. Harvey	皇家海军陆战队装甲支援群，代理上校 商品蔬菜园经营者
A. C. 海登 A. C. Hayden	第 3 步兵师，二等兵 工人
斯坦利·E. V. 霍利斯 Stanley E. V. Hollis	第 50 步兵师，连军士长 喷砂工人
乔治·巴特勒·昂纳 George B. Honour	X-23 号小型潜艇，皇家海军志愿后备队，海军上尉 吉百利食品公司地区销售经理
哈里·霍顿 Harry Horton	第 3 突击队，骑兵 英国军队，下士
亨利·F. 亨伯斯通 Henry F. Humberstone	第 6 空降师，二等兵 制衣厂工人
约翰·C. 赫特利 John C. Hutley	滑翔机团，中士 食堂经理
威廉·海因斯 William Hynes	第 50 步兵师，中士 英国陆军，现役
罗纳德·A. 英格拉姆 Ronald A. Ingram	第 3 步兵师，二等兵 油漆工
伦纳德·K. 詹姆斯 Leonard K. James	第 3 步兵师，下士 广告从业者
赫伯特·扬克尔 Herben Jankel	第 20 海滩收容分队，上尉 车库经营者
亨利·詹宁斯 Henry Jennings	皇家工兵部队，工兵 承包商

弗雷德里克·R. 约翰 Frederick R. John	皇家海军陆战队第 6 突击队，骑兵 财务室高级助理
弗兰克·C. 约翰逊 Frank C. Johnson	第 50 步兵师，一等兵 木材机械工
爱德华·琼斯 Edward Jones	第 3 步兵师，少校 古典文学研究者
彼得·亨利·琼斯 Peter H. Jones	皇家陆战队潜水员，中士 建筑承包商
休伯特·O. 肯德尔 Hubert O. Kendall	第 6 空降师，下士 货运代理
唐纳德·E. 金伯 Donald E. Kimber	第 609 机械化登陆艇，海军陆战队士兵 机床工人
戈登·W. 金 Gordon W. King	第 6 空降师，中尉 油漆厂，代理商
杰弗里·J. 利奇 Geoffrey, J. Leach	第 50 步兵师，二等兵 实验室助理
阿瑟·W. 李 Arthur W. Lee	第 564 号坦克登陆舰，一等水兵 地方政府官员
诺顿·李 Norton Lee	第 550 号突击登陆艇，海军中尉（皇家海军志愿后备队） 室内装饰工
德斯蒙德·C. 劳埃德 Desmond C. Lloyd	皇家海军，挪威"斯文纳"号驱逐舰，海军上尉 公司董事长
丹尼斯·洛弗尔 Denis Lovell	皇家海军陆战队第 4 突击队，士兵 工程师
戈弗雷·麦迪逊 Godfrey Maddison	第 6 空降师，二等兵 矿工
德斯蒙德·C. 马奇 Desmond C. March	第 3 步兵师，中尉 公司董事长
刘易斯·S. 马卡姆 Lewis S. Markham	皇家海军第 301 坦克登陆舰，通信兵 船员
约翰·T. 梅森 John T Mason	皇家海军陆战队第 4 突击队，二等兵 教师

彼得·F. 马斯特斯 Peter F. Masters	皇家海军陆战队第 10 突击队，一等兵 华盛顿特区 WTOP 电视台，艺术总监
乔治·H. 马瑟斯 George H. Mathers	皇家工兵部队，下士 办事员
约翰·麦考伦·梅 John McCallon May	第 6 空降师，中士 英国陆军，现役
艾尔弗雷德·麦高恩 Alfred McGowan	第 6 空降师，一等兵 面粉厂，包装工
弗雷德里克·G. 米尔斯 Frederick G. Mears	皇家海军陆战队第 3 突击队，下士 会计计算机厂工人
W. 米林 W. Millin	第 1 特别勤务旅，风笛手 男护士
詹姆斯·C. 明尼斯 James C. Minnis	第 665 坦克登陆艇，海军中尉（皇家海军志愿后备队） 教师
约翰·D. 米切尔 John D. Mitchell	皇家空军第 54 海滩热气球单位，空军下士 公司董事长
伯纳德·劳·蒙哥马利爵士 Sir Bernard Law Montgomery	陆军元帅（退役），上将
威廉·J. D. 摩尔 William J. D. Moore	第 3 步兵师，一等兵 男护士
文森特·H. 摩根 Vincent H. Morgan	第 50 步兵师，二等兵 邮局工人
欧内斯特·莫里斯 Ernest Morris	第 50 步兵师，下士 职业未知
詹姆斯·F. 莫里西 James R Morrissey	第 6 空降师，二等兵 码头工人
艾伦·C. 莫厄尔 Alan C. Mower	第 6 空降师，二等兵 研究室，安全员
约翰·墨菲空军 John Murphy	皇家空军热气球司令部，二等兵 邮局工人
亨利·R. 尼尔森 Henry R. Neilsen	第 6 空降师，上尉 针织品制造商

雷金纳德·V. 牛顿 Reginald V. Newton	第6空降师，二等兵 公司董事长	
德里克·A. 尼森 Derek A. Nissen	第3步兵师，上尉 工厂厂长	
哈里·T. 诺菲尔德 Harry T. Norfield	第3步兵师，下士 英国海军部通信兵	
罗纳德·J. 诺思伍德 Ronald J. Northwood	"斯奇拉"号轻巡洋舰，二等水兵 理发师	
杰拉尔德·艾弗·德斯蒙德·诺顿 Gerald Ivor D. Norton	第3步兵师，上尉 公司秘书	
阿瑟·E. 奥利弗 Arthur E. Oliver	皇家海军陆战队第4突击队，一等兵 煤矿工人	
特伦斯·奥特韦 Terence Otway	第6空降师，中校 《凯姆斯利报》，总经理	
乔治·S. 帕吉特 George S. Pargeter	皇家海军陆战队，下士 生产管理人员	
悉尼·F. 帕里斯 Sydney R Paris	"梅尔布里克"号护航驱逐舰，一等水兵 警员	
威廉·帕克 William Parker	第50步兵师，工兵 巴士司机	
西德尼·皮奇 Sidney Peachey	"厌战"号战列舰，海军上士 工程师	
斯坦利·V. 佩斯克 Stanley V. Peskett	皇家海军陆战队第1装甲支援团，中校 皇家海军陆战队，现役	
法恩戴尔·菲利普斯爵士 Sir Farndale Phillips	皇家海军陆战队第47突击队指挥官，中校 少将，英国贸易联合会主席	
沃尔特·S. 波特 Walter S. Porter	第53工兵队，一等兵 油漆工	
科林·E. 鲍威尔 Colin E. Powell	第6空降师，二等兵 钢铁公司销售部门	
雷蒙德·珀弗 Raymond Purver	第50步兵师，工兵 商店经理	

约瑟夫·珀维斯 Joseph Purvis	第 50 步兵师，二等兵 工人
西里尔·拉斐里 Cyril Raphaelli	第 3 步兵师，下士 英国陆军，现役
约翰·林兰 John Ringland	第 8 装甲旅，骑兵 邮电局官员
D. J. 罗伯逊 D. J. Robertson	第 27 装甲旅，中尉 职员
约翰·R. 罗尔斯 John R. Rolles	第 3 步兵师，下士 驳船工人
沃尔特·S. 鲁滕 Walter S. Ruthen	第 3 步兵师，二等兵 邮递员
威廉·I. 拉特 William L Rutter	第 6 空降师，二等兵 家禽养殖场主
理查德·A. 赖兰 Richard A. Ryland	皇家海军志愿后备队，第 7 登陆驳船队，海军中尉 牡蛎养殖和写作
戴维·J. 索耶 David J. Sawyer	第 79 装甲师，骑兵 发电厂负责人
诺曼·斯卡夫 Norman Scarfe	第 3 步兵师，中尉 莱斯特大学历史系讲师
J. E. 斯库特 J. E. Scoot	皇家海军陆战队第 48 突击队，海军陆战队士兵 工厂部门经理
伦纳德·G. 沙拉 Leonard G. Sharr	第 6 空降师，上士 纺织品代理商合伙人
埃德加·T. 希尔 Edgar T. Sheard	第 6 空降师，伞兵 英国陆军，中士
约翰·A. 西姆 John A. Sim	第 6 空降师，上尉 现役
约翰·H. 斯莱德 John H. Slade	第 50 步兵师，工兵 铁路职工
约翰·A. 斯莱普 John A. Slapp	第 3 步兵师，下士 公务员

克里斯托弗·N. 史密斯 Christopher N. Smith	第 27 装甲旅，骑兵 煤气委员会，地区代表
罗伯特·A. 史密斯 Robert A. Smith	第 3 步兵师，通信兵 铁路警卫
巴兹尔·斯彭斯 Basil Spence	第 3 步兵师，上尉 考文垂大教堂建筑师
欧内斯特·W. 斯坦纳德 Ernest W. Stannard	第 50 步兵师，司机、技工 钳工
道格拉斯·A. 史蒂文森 Douglas A. Stevenson	第 100 号步兵登陆艇，编码员 鱼贩
斯坦利·斯图尔德 Stanley Steward	皇家海军陆战队第 4 突击队，二等兵 职业未知
艾伯特·J. 斯托克斯 Albert J. Stokes	第 3 步兵师，二等兵 职业灭虫师
弗雷德里克·斯托特 Frederick Stott	第 3 步兵师，二等兵 教士
乔治·A. 史蒂文斯 George A. Stevens	第 3 步兵师，下士 近海渔夫
乔治·C. 斯特内尔 George C. Stunnell	第 50 步兵师，二等兵 职业未知
伯纳德·J. 沙利文 Bernard J. Sullivan	皇家海军志愿后备队，第 553 突击舰队，海军上尉 银行职员
罗伯特·M. 斯旺 Robert M. Swan	第 50 步兵师，一等兵 银行职员
哈罗德·G. 泰特 Harold G. Tait	第 6 空降师，一等兵 杂货商
爱德华·塔彭登 Edward Tappenden	第 6 空降师，一等兵 职员
约翰·B. 泰勒 John B. Taylor	第 4 潜水小队，海军上尉 烟草零售商
威廉·J. 托马斯 William J. Thomas	第 50 步兵师，下士 柴油机运营商

罗杰·W. D. 汤姆森 W. D. Roger	皇家海军志愿后备队，"西德茅斯"号扫雷艇，海军中校 制造商
理查德·托德 Richard Todd	第6空降师，上尉 电影演员
珀西·汤姆林森 Percey Tomlinson	皇家空军机动通信站，二级技官 泥水匠
弗朗西斯·W. 维克斯 Francis W. Vickers	第50步兵师，二等兵 职业未知
杰弗里·A. 沃伯顿 Geoffrey A. Warburton	第8装甲旅，通信兵 会计
帕特里克·A. 沃德 Patrick, A. Ward	皇家海军志愿后备队，第115扫雷艇队，海军上尉 职业未知
珀西·沃德 Percy Ward	第50步兵师，连军士长 电话工程师
丹尼斯·J. 韦伯 Dennis J. Webber	第9滩勤大队，海军上尉 银行职员
约翰·韦伯 John Webber	第200登陆舰艇队，报务员 验光师
约翰·J. 韦伯 John, J. Webber	第6空降师，上尉 会计
伦纳德·C. 韦斯特 Leonard C. West	第3步兵师，准尉 海事法庭书记官
罗纳德·韦斯顿 Ronald Weston	第50步兵师，一等兵 部队文书负责人
尼尔斯·W. 怀特 Niels W. White	第50步兵师，少尉 皮货商
约翰·R. 威金斯 John R. Wiggins	皇家海军志愿后备队，上尉 第423坦克登陆舰，校长
莱斯利·怀特曼 Leslie Wightman	第3步兵师，二等兵 首席电影放映员
查尔斯·S. 威尔逊 Charles S. Wilson	第50步兵师，二等兵 地铁职员

戈登·C. 威尔逊 皇家海军陆战队第 47 突击队，少尉
Gordon C. Wilson 广告代理商

安东尼·W. 温德朗 第 6 空降师，上尉
Anthony W. Windrum 外交官（退休）

约翰·E. 温特 皇家海军（联合行动），一等水兵（锅炉工）
John E. Winter 出版人

拉塞尔·J. 威瑟 皇家海军陆战队第 41 突击队，中士
Russell J. Wither 工资结算员

查尔斯·H. 耶兰 第 50 步兵师，中士
Charles H. Yelland 翻砂工人

加拿大

詹姆斯·安德森 加拿大第 3 步兵师，少校
James Anderson 新不伦瑞克，社会服务部门经理

罗伯特·阿巴克尔 第 19 加拿大野战炮兵团，二等兵
Robert Arbuckle 加拿大国际铁路，区域工段长

道格拉斯·S. 阿克斯福德 加拿大第 3 步兵师，中士
Douglas S. Axford 加拿大陆军，一级技官

约翰·巴克斯蒂 "亨利王子"号辅助巡洋舰，锅炉工长
John Backosti 加拿大皇家空军工程技术员

吉尔伯特·贝利斯 英国皇家空军，空军中尉
Gilbert Bayliss 加拿大皇家空军，空军中尉

肯尼思·高尔特·布拉凯德 加拿大第 3 步兵师，准将
K. G. Blackader 会计

约翰·J. 布莱克 "亨利王子"号辅助巡洋舰，军官膳宿管理士官
John J. Blake 加拿大皇家空军地面技术员

阿瑟·亨利·布恩 加拿大第 3 步兵师，二等兵
Arthur Boon 加拿大国家铁路公司雇员

科林·N. 布雷布纳博士 英军第 6 空降师加拿大第 1 伞兵营，上尉
Dr. Colin N. Brebner 外科医生

威廉·R. 查尔克拉夫特 第 419 中队，空军上尉
William R. Chalcraft 加拿大皇家空军，空军中尉

D 日登场人物战后的生活　　337

罗伯特·A. 尚普 Robert A. Champoux	加拿大第 3 步兵师，下士 加拿大陆军
霍勒斯·D. 彻林顿 Horace D. Cherrington	第 570 中队，空军中士 工程师
亨利·L. 丘吉尔 Henry L. Churchill	英军第 6 空降师加拿大第 1 伞兵营，二等兵 职业未知
戈登·科克罗夫特 Gordon Cockroft	"林赛"号护卫舰，二等兵 加拿大皇家军械部队，下士
乔治·J. 库蒂尔 George J. Couture	加拿大第 3 步兵师，步兵 加拿大陆军，征兵官
肯尼思·W. 考克斯 Kenneth W. Cox	加拿大第 14 战地救护营，二等兵 加拿大皇家空军，中士
埃利斯·R. 克雷辛 Ellis R. Cresine	加拿大第 3 步兵师，二等兵 加拿大皇家空军，宪兵
弗朗西斯·J. 戴维斯 Francis J. Davies	加拿大第 3 步兵师，一等兵 加拿大陆军，上士
克拉伦斯·J. 杜威 Clarence J. Dewey	第 1 战术航空队，下士 加拿大皇家空军，消防员
克利福德·E. 邓恩 Clifford E. Dunn	加拿大第 3 步兵师，二等兵 乳制品商人
埃尔登·R. 达顿 Eldon R. Dutton	加拿大第 3 步兵师，通信兵 加拿大陆军，中士
维克托·埃尔德里奇 Victor Eldridge	加拿大皇家空军第 415 中队，准尉 加拿大皇家空军
威廉·J. 埃尔姆斯 William J. Elmes	加拿大第 2 集团军，一等兵 加拿大陆军
西里尔·埃文斯 Cyril, Tpr. Evans	加拿大第 3 步兵师，骑兵 电工
J. A. 法雷尔 J. A. Farrell	加拿大第 3 步兵师，二等兵 播音员、作家
卡尔·L. 菲茨帕特里克 Carl L. Fitzpatrick	"布莱尔莫尔"号扫雷艇，二等水兵 加拿大陆军，上尉

罗伯特·B. 福布斯 Robert B. Forbes	加拿大第 3 步兵师，少校 采购经理
约翰·W. 福思 John W. Forth	加拿大第 3 步兵师随军牧师，少校 加拿大陆军，随军牧师主任、上校
唐纳德·M. 福勒 Donald M. Fowler	加拿大第 3 步兵师，二等兵 价格主管
乔治·C. 弗雷泽 George C. Fraser	加拿大第 3 步兵师，下士 职员
克莱顿·福勒 Clayton Fuller	英军第 6 空降师加拿大第 1 伞兵营，少校 安大略省高尔特，加拿大黄铜公司
克林顿·C. L. 甘蒙 Clinton C. L. Gammon	加拿大第 3 步兵师，上尉 造纸商
乔治·J. 加德纳 George J. Gardiner	加拿大第 3 步兵师，中士 加拿大陆军，下士
詹姆斯·道格拉斯·吉兰 James D. M. Gillan	加拿大第 3 步兵师，上尉 加拿大陆军
雷蒙德·J. 戈瑞斯 Raymond J. Goeres	英国皇家空军第 101 中队，空军上尉 加拿大皇家空军，空军上尉
罗伯特·J. 格雷厄姆 Robert J. Graham	加拿大第 3 步兵师，工兵 办公室主任
彼得·格里芬 Peter Griffin	英军第 6 空降师加拿大第 1 伞兵营，上尉 职业未知
冈纳·H. 贡纳松 Gunnar H. Gunnarson	加拿大第 3 步兵师，步兵 农场主
查尔斯·W. R. 海恩斯 Charles W. R. Haines	加拿大第 3 步兵师，二等兵 加拿大皇家空军，空军宪兵
约翰·T. 霍尔空军 John T. Hall	第 51 轰炸机中队，中尉 加拿大皇家空军，中队长
约翰·H. 汉密尔顿 John H. Hamilton	加拿大第 3 步兵师，一等兵 食品杂货批发公司，采购员
R. M. 希基 R. M. Hickey	加拿大第 3 步兵师，上尉（牧师） 牧师

理查德·希尔伯恩 Richard Hilborn	英军第 6 空降师加拿大第 1 伞兵营，中尉 安大略省普雷斯顿，普雷斯顿家具公司
弗兰克·W. 希洛克 Frank W. Hillock	加拿大皇家空军第 143 联队，空军中校 加拿大皇家空军中校
沃尔特·J. 赫蒂克 Walter J. Hurtick	第 524 中队，空军中尉 加拿大皇家空军，中士
欧内斯特·A. 琼斯 Ernest A. Jeans	英军第 6 空降师加拿大第 1 伞兵营，下士 教师
亚历山大·约翰斯顿 Alexand Johnston	加拿大第 3 步兵师，工兵 加拿大皇家军械部队
约翰·R. 约翰斯顿 John R. Johnston	加拿大第 3 步兵师，通信兵 加拿大皇家空军，电报技术员
T. 约翰斯顿 T. Johnstone	第 2 装甲旅，中士 加拿大陆军，教官
普拉西德·拉贝勒 Placide Labelle	加拿大第 3 步兵师，上尉 宣传推广服务
戈登·K. 莱恩 Gordon K. Laing	加拿大第 3 步兵师，二等兵 工业油漆工
路易斯·兰格尔 Louis Langell	加拿大第 3 步兵师，二等兵 加拿大陆军
约瑟夫·E. H. 勒布朗 Joseph E. H. LeBlanc	加拿大第 3 步兵师，上尉 加拿大陆军，少校
罗兰·A. 勒鲁 Roland A. Leroux	加拿大第 3 步兵师，中士 海关人员
珀西瓦尔·利金斯 Percival Liggins	英军第 6 空降师加拿大第 1 伞兵营，二等兵 伞降救援员
杰克·B. 林德 Jack B. Lind	加拿大第 3 步兵师，上尉 加拿大陆军
爱德华·T. 利特尔 Edward T. Little	英军第 6 空降师加拿大第 1 伞兵营，一等兵 加拿大陆军
劳埃德·洛克哈特 Lloyd J. Lockhart	"萨斯喀彻温"号驱逐舰，一等水兵 加拿大皇家空军，消防员

C. 劳伦斯·林奇 C. Lawrence Lynch	加拿大第 3 步兵师,中尉 银行雇员
唐纳德·L. 麦肯齐 Donald L. MacKenzie	加拿大第 3 步兵师,二等兵 加拿大皇家空军
理查德·O. 麦克莱恩 Richard O. MacLean	英军第 6 空降师加拿大第 1 伞兵营,中士 石油天然气经销商
约翰·麦克雷 John MacRae	加拿大第 3 步兵师,中尉 下议院议员
莫里斯·H. 马吉 Morris H. Magee	加拿大第 3 步兵师,中士 心电图技师
约瑟夫·A. 芒丹 Joseph A. Mandin	加拿大第 3 步兵师,步兵 加拿大皇家空军,空军二等兵
罗伯特·F. 曼宁 Robert F. Manning	扫雷艇队,海军上士 水电站,维修主管
保罗·马蒂厄 Paul Mathieu	加拿大第 3 步兵师,中校 加拿大国防部部长助理
约翰·M. 麦坎伯 John M. McCumber	第 2 装甲旅,下士 加拿大陆军
詹姆斯·W. 麦克唐纳 James W. McDonald	加拿大第 3 步兵师,下士 美加边界移民官员
科林·C. 麦克杜格尔 Colin C. McDougall	加拿大第 3 步兵师,上尉 加拿大陆军公共关系部,主管
威廉·P. 麦克费特 William P. McFeat	加拿大第 3 步兵师,二等兵 加拿大就业服务特别安置部门,官员
威廉·麦吉希 William McGechie	第 298 中队,空军中尉 加拿大矿山和矿产部,评估员
罗伯特·麦基 Robert McKee	第 296 中队,空军中尉 加拿大皇家空军,中队长
查尔斯·W. 麦克莱恩 Charles W. McLean	加拿大第 3 步兵师,少校 纺织品公司,销售总监
罗伯特·M. 麦克默里 Robert M. McMurray	加拿大第 3 步兵师,一等兵 保险商

戈登·A. 麦克纳米 Gordon A. McNamee	第 405 中队，空军中尉 加拿大皇家空军上尉
罗德里克·H. 麦克菲特 Roderick H. McPhatter	"卡拉凯特"号扫雷艇，一等兵 加拿大皇家空军上尉
弗兰克·A. 麦克塔维什 Frank A. McTavish	加拿大第 3 步兵师，少校 加拿大陆军，少校
伊恩·A. L. 米勒 Ian A. L. Millar	加拿大第 3 步兵师，少校 加拿大陆军，少校
詹姆斯·F. 米切尔 James F. Mitchell	第 83 中队，中队长 加拿大皇家空军
约翰·L. 莫法特 John L. Moffatt	第 575 中队，空军中尉 教师
艾伯特·B. 莫舍 Albert B. Mosher	加拿大第 3 步兵师，二等兵 加拿大皇家空军，地面防御教官
休伊特·J. 默奇 Hewitt J. Murch	加拿大第 3 步兵师，通信兵 农场主
哈里·J. 纽因 Harry J. Newin	第 625 中队，上士 加拿大皇家空军
厄尔·A. 奥姆斯特德 Earl A. Olmsted	加拿大第 3 步兵师，上尉 加拿大陆军，中校
罗伯特·B. 奥里甘 Robert B. O'Regan	加拿大第 3 步兵师，二等兵 加拿大陆军，公共关系官员
丹尼尔·N. 奥斯本 Daniel N. Osborne	加拿大第 3 步兵师，上尉 加拿大陆军，少校
威廉·帕特森 William Paterson	第 6 空降师，二等兵 高中教师
克利福德·A. 皮尔逊 Clifford A. Pearson	加拿大第 3 步兵师，一等兵 加拿大陆军，中士
德斯蒙德·W. 皮尔斯 Desmond W. Piers	"阿尔贡金"号驱逐舰，海军少校 加拿大皇家海军，海军准将
杰克·赖希 Jack Raich	加拿大第 3 步兵师，下士 加拿大陆军，中士

塞西尔·雷希尔	加拿大第 3 步兵师，中尉
Cecil Rehill	加拿大陆军
罗伯特·E. 罗格	加拿大第 3 步兵师，二等兵
Robert E. Rogge	美国空军，空军上士
乔治·E. M. 吕费	加拿大第 3 步兵师，上尉
George E. M. Ruffee	加拿大陆军
弗雷德里克·T. 桑德斯	加拿大第 3 步兵师，一等兵
Frederick T. Saunders	发电厂，主管
约翰·E. 绍鹏迈尔	加拿大第 3 步兵师，工兵
John E. Schaupmeyer	务农
查尔斯·J. 斯科特	第 926 坦克登陆舰，海军上尉
Charles J. Scott	编辑
罗纳德·G. 肖克罗斯	加拿大第 3 步兵师，上尉
Ronald G. Shawcross	包装公司，经理
斯坦利·A. E. 史密斯	第 2 战术航空队，空军二等兵
Stanley A. E. Smith	加拿大皇家空军，下士
约瑟夫·萨默维尔	加拿大第 3 步兵师，二等兵
Joseph Somerville	纸品公司，职员
罗伯特·W. 斯坦利	英军第 6 空降师加拿大第 1 伞兵营，二等兵
Robert W. Stanley	金属制造工
安格斯·A. 斯图尔特	加拿大第 3 步兵师，二等兵
Angus A. Stewart	务农
杰克·G. 斯托瑟特	加拿大第 3 步兵师，上尉
Jack G. Stothart	农业研究者
罗伯特·J. 汤普森	加拿大第 3 步兵师，二等兵
Robert J. Thompson	加拿大皇家空军，消防员
托马斯·A. 汤姆森	第 425 中队，空军少尉
Thomas A. Thomson	加拿大皇家空军，空军上士
珀西·亚瑟·斯坦利·托德	加拿大第 3 步兵师炮兵指挥官，准将
Percy A. S. Todd	铁路公司，总经理
吉恩·威卢克斯	加拿大第 3 步兵师，工兵
Gene Velux	加拿大陆军，下士

道格拉斯·R. 维德勒 Douglas R. Vidler	加拿大第 3 步兵师,二等兵 胶片检测员
詹姆斯·A. 沃伯顿 James A. Warburton	加拿大第 3 步兵师,中尉 工程师
阿瑟·S. 沃什伯恩 Arthur S. Washburn	加拿大第 3 步兵师,一等兵 公务员
约翰·L. 韦伯 John L. Webber	第 85 中队,中士 机械师
威廉·B. 怀特 William B. White	英军第 6 空降师加拿大第 1 伞兵营,二等兵 加拿大陆军,中士
埃德温·T. 维德诺亚 Edwin T. Widenoja	第 433 中队,空军中尉 造纸厂,检验员
唐纳德·J. 威金斯 Donald Wilkins	英军第 6 空降师加拿大第 1 伞兵营,少校 投资经纪人
西奥多·扎克 Theodore Zack	加拿大第 3 步兵师,骑兵 农场主

法国

菲利普·基弗 Philippe Kieffer	第 4 突击队,法国指挥官,海军少校 巴黎,北大西洋公约组织

法国地下抵抗组织

阿尔贝·奥热 Albert Auge	法国火车站站长
莱昂纳尔·吉勒 Léonard Gill	诺曼底地区情报部门副指挥
路易丝·"雅尼娜"·布瓦塔尔·吉勒 Louise "Janine" Boitard Gille	卡昂盟军飞行员逃生网络人员
阿梅莉·勒舍瓦利耶 Amélie Lechevalier	卡昂盟军飞行员逃生网络人员
让·马里翁 Jean Marion	格朗康迈西奥马哈地区领导人

纪尧姆·梅卡德尔 Guillaume Mercader	巴约沿海地段情报负责人
罗歇·皮卡尔 Roger Picard	法国南部情报机构工作人员
乔治·让·雷米 George Jean Rémy	巴黎无线电通信人员

德国

京特·布鲁门特里特 Gunther Blumentritt	西线德军总部，伦德斯泰特的参谋长，步兵上将 退役
利奥波德·比尔克纳 Leopold Bürkner	希特勒死后邓尼茨政府的礼宾司司长，海军中将 航空公司，主任
阿洛伊修斯·达姆斯基 Aloysius Damski	第716步兵师，二等兵 职业未知
恩斯特·迪林 Ernst Düring	第352步兵师，上尉 商人
埃德加·福伊希廷格尔 Edgar Feuchtinger	第21装甲师师长，少将 德国工业联合会，技术顾问
莱奥德加德·弗赖贝格 Leodegard Freyberg	B集团军人事主任，上校 德国军人联合会，高级职员
阿尔弗雷德·高斯 Alfred Gause	隆美尔的参谋长（1944年5月离任），中将 德国美国陆军战史部德国分部，顾问
约瑟夫·黑格尔 Josef, Lance Häger	第716步兵师，二等兵 裁缝
弗朗茨·哈尔德 Franz Halder	陆军总参谋长（1942年9月离任），大将 德国美国陆军战史部德国分部，顾问
弗里德里希·海因 Friedrich Hayn	第84军情报处长，少校 作家
沃尔特·赫尔梅斯 Walter Hermes	第21装甲师192装甲掷弹兵团，二等兵

D日登场人物战后的生活　345

奥托·希尔德布兰 Otto Hildebrand	第21装甲师，中尉 职业未知
海因里希·霍夫曼 Heinrich Hoffmann	第5鱼雷艇队，海军少校 联邦德国海军，波恩国防部
汉斯·霍夫纳 Hans Hoffner	西线德军总部，少将 驻法德军铁路运输总监，德国陆军
鲁道夫·霍夫曼 Rudolf Hofmann	第15集团军参谋长，中将 退役，美国陆军战史部德国分部，顾问
威廉·胡梅里希 Wilhelm Hummerich	第709步兵师，上尉 副部长，北约中欧盟军部队德国后勤部
特奥多尔·克兰克 Theodor Krancke	西线德国海军总司令，海军上将 退役
赫尔穆特·朗 Hellmuth Lang	隆美尔的副官，上尉 零售商
赫尔穆特·迈尔 Hellmuth Meyer	第15集团军情报部长，中校 德国陆军
威廉·迈尔-德特林 Wilhelm Meyer-Detring	西线德军总部情报主任，上校 北约中欧盟军情报机构负责人
瓦尔特·奥默森 Walter Ohmsen	圣马尔库夫炮兵连连长，上尉 码头管制主任
马克斯-约瑟夫·彭泽尔 Max Pemsel	第7集团军参谋长，少将 德国陆军，中将
维尔纳·普卢斯卡特 Werner Pluskat	第352步兵师，少校 工程师
约瑟夫·普里勒 Josef Priller	第20战斗机联队联队长，空军中校 啤酒厂经理
约瑟夫·赖歇特 Josef Reichert	第711步兵师师长，中将 上将（退役）
威廉·里希特 Wilhelm Richter	第716步兵师师长，中将 上将（退役）
弗里德里希·奥斯卡·鲁格 Friedrich Ruge	隆美尔的海军顾问，海军中将 德国海军，总监

卡尔·绍尔 Carl Saul	第709步兵师，中尉 高中教师
汉斯·申克·楚·施魏因斯贝格男爵 Baron Hans Schenck Zu Schweinsberg	第21装甲师，少校 私人业主
汉斯·施派德尔 Hans Speidel	隆美尔的参谋长，中将 中将，北约中欧盟军地面部队总司令
安东·施陶布瓦塞尔 Anton Staubwasser	B集团军情报部长，中校 德国陆军
维利·施滕策尔 Willy Stenzel	第6伞兵团，二等兵 销售员
瓦尔特·施特贝 Walter Stöbe	德国空军西线总部首席气象学家，上校 教师
威廉·福格特 Wilhelm Voigt	无线电机动监听部队，二等兵 德国法兰克福，泛美航空公司公共关系官员
威廉·冯·戈特贝格 Wilhelm Von Gottberg	第21装甲师22装甲团，少校 汽车代理公司，经理
维尔纳·冯·基斯托夫斯基 Werner Von Kistowski	第3高炮军第1突击高炮团，上校 避雷针推销员
赫尔曼·冯·奥佩恩－布罗尼科夫斯基 Hermann Von Oppeln-Bronikowski	第21装甲师22装甲团，上校 上将（退役），遗产执事
卡尔－耶斯科·冯·普特卡默 Karl-Jesko Von Puttkamer	希特勒的海军副官，海军少将 出口企业，人事总监
汉斯·埃伯哈德·冯·扎尔穆特 Hans Von Salmuth	第15集团军指挥官，大将 上将（退役）
威廉·冯·施拉姆 Wilhelm Von Schramm	战地记者，少校 作家
瓦尔特·瓦尔利蒙特 Walter Warlimont	最高统帅部国防军指挥参谋部副参谋长，炮兵上将 上将（退役）
安东·温施 Anton Wuensch	第6伞兵团，下士 职业未知
博多·齐默尔曼 Bodo Zimmermann	西线德军总部首席参谋，上校 中将（退役），杂志和图书出版商